0 3 세 교육 평생간다

교육학박사 이 영 숙 지음

도서출판

아름다운열매

머리말

영아기 교육은 인생의 보물 창고를 만들어 주는 일이다.

한 사람의 인생에서 가장 무기력하게 보이고 능동적으로 대처 할 수 없는 이 시기가 한 인생을 좌우 할 만큼의 엄청난 무게로 이 시기의 교육이 좌우 한다.

이시기에 어떤 경험을 주었느냐가 재능이 되기도 하고 장애가 되기도 한다.

그럼에도 불구하고 이 시기에 구체적으로 어떻게 교육해야 하는지를 아는 부모가 드물다.

자신의 욕구를 말로 표현하지 못하는 이시기의 아가들을 어떻게 해야 할지 몰라 망설이다가 0-3세 시기는 훌쩍 지나가 버린다.

이 시기의 교육을 놓치고만 부모들의 안타까움을 교육의 현장에서 너무나 많이 보아왔다.

이 책은 그렇게도 중요한 영아기의 교육울 효과적으로 실현 할 수 있도록 자세하고 친절하게 구성되어 있다.

처음 부모가 된 사람들을 위하여, 또 체계적으로 영아기의 자녀를 잘 양육해 보고 싶어 하는 부모들을 위하여, 그리고 이시기의 교육을 잘 가르치고 싶어 하는 교사들을 위하여 이 책은 좋은 안내서가 될 것이다.

이 책은 영아기 교육의 중요성에 대한 이론뿐만 아니라 구체적인 교육 방법에 대한 실천 방법을 영아기의 심리적 특성에 따라 세부적으로 구분하여 수록하였다.

이 책이 불모지 같은 영아기 교육의 현장을 세우고 자녀교육에 자신 없어 하는 부모들에게 현명한 부모가 될 수 있도록 지름길을 안내해 줄 것이라고 확신한다.

아무쪼록 이 땅의 모든 영아들이 자신의 보물창고를 잘 지어주는 부모와 교사들로 인하여 더 지혜롭고 재능 있는 행복한 사람들이 되어주기를 바라는 소망을 담아 본다.

2006. 10월에.... 이 영 숙

"마땅히 행할 길을 아이에게 가르치라
그리하면 늙어도 그것을 떠나지 아니하니라"
(잠언22장 6절)

목차
Contents

0~3세, 영아기 교육의 이론

0-3세, 그 존재의 의미

제1장

0-3세, 그 존재의 의미

영아들은 어른이 예상하는 것보다 훨씬 뛰어난 학습능력과 풍부한 감수성을 가지고 태어난다. 생후 3년 동안의 경험이 아이의 개성과 재능 등 일생을 좌우한다는 주장은 수많은 교육학자들에 의해 강조되어 왔다.

미국의 뇌과학자 파울러 박사는 아기는 천재로 태어나 성장과 함께 하루하루 그 천재성을 상실하며 자란다고 얘기하였고, 구 소련의 과학자 노보시비루스크는 모든 아이들은 인간 활동에 있어 그 능력을 향상시킬 수 있는 가능성을 지니고 태어나지만 이 가능성은 불변의 가능성이 아니라 연령과 함께 조금씩 체감되어 약해져 간다고 강조했다. 이처럼 영아는 탄생에서부터 무한한 잠재의식을 지니고 세상에 나오는 존재이다.

1. 영아기의 정의

영아기(infancy)는 일상적인 용어로 흔히 사용되어 왔기 때문에 그 개념을 정의하기가 간단한 것처럼 보이지만 학문적으로 정의하려면 그리 간단하지가 않다.

일반적으로 태아기는 수정에서 출생할 때까지, 영아기는 출생에서 2-3세까지를 영아기라 보는데, 이는 학자나 발달이론에 따라 다양하게 정의되어 왔다.

국어사전에는 영아기를 '젖먹이, 갓난아기'로 규정하고 있으며 유아교육사전(1997)에서는 영아기를 출생에서 2세 미만으로 보았으며, 출생에서 8개월까지를 초기 영아기(young infant)로, 이동능력이 발달하고 움직임이 많은 9개월에서 24개월까지 후기 영아기(MOBILE INFANT)로 구분하고 있다.

학자에 따라서는 출생에서부터 초기 언어 사용이 활발히 전개되는 18개월에서 24개월까지를 영아기로 구분하기도 한다. 피아제의 인지발달이론에서는 출생에서 2세의 시기는 감각운동단계(sensory motor period)에 속하는 시기로서 분명히 구분되는 지적인 특징을 갖고 있다.

교육법상 유치원의 교육대상이 3세에서부터 시작되므로, 이 책에서는 영아기를 태 출생에서 3세까지로 보고 영아기 교육의 중요성과 발달적 특성들을 살펴보고자 한다.

2. 영아기 교육의 중요성

1) 영아기 교육의 특징

영아기 연구자로 유명한 마이애미 의과대학의 아동 심리학자 티파니 필드 박사는 "아기는 태어나면서부터 상당한 감각 능력을 가지고 있고 능동적인 학습자이다."고 강조했다.

이처럼 보통 아이들은 태어날 때부터 다양한 재능을 가지고 태어난다. 교육은 아이가 본래 가지고 있는 이러한 소질과 재능을 끌어내는 작업이다. 즉, 교육을 일찍 시작하면 할수록 재능과 소질을 기르는 데 도움이 된다고 볼 수 있다. 또한 영아기일수록 정신적 성장의 폭이 크다.

리시아의 유명한 교육자인 마카젠코는 "교육의 기초는 5세까지 완성되어 버리며, 5세 이전에 이루어진 것은 전 교육 과정의 90%에 상당한다."고 주장한 바 있다.

이렇듯 영아교육의 중요성은 무척 크며, 영아반을 운영할 교사의 전문성 또한 필히 요구되는 시기이다. 그러나 그 중요성에 비해 그동안 영아교육은 '교육'이라는 접근이 가능하다고 판단되어진 3세 이후의 교육에 중점을 두는 바람에 그 중요성을 제대로 인정받지 못했다.

또한 소아과, 정신의학 등에서 영아에 대한 연구가 이루어졌음에도 생애 첫 3년 동안이 영아의 성격형성에 가장 중요한 시기라는 일반적 견해조차 학문적으로는 명확한 결과물을 내놓지 못하고 있다.

그런 속에서도 일치되는 학설은 전 생애를 통해 이루어지는 인간의 교육 과정에서 교육의 첫발을 내딛는 시기, 즉 영아기에 교육을 시작하는 것이 가장 바람직하다는 점이다.

물론 최근에는 영재교육의 붐이 일고, 맞벌이 부부들이 늘어나면서 교육의 중점도 유아교육에서 영아교육으로 급속하게 변화되고 있다.

그러나 실제 영아를 위한 영아반을 운영하는 많은 교사들과, 교사를 꿈꾸는 학생들이 대학에서 중점적으로 받은 교육은 유아를 대상으로 한 교육이 대다수라 영아에 대한 이해와 연구수준이 떨어지는 것이 사실이다. 그러다보니 자연히 무엇을 어떻게 가르쳐야 할지 막연함이 생기고, 전문성 또한 떨어지는 실정이다.

이러한 점들을 고려했을 때, 영아기 교육은 취업모의 요구나 사회적 필요성을 수용하는 한편 영아들이 질 높은 경험을 교육시설에서 받음으로써 건강한 삶을 살아갈 수 있도록 지원해야 한다.

2) 영아기의 잠재의식

인간은 태아 시기부터 부모에게 받은 암시에 의해 일정한 행동기준, 반응, 성격, 재능이 패턴화되어 몸에 밴다. 특히 태아기 및 1세가 될 때까지는 보통 아무 것도 알지 못한다고 생각되는 시기에 잠재의식에 들어간 암시가 그 아이의 인격을 형성한다.

이 시기의 잠재의식에 들어간 기억은 기억유전자에 새겨져 바디기억(Body Memory)이라고 불려지는 것이다. 태아나 0세아가 지금까지 생각되어 왔듯이 커뮤니케이션 능력이 없는 것이 아니라, 부모의 마음 속 생각을 받아들일 수 있는 것이다.

아이의 마음이나 성격의 기초는 임신 중에 형성되며 이 시기에 받은 마음의 상처가 장래에 큰 영향을 준다.

태아기나 0세 무렵 마음 속에 심어진 기억이 종종 신체적 반응이 되어 문제 행동을 일으킨다는 사실이 잘 알려져 있다. 이런 잠재의식에 들어간 바디기억은 과연 돌이킬 수 없는 것일까? 결코 그렇지 않다. 잠재의식에 보내어진 기억이 그 사람을 무의식으로 끌고 들어가 움직이게 하기 때문에 잠재의식을 자극해 나쁜 기억을 없애고, 좋은 암시를 대신 넣어주면 된다. 잠재의식 기억(Subliminal Memory)은 인간이 가진 최대의 원동력이라고 불린다.

잠재 의식의 활동은 현재 의식 활동의 50배나 된다고 하였다. 유감스럽게도 그와 같은 뛰어난 잠재 의식이 성장된 현재 의식에 의하여 억제되어 버린다고 하였다.

좀더 쉽게 이야기 하자면, 현재 의식은 들어오는 정보를 모두 비판적으로 분석하고 여과하려고 한다. 정보가 잠재 의식으로 들어가는데 적당한지 아닌지를 지성과 이성으로 판단하는 것이다. 결국 현재 의식은 잠재 의식의 배전반(配電盤)이라고 할 수 있겠다.

잠재 의식은 현재 의식이 모은 정보를 받아들이고, 일단 받아들이면 그것을 기록하고 가두어 둔다. 잠재 의식의 활동은 지식과 정보의 저장고라고 할 수 있는 것이다. 이 현재 의식과 잠재 의식 사이에는 통로가 있어서, 우리들이 눈뜨고 있는 동안 현재 의식은 그 통로를 좁게 잠가놓고 무단히 들어가려는 정보를 날카롭게 체크하는 것이다.

그런데 아기 때에는 아직 외피인 현재 의식의 부분이 충분히 양육되어 있지 않다. 그것은 거의 성장하기 시작한 직후이므로 잠재 의식의 활동을 방해하는 힘도 거의 갖고 있지 않다. 즉 오래된 피질의 주위에 활동을 억제하는 벽이나 관문이 아직 없다는 뜻이다. 따라서 아기 때에는 학습이 용이하게 행해진다.

이 시기의 학습은 현재 의식이 형성된 뒤의 학습 방법과 아주 모양이 다르다. 이때에는 학습 하는 내용의 난이도를 불문하고 들어오는 정보를 그대로 깨끗하게 수집하여 그것을 기억의 창고에 저항없이 저장해 버린다. 성장한 뒤에는 보다 세부적으로 나누어지는 정보도 이때에는 아무런 저항 없이 그대로 받아들여지는 것이다.

그러므로 영아 교육은 매우 중요하다. 영아의 잠재의식은 내부에서 계속 자라나며 무한하기 때문에 교육을 통하여 많은 긍정적인 효과를 거둘 수 있다. 학자들의 연구에 따르면 인간의 지성은 의식적인 기억에 의하기보다 잠재의식의 기억에 의해 보다 많이 성장한다고 한다. 또한 이 잠재의식에는 태어나서부터 우리가 얻은 기억들로 가득 차 있다고 한다.

그런데 이 잠재의식이 최고조로 활성화 되는 시기가 바로 0세에 가까운 시기라는 것이다. 이 능력은 0세에서 멀어질수록 점차 떨어져서 8세쯤 되면 질적 성장을 마무리 하는데, 이것을 '재능 체감의 법칙'이라고 한다.

영아의 무한한 잠재의식 기능을 활성화하면 놀라운 효과를 많이 거둘 수 있다. 하버드 대학의 심리학자 시지스 교수는 갓 태어난 아기의 침대에 알파벳을 쓴 문자를 매달아 매일 읽어주었는데, 그 영아는 6개월 만에 알파벳을 모두 익혔다고 한다.

교육을 통해 영아의 잠재의식을 잘 활용하여서 질이 높은 환경을 수용할 수 있는지의 여부가 한 개인의 지적능력을 좌우하게 된다. 잠재의식 속에서 가장 지적인 작업이 이루어지고, 잠재의식적 기억은 의식이 잠들어 있는 동안에도 쉬지 않고 일을 하며, 의식으로는 불가능한 일을 완수하기 위해 서로 연합하고 조직화하여 작업을 한 뒤 그 결과를 의식 속으로 돌려보낸다.

언어를 배우는 것도 잠재의식을 통해 더 강화시킬 수 있다. 양육자가 영아에게 언어적 자극을 많이 주면서 양육하면 흡수 능력이 높은 두뇌에 언어가 흡수되고, 그것이 쌓여서 영아가 말을 하기 시작했을 때 훨씬 많은 단어를 사용한다. 영아는 언어를 이해하면서 듣는 것이 아니라 처음에는 단순한 소리로서 언어를 잠재의식 안에 넣어 두었다가 이해가 되기 시작하면서 의미 없이 축적만 되었던 언어가 한순간에 의미를 갖게 된다. 그러므로 만약 언어를 자연스럽게 습득할 것이라고 여겨서 언어적 자극을 주지 않고 방치해두면 영아는 언어 능력의 발달이 상당히 뒤쳐질 수밖에 없다.

3) 영아기의 기억력

영아에게는 기억력이 있으며, 기억은 좌뇌 기억과 우뇌 기억이 있다. 좌뇌의 기억은 의식적이고 이성적인 기억이다. 우뇌의 기억은 무의식적인, 감성적 기억으로 태아기에 시작되고 있다.

잘 지저귀는 새의 알을, 낳은 직후에 바로 울음소리를 내지 않는 새의 둥지에 넣어 부화시키면 태어난 새는 전 생애 동안에 결코 울지 않는다는 실험이 있다. 태어나기 전이 중요한 학습 시기라는 실험이다.

태아기는 태어난 후의 아기의 성장에도 커다란 영향을 미친다. 그래서 태내 교육이 크게 재인식되어져 왔다.

영아는 사진기 플래시가 터지는 것을 본 경험을 한 이후 사진기만 보고도 눈을 깜빡이게 된다. 그것은 영아가 사진기를 통해 플래시의 빛을 연상할 수 있는 기억력을 가지고 있기 때문이다.

또, 영아의 침대 위에 모빌을 걸어 놓고, 영아의 다리와 연결시켜서 영아가 발을 차면 모빌이 움직이도록 한 실험을 했다. 몇 주일 동안 모빌을 떼었다가 다시 모빌을 침대 위에 걸면 영아는 발을 차는 행위를 해서 모빌을 움직인다. 카메라의 예와 마찬가지로 영아가 모빌을 움직이는 방법을 기억하고 있다는 사실을 보여주는 예이다. 실제로 영아가 놀라운 기억력이 있다는 많은 연구 결과들이 있다.

이와 같은 영아의 기억력은 교육을 통해 더욱 높여줄 수 있다.

기억은 좌뇌 기억과 우뇌 기억으로 나뉘며 또한 크게 단기기억과 장기기억으로 크게 나눌 수 있다. 단기기억은 말 그대로 기억했다가 금방 잊어버리는 것이고 장기기억은 오랜 시간 기억하는 것이다. 단기기억은 기간도 짧고 용량도 적다. 따라서 단기기억은 기억해야 할 새로운 자료가 들어오면 먼저 있었던 자료를 바로 버리게 된다. 그러므로 오래 기억해야 할 것이 있다면 단기기억이 아닌 장기기억 공간에 저장해야 한다.

단기기억이 장기기억으로 이행하는 데는 대개 30분 정도면 가능하다. 단기기억은 1시간30분-2시간 정도 대뇌 속에 계속 존재하게 되는데 이 때 받아들인 정보가 뇌에서 고정되면 장기기억의 단계로 들어가는 것이다.

그렇다면 영아의 단기기억을 장기기억으로 전환시킬 수 있을까? 단기기억을 장기기억으로 만들기 위해서는 반복된 기억이 장기기억으로 저장되는 데 필요한 시간, 장기기억으로 전환할지를 선택하는 판단, 지각한 정보를 의미 있게 처리하는 과정이 필요하다.

일반적으로 아이들마다 기억하는 방법이 다양해서 그림이나 얼굴을 보고 기억하는 시각형이 있고, 소리만 들어도 기억하는 청각형, 몸을 움직여서 몸으로 기억하는 운동형, 만져보거나 냄새로 기억하는 감각형, 상황에 따른 느낌이 중요한 느낌형 등의 방법으로 기억을 한다. 또 아이의 자신감도 기억력을 높이는 데 중요한 역할을 하며 새로운 것에 대한 호기심과 집중력이 높을수록 잘 기억할 수 있다.

그러나 아직 스스로 사고를 할 단계가 아닌 영아는 어떤 방법으로 기억력을 도와주어야 할까?

영아는 시각과 감성, 상황이 어우러진 경험이나 지식을 오래 기억한다. 그러므로 기억할 당시 감정과 분위기, 감각까지 한꺼번에 기억한다면 그 기억은 오래 남아있게 된다. 기억력도 다른 모든 것들과 마찬가지로 영아에게 보고, 듣고 느낄 수 있는 다양한 경험을 쌓도록 하는 것이 가장 중요한 것이다.

최근의 연구에 의하면 단기기억과 장기기억은 담당하는 뇌가 달라 단기기억은 감성적 영역을 담당하는 변연계라는 부위와 관련이 깊은 반면에 장기기억은 창의력을 관리하는 전두엽에 저장되기 때문에 기억력과 창의력이 서로 밀접한 관계가 있다고 한다.

창의력이 형성되려면 영아의 성향, 경험, 능력, 지식이 통합되어야 하므로 아이의 창의력을 길러주기 위해서는 기억력을 자극할 필요가 있다. 창의력의 바탕이 되는 경험의 폭을 넓혀주고 아이들의 다듬어지지 않은 생각을 단계적으로 발전시켜주어야 한다.

굳이 어떤 사실을 기억시키고자 애쓰지 않아도 많은 경험을 주고 독특한 기억을 남기는 활동을 하다 보면 기억력은 향상되고 창의력도 자연스럽게 발달되는 것이다.

아기는 생후 1년이 지나기 전에는 구체적인 낱말을 배우지 못한다는 교육전문가와 과학자들의 일반적인 생각과는 어긋나는 연구 발표가 있었다.

영국 레딩에 있는 레딩 대학의 그레이엄 섀퍼 박사는 '아동발달'에 발표한 연구보고서에서 신생아가 새로운 낱말을 배우는 능력에는 나이의 하한선이 없다는 사실을 확인했다.

섀퍼 박사는 신생아는 실질적으로 말을 배우기 시작하기 훨씬 전부터 낱말에 대한 공식적 학습(formal learning)이 이루어질 수 있다는 사실이 실험을 통해 밝혀졌다고 말했다. 신생아는 첫 돌이 지나기 전에는 목욕, 장난감 자동차 또는 고양이 같은 일상과 관련이 있는 것들의 이름만 습득할 수 있을 뿐 공식적 학습은 불가능하다고 과학자들은 믿고 있었다.

섀퍼 박사는 생후 9개월 된 신생아 52명의 부모들에게 사과, 물고기, 의자, 열쇠 같은 것이 그려진 그림카드 48장을 가지고 일주일에 3번 최고 10분씩 이름 말하면 손가락으로 가리키기, 찾아내기, 가려내기 같은 간단한 놀이를 하도록 했다.

또한 3개월 후 생후 1년이 된 이 아이들에게 두 가지의 다른 그림을 보여주고 그 중 하나를 알아맞히는 시험을 해 보았다. 예를 들어, 물고기와 사과 그림을 보여주면서 "물고기, 물고기, 물고기를 쳐다봐."라고 말하는 것이다. 그 결과 부모와 그림카드 놀이를 했던 아이들이 정확한 그림에 시선을 돌린 반면 이런 놀이를 하지 않은 아이들은 전혀 알아맞히질 못했다.

섀퍼 박사는 이 시험은 그림, 목소리, 상황 등이 전에 하던 놀이와는 다르기 때문에 그림을 정확히 알아 맞추었다는 것은 주목할만한 일이라고 지적하고 결국 이 아이들은 부모와의 그림놀이에서 특정 그림의 이름을 '학습'했다는 결론에 이르게 된다고 말했다. 신생아의 교육은 '학습'을 통해 가능한 것이다.

아기는 사실 천재이다. 천재적인 머리를 가지고 태어나서 생후 직후부터 급속한 뇌의 발달을 보이는데, 이때의 정보 흡수력은 일생 중 가장 높다.

이탈리아의 여성 교육자 몬테소리(Montessori)는 이것을 '흡수 정신'이라 하였는데 그 작용은 신의 창조력에 비교될 수 있으며 어른 흡수력의 50배 이상을 지닌다고 하였다. 이렇게 하여 3살 때까지 유아는 어른의 60~80%에 달하는 뇌의 성장을 이루어 내므로, 아무리 많은 지식도 받아들일 수 있는 놀라운 수용능력을 갖는다. 또한 이것을 기억하여 재생해내는 능력도 어른들을 놀라게 한다.

몬테소리는 유아를 무한한 잠재 능력을 가진 존재, 스스로 선택·결정·책임질 수 있는 존재, 자신을 창조해 가는 창조적인 존재로 인식했다. 유아가 자기 형성과정에 있어서 강제나 간섭을 받지 않는 한 유아 스스로 그 능력을 펼쳐 나갈 수 있다고 보았다.

4) 애착과 신뢰

영아기에는 부모나 교사와 같이 자신을 돌보아 주는 사람과의 애착관계를 통해 세상에 대한 신뢰감을 형성하고, 자신의 욕구충족과 환경에 적응하는 과정에서 전적으로 성인에게 의존하기 때문에 부모나 교사들의 역할이 중요한 시기라는 것을 염두해야 한다.

영아기에 아기들의 일상은 잠자고, 먹고, 배설하는 반복적인 삶이라 해도 과언이 아니다. 즉 먹이고, 재우고, 기저귀를 갈아주는 등의 일상적인 보살핌은 단순히 돌봐준다는 개념을 넘어 이 시기 가장 중요한 교육적 요소가 된다. 특히 이유와 배변을 스스로 영아가 경험할 시기가 되면 영아가 자신감과 성취감을 맛볼 수 있도록 지나친 통제를 하지 않도록 하는 것이 필요하다.

무엇보다 이 시기의 영아들은 스트레스나 불안정에 대처하는 능력이 없기에 상처를 쉽게 받으므로 유아교육에 비해 더 세심한 보호와 배려가 요구된다.

앞서 설명한 이러한 요소들을 바탕으로 영아교육은 놀이 등을 통해 자연스럽게 영아의 특성과 능력을 향상시킬 수 있는 방향으로 일관성 있게 진행되어야 한다.

생활에 필요한 기본습관을 익히는 것은 물론, 자신의 신체를 스스로 움직일 수 있도록 해야 하며, 자신의 의도에 따라 쾌, 불쾌 등의 감정을 조절하고 의사소통 할 수 있어야 한다. 나 아닌 다른 사람과의 관계를 통해 세상에 대한 신뢰감과 상대를 존중하는 법을 배울 수 있도록 해주어야 한다. 또한 스스로 사고하고, 이해하고 기억하는 능력을 기르는 것과 동시에 독립적인 자아를 인식하는 능력을 키울 수 있도록 도와야 한다.

또한 부모, 가족들과 함께 애착관계를 유지하며 이루어지는 교육이 가장 바람직하다.

그러나 개인적 사정으로 인해 부부가 맞벌이인 경우 부득이하게 유아교육기관이나 가족 이외의 사람에게 맡기게 된다. 이런 경우 가정과 같은 따뜻함과 안정감을 느낄 수 있도록 특별한 배려가 필요하다.

양육자와의 애착관계가 잘 형성된 영아는 세상을 신뢰하게 되며 그렇지 못한 경우는 불신의 마음을 갖게 되어 부정적인 성격으로 자라게 된다.

세상과 사람을 신뢰하며 인생을 시작하는 바람직한 삶의 자세를 가질 수 있는 기초는 가장 연약하고 무능한 시기인 것 같은 영아기 시절에 이루어진다는 사실을 주의깊게 보아야 할 것이다.

제2장

0-3세, 어떻게 교육할까?

제2장

0-3세, 어떻게 교육할까?

영아기는 일생의 어떤 시기보다 급속한 발달적 변화를 겪는 시기이다. 영아기의 빠른 신체적 성숙은 일생의 어느 때보다도 많은 적응을 필요로 한다. 이 시기에 주양육자들의 적절한 반응과 격려가 없다면 이후의 삶에 영향을 미칠 수 있는 잠재적 위기가 유발될 수 있다.

발달의 각 단계마다 적절한 보호와 자극이 제공되면 최적의 발달을 이루게 되지만, 그렇지 못한 경우 발달이 지연될 수 있다는 의미이다. 따라서 영유아교육은 각 발달단계에서 신체, 정서, 인지, 사회적으로 무엇을 할 수 있는지에 대한 지식에 기초하여 계획, 수행되어야 한다.

영아기 교육은 영아기의 발달적 특성을 고려하여 영아의 신체적 · 정신적 · 사회적 · 인지적 요구를 통합적으로 반영하여 교육하는 것을 의미하며, 가정이나 기관에서의 교육을 모두 포함한다.

영아의 발달은 갑자기 이루어지는 것이 아니라 서서히 진행되므로 교사에게는 영아들의 요구와 발달 수준을 정확히 이해하고 판단할 수 있는 관찰 · 평가 능력이 있어야 한다. 영아들마다의 개별적인 차이를 이해하고 계속적으로 발달하는 영아의 행동을 잘 관찰하고 이해하여 각 영아의 특별한 요구와 특성을 파악해 줄 수 있어야 한다.

특히 언어적 표현 능력이 없는 영아들이기 때문에 교사는 영아 개개인의 특별한 욕구를 비언어적인 행동들을 잘 관찰하여 반응해야 한다. 보통 교육기관에서 영아들을 관찰하는 항목으로는 영아의 생리적인 스케줄, 행동, 영아의 전반적인 신체기능을 늘 관찰하고 기록함으로써 교육계획과 평가가 가능하도록 해야 한다. 교사는 늘 영아의 상태를 기록하고 건강기록을 참고하여 영아의 발달을 이해, 평가해가면서 부모와 효율적으로 대화해야 한다.

1. 0-3세의 발달 특성

영아는 발달 특성상 유아와는 질적으로 또 다른 특성을 가지고 있기 때문에 영아기의 발달 특성을 이해하는 것은 매우 중요하다고 볼 수 있다.

영아기는 자신의 몸을 이동하거나 움직일 수 있는 시기로 신체적, 정신적 발달이 가장 왕성한 시기이다.

신체적으로는 활발한 성장을 이루며, 운동능력은 보다 분화되고 숙련된다. 누워 있던 영아가 앉고, 기고, 서고, 이동하는 능력이 이때 형성된다.

정서적으로는 부모나 교사 등 자신을 돌보아 주는 양육자에게 애착을 갖게 되며, 성인과의 관계형성을 통해 세상에 대한 신뢰감이 생겨 다양한 대인관계를 맺어가는 사회적 발달이 이루어진다.

언어 발달에 있어서는 초기에 울음으로만 자신의 욕구를 표현하다가 옹알이에서 한두 단어를 발음할 수 있게 되고 이후에는 완전한 문장으로 의사소통이 가능해진다. 이처럼 의사소통이 가능해지게 되면서 자기와 다른 사람에 대한 개념이 형성된다.

그러므로 부모를 비롯해 영아를 양육하는 사람은 일관성 있는 태도로 대함으로써 세상은 안전하다는 믿음을 심어줄 수 있어야 한다. 만약 양육하는 사람이 일관성 없는 태도를 보인다면 영아는 세상을 두려움과 불신의 눈으로 보게 된다.

그리고 영아기에는 시각, 청각, 후각, 미각, 촉각과 같은 감각기관의 발달이 이루어진다.

영아기의 시각기능의 경우 빛을 식별하고 시선을 옮기는 기능은 가능하나 완전한 식별은 생후 1년이 지나야 된다. 색의 식별은 3~4개월 후에나 가능하다.

영아가 소리에 반응을 하기 시작하는 것은 출생한지 몇 시간 후부터라고 한다. 20일 후부터는 어머니의 음성과 모르는 사람의 음성을 구분할 수 있게 된다. 어머니의 음성을 아이가 인지하게 되면 서로간의 심리적 연대감을 높이는 기능을 한다.

미각기능에 있어서는 강렬한 맛이나 단맛에 대해서는 반응을 보이지만 전체적으로 둔감한 편이다.

모든 영아들의 성장은 이처럼 일정한 순서를 따라 이루어지지만 성장속도는 영아에 따라 큰 차이가 있다. 영아 초기는 신생아기와 더불어 거의 의존적인 상태지만 점차 운동능력, 사회성 등이 급격히 발달하고 어머니와의 상호관계를 통해 기본적인 신뢰감이 형성되며 이는 이후 인간 상호관계의 기초가 된다. 그리고 또래 간의 상호작용을 통해 사회적 행동이 고무될 수 있다.

이처럼 영아기는 앞서 설명한 신체, 언어, 인지, 정서, 사회성 발달 등의 여러 영역이 서로 밀접하게 연결되어 통합적으로 진행된다. 다음에서는 우선 영아의 시기별 발달 과정을 살펴보고, 각 영역별 발달 과정을 자세히 살펴보기로 한다.

(시기별로 영아들의 발달사항을 체크해보도록 부록에 발달관찰표를 제시하였다.)

1) 시기별 발달

(1) 1세

인간의 일생 중에서 최초의 1년은 활동이 크지 않고, 비교적 수동적인 시기라고 볼 수 있지만, 실은 성장 발달이 가장 현저한 시기이고 동시에 인간 제 기능의 기초를 형성하는 시기라는 점에서 중시되고 있다.

이 시기의 변화

* 스스로 이동하고 움직일 수 있게 된다.
 1년이라는 기간 동안 아기는 자다가 몸을 뒤척이기도 하고, 기어가기도 하고, 걸음마를 하는 등 자기 몸의 위치를 바꿀 수 있게 된다.
* 자신 이외의 사람들을 인식하고 애착관계를 맺는다.
아기는 태어나는 순간부터 다른 사람의 도움을 받으며 생활하게 된다. 이러한 과정 속에서 다른 사람을 인식하게 되는데 이때 어머니를 최초의 다른 사람으로 인식하게 되고, 애착활동을 보인다. 어머니와의 안정된 애착관계는 이후 영아의 사회정서 발달에 밑바탕이 된다.
* 울음으로 의사소통을 한다.
아기가 첫 단어를 발성하는 시기는 1세 전후이며, 이렇게 의미 있는 단어를 말하기 이전 단계를 전언어시기(prelinguistic period)라고 부른다. 이 시기에는 의사소통의 수단으로 울음·몸짓 등을 사용하고, 점차 보고 듣고 만지고 움직여봄으로써 언어의 수용능력과 표현능력을 발달시키게 된다.

구체적으로 살펴보면, 생후 4주일까지를 말하는 신생아 시기의 영아는 모체로부터 나와 스스로 호흡하고 먹는 방법 등을 배우게 되면서 독립적인 존재로 적응해 나가게 된다.

이 시기 아이들의 가장 큰 발달 특징은 울음으로 자신의 의사표현을 한다는 점이다. 아기의 첫 언어라 할 수 있는 울음을 통해 자신의 좋고 싫은 감정을 여과 없이 표현한다. 흔히 배가 고프다거나, 목이 마르다든가, 아프다거나, 기저귀가 젖어 있다든가 등의 이유로 울음을 터트리는데 때로는 주위의 관심을 끌기 위해 우는 경우도 있다.

신생아가 가지고 있는 또 하나의 특징은 딸꾹질로, 딸꾹질은 급하게 젖을 먹이게 되면 잘 나타나는 반응으로 끓여서 식힌 물을 먹이면 가라앉는다. 이 시기 영아들은 수면시간도 그 어느 때보다 많다. 하루 시간의 75%를 잠으로 보내는데, 일반적으로 깊은 잠에서 얕은 잠으로 배고픔, 울음, 졸림 상태가 반복되다 다시 잠으로 빠져드는 과정이 반복된다.

신생아의 경우 외부의 자극에 대해서도 아주 기본적인 반사능력만을 보인다. 신생아가 생존할 수 있도록 하는 반사를 생존반사라고 하는데 입 주위에 빨 수 있는 것만 보여도 빨려하는 빨기 반사, 볼에 어떤 물체가 닿으면 그 방향으로 입을 벌리고 머리를 돌려 빨 것을 찾는 찾기 반사, 신생아를 위험으로부터 보호해주는 위축, 동공, 눈 깜빡이기 반사 모두가 이에 속한다.

반면 신생아의 생존에 필수적인 것은 아니지만 생후 1년 내에 사라지고 아이가 성숙함에 따라 의식적인 운동으로 변화되는 특수반응도 있다.

신생아기 특수반사

신생아의 특수반사는 생존반사와 같이 생존에 필수적인 것은 아니나, 무릎 반사를 제외하고는 생후 1년이 지나면 사라지고 성장해 감에 따라 의식적인 운동능력으로 변하게 된다.

특수반사는 피하조직에 의해 통제되는 것으로 신생아의 대뇌피질의 발달이 이루어지면서 점차 사라지기 때문에 생후 1년 이후에도 무릎반사를 제외하고 이러한 특수반사가 사라지지 않으면 아기의 중추신경계의 이상 여부를 고려할 수 있다.

반사 이름	행동특성
모로 반사	큰소리나 신체적인 충격을 받았을 때 아기가 양팔과 다리를 벌리고 손가락을 펴며 몸을 구부린다. 놀라기 반사라고도 한다.
다아윈 반사	양손을 잡아 주었을 때 세게 주먹을 쥔다.
걷기 반사	아기를 들어올려 발이 바닥에 닿게 되면 발을 번갈아 짚으며 걷는 것과 비슷하게 움직인다.
바빈스키 반사	아기의 발가락을 간지럽히면 발등 위쪽으로 부채살처럼 편다.
무릎 반사	무릎 뼈 아래를 두드리면 갑자기 무릎을 뻗는 행동을 한다.
수영 반사	배를 수평으로 받쳐주면 팔과 다리를 교대로 움직이며 입으로 숨을 쉬어 수영하는 것 같은 모습을 말한다.

영아가 4~5개월이 되면 이동능력이 발달하기 시작한다. 바닥을 기고 몸을 뒤집기 시작하며, 손으로 물체를 잡는 기능이 발달해 자신의 손 기능에 관심을 갖게 되며, 숟가락까지도 쥘 수 있게 된다. 이러한 운동능력의 변화는 곧 의도적으로 어떠한 행동을 시도한다는 점에서 목적성을 갖게 한다.

6개월부터는 어머니나 자신을 양육하는 사람에게 애착을 보이기 시작하고 9~10개월이 되면서는 적극적으로 이들에게 매달리면서 접근행동을 시도한다. 그래서 이때 나타나는 행동이 양육자 이외의 사람에게 배타적인 행동을 보이는 낯가림, 애착대상이 떠날 때 공포반응을 보이는 격리불안, 낯선 것을 대했을 때 양육자의 반응을 고려하는 사회적 참조 등이다.

(2) 2세

2세에는 막 걷기 시작해서 새로운 운동기술을 연습하고 환경을 적극적으로 탐색해 보는 시기이다. 걷기 등 새로운 기술의 발달뿐만 아니라 언어 발달에 있어서도 한두 단어로 자신의 의사를 표현하며 사회 정서적 발달에서는 애착행동, 낯선 이에 대한 공포, 다른 사람과 웃음과 미소로 반응하기, 언어와 음성화를 통한 상호작용, 친사회적 행동 등이 발달하는 시기이다.

이 시기의 변화

* 부산하고 탐색적인 행동이 많아진다.

새로운 운동기능을 연습하고 발달시켜나가는 과정이기 때문에 이전보다 돌보기가 쉽지 않게 된다.

* 이제까지 성인에게 의존하던 것들을 혼자 스스로 하고 싶어 한다.

아직 대·소근육의 조절과 협응능력이 부족하여 이 시기 영아는 한시도 눈을 떼지 않고 지켜보아야 하는 존재이기도 하다. 따라서 자발적인 움직임과 탐색행동을 지원하고 놀이의 기쁨을 누리게 하면서도 해도 되는 것과 안 되는 것 등의 합리적인 한계를 이해하고 조금씩 받아들이도록 도울 수 있는 방법을 제시하는 것이 중요하다.

영아의 대, 소근육이 어느 정도 발달한 상태에서 영아는 식습관과 배변 등에서 어느 정도의 유연성을 획득하게 된다.

식사시 숟가락을 사용하기 시작하면서 처음에는 음식물을 흘리고 시행착오를 겪으나 24개월경에는 숟가락을 정확히 입에 넣을 수 있게 된다. 또한 먹는 음식과 먹지 못하는 음식을 구분하기도 해 올바른 식습관이 생길 수 있도록 지도가 필요한 시기이다.

[Azrin, Fox의 영아기 배변훈련 순서]

단계	배변훈련 기술
1단계	영아가 배변훈련을 할 수 있는 신체적 성숙이 될 때까지 우선 기다린다.
2단계	팬티를 어떻게 내리는지 가르치고, 실제로 잘했을 때에는 칭찬해 준다.
3단계	인형을 이용하여 단계적으로 배변훈련의 과정을 설명해 준다. - 영아에게 인형이 물을 먹고 싶어 하니 물을 주자고 하며 영아에게 이 일을 도와달라고 한다. - 부모는 인형이 '쉬'를 하고 싶어 하니, '인형의 팬티를 벗기는 것'과 '인형을 변기에 앉히는 것'을 도와달라고 영아에게 얘기한다. - 인형이 변기에 '쉬'를 마쳤을 때 영아에게 '쉬'를 잘한 인형에게 사탕을 주라고 한다. - 이번에는 영아를 변기에 앉아 보게 하고 '쉬'를 하고 싶을 때에는 변기에 앉아서 해야 함을 알려 준다.

또한 이 시기에는 보행능력이 안정을 찾아 쓰러지지 않고 달릴 수 있게 된다.

12개월부터는 언어사용 능력이 발달해 실제적인 단어를 사용할 수 있게 되고, 기본적인 의사소통이 가능해진다. 가장 일반적으로 사용하는 단어가 엄마, 아빠, 까까, 맘마 등과 같은 단순한 명사들이다. 이런 발달 과정을 거쳐 24개월경에는 두 단어를 붙여 사용할 수 있게 될 정도로 발전한다.

이러한 언어 발달은 영아가 타인과의 사회적 상호작용을 하는 데 돕게 되고 내면적인 사고의 폭도 넓어지면서 자신의 행동을 조절할 수 있게 된다.

(3) 3세

이 시기는 고집이 세지고 자기 주장이 강해지는 시기이다. 그 전에 아무리 온순한 아이였다고 하더라도 이 시기가 되면 대부분의 아이들이 자기 스스로 무엇이든 하기를 원한다.

이 시기의 특징

* 자기 주장이 강해지고 자기 뜻대로 하고 싶어한다.

스스로 생각하는 힘이 길러진 결과, 지금까지 엄마에게 붙어 있던 것이 돌연 자기의 생각을 가지기 시작하고 부모로부터 자립해 간다. 자기의 기분을 주장하고, 자기의 의사를 통하게 하려고 하기 때문에 부모는 갑자기 아이가 말을 듣지 않고 반항한다고 생각하여 버린다. 이에 대해 걱정하는 부모들도 있는데 인간이라면 이러한 변화를 통해 자율성을 배우게 되고 한 인간으로서 주체의식을 가지게 된다. 즉, 누구나 거쳐 가야 할 지극히 바람직한 과정이라는 것이다.

* 신체적 성장률이 이전보다 완만해진다.

특히 말초신경이 보다 예민하게 발달되어 손과 발의 사용이 유연해지고 이로 인해 도구를 사용하거나 보다 정교한 소근육 활동을 할 수 있게 된다. 이런 활동은 뇌의 전두엽 부분을 현저하게 발달시켜 사고기능이 발달하게 된다.

24개월경의 영아는 많이 흘리기는 하지만 손가락을 사용하여 혼자서 밥을 먹을 수 있으며, 30개월경에는 엄지손가락과 집게손가락으로 숟가락을 쥘 수 있고 컵이나 찻잔에 든 것을 엎지르지 않고 마실 수 있게 된다.

혼자 옷을 벗으려고 하는 행동도 자주 보인다. 양말이나 장갑 등은 혼자서 벗을 수 있으며, 벗기가 수월한 겉옷의 경우에는 혼자서 벗을 수 있게 된다.

36개월경에는 소근육이 발달하고 협응 능력이 향상되면서 옷을 입는 것도 가능해진다. 커다란 단추를 풀거나 지퍼를 올리고 내리는 것 등도 이 시기에는 가능하므로 입고 벗기에 쉬운 옷들은 영아 스스로 옷을 입거나 벗을 수 있게 된다. 이러한 발달적 특성을 고려한다면 3세의 영아는 먹기, 옷입기, 씻기, 잠자기 등 일상생활에 필요한 기본적인 기술을 수행할 수 있는 자조기술(self-help skill)을 획득하는 중요한 시기이다.

이러한 영아의 성숙은 자율적으로 행동하고 싶은 욕구를 표출하는 것이라 볼 수 있다.

그러다보니 이 시기의 아이들은 잠시도 쉬지 않고 말하고 움직여 주위 사람이 피곤함을 느낄 수도 있는데 이 또한 이 시기 영아들의 특징이기 때문에 이러한 호기심을 오히려 다양한 배움의 기회로 삼는 것도 좋다.

2) 영역별 발달

(1) 신체 발달

영아기는 신체발달이 가장 빠른 시기이다. 그래서 이 시기에 어떤 신체자극과 교육을 받느냐가 향후 신체발달에 중요한 영향을 미치게 된다. 물론 생후 1년이 지나면서 부터는 차츰 발달의 속도가 느려지지만 신체기능은 더욱 발달하고, 몸의 움직임도 보다 정교하게 발달되어 간다.

보통 갓 태어난 아기는 평균 체중이 약 3~3.5kg, 신장이 약 50~51cm 정도이며 사물을 식별하지 못할 뿐만 아니라 소리도 구별하지 못한다. 그리고 생후 몇 주 동안은 하루에 18~22시간 정도를 잠으로 보낸다. 그러나 생후 첫 1년 동안에 신장은 거의 2배로 커지고 몸무게도 출산 시 체중의 약 3배 가량 늘어난다. 영아의 뇌는 생후 1년 동안에 최종 크기의 약 70%에 도달하며 2세 말 경에는 80%에 도달한다.

근육

처음 1년 동안 영아는 신체의 근육이 완전히 조정되지 않아서 신체활동에 빨리 피곤을 느끼기도 하지만, 동시에 회복도 빠르다. 예를 들면 걷는다든가, 앉았다 넘어진다든가, 서있다 앉는다든가 하는 신체적 활동이 잦은 경우 쉽게 피곤해지는 반면에 회복도 빠르다. 근육도 골격과 마찬가지로 신체의 부위나 개인에 따라 차이를 나타낸다. 즉, 머리와 목 부분의 근육이 다리부분의 근육보다, 대근육이 소근육보다 더 빨리 발달함으로써 여아는 남아보다 일찍 발달한다. 또한 여아의 근육은 남아에 비해 지방이 많은 대신 수분이 적다.

치아

치아발달은 보통 태아기 때부터 시작되는데, 출생 시에 아직 잇몸을 뚫고 나오지 못했을 뿐이다. 생후 6~8개월 정도가 되면 젖니가 처음 보이기 시작해 생후 2년 6개월 정도까지 계속 나온다.

뇌발달

갓 태어난 태아와 생김새나 행동패턴이 비슷한 원숭이의 새끼는 태어난 지 1주일이 지나면 성숙한 원숭이와 똑같이 행동한다. 이미 성숙한 뇌를 갖고 있기 때문이다. 그러나 태아의 경우, 다른 포유동물의 새끼처럼 성숙한 뇌를 갖고 행동할 수 있기까지 1년이라는 기간이 소요된다.

인간이 다른 동물처럼 모태에서 10개월 이상을 더 있다가 완전한 상태의 뇌를 지니고 태어난다면, 제한된 성장 밖에 하지 못할 것이다. 그러나 영아는 미성숙한 상태의 뇌와 함께 무한한 잠재성을 가지고 태어난다. 그리고 세상 속에서 매일매일 다양한 자극을 받아들이며 그 잠재성을 현실화시키고, 각자의 특성과 환경에 따라 성장해간다.

뇌세포는 태어날 때에는 서로 아무런 연결도 없고 작용도 없다. 그러나 태어난 순간부터 뇌세 포는 외계의 자극에 반응하며, 급속하게 폭발적이라고 해도 좋을 정도로 성장을 시작한다. 이때, 외계 자극의 양이 질적으로 좋고 나쁨이 두뇌의 질적 성장에 결정적인 영향을 준다. 교육적으로 풍요한 환경이라면 뇌세포는 거기에 응하여 풍요한 소질로 자라고, 환경이 빈약하면 그것은 자라 지도 않고 기능을 상실하게 되어 후에 아무리 풍요한 환경에 접하더라도 이미 소질을 바꾸는 것 은 불가능하게 되는 것이다.

출생 시 태아의 뇌는 성인의 뇌의 25% 정도인 350g 정도밖에 되지 않는다. 이렇게 작은 뇌가 생후 1년 만에 1000g 정도로 성장하며 이후 10세 정도까지 빠르게 자라다가 사춘기가 지나면서 성인의 뇌 무게인 1,300~1,500g에 도달하게 된다.

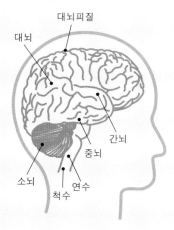

대뇌피질
대뇌
간뇌
중뇌
소뇌
척수
연수

뇌는 크게 7개의 부분으로 구성되어 있다. 대뇌는 머리의 대부분을 차 지하고 있으며 뇌 중에서 가장 늦게 진화하여 만들어진다. 모양은 껍데 기를 벗겨낸 호두 알맹이와 흡사하다.

* **대뇌**는 좌뇌와 우뇌로 이루어져 있다. 이 두 반구는 뇌량을 통해 서 로 연결되어서 서로 긴밀한 상호 협력체계를 갖추고 있다. 좌우를 연결하는 뇌량은 10세가 될 때까지 계속 발달한다.
* **소뇌**는 좌우 한 쌍씩 이루어져 있으며 표면에 가로로 난 홈이 많이 있다. 소뇌의 역할은 몸의 평형을 유지하는 것이다.
* **중뇌**는 안구 운동, 홍채 수축 등 눈과 관련된 일과 호르몬 분비, 체 온 조절, 식욕조절 등의 임무를 맡고 있다.
* **연수**는 심장박동, 호흡, 소화 등 생명유지에 필수적인 활동을 한다. 그러므로 연수를 다치면 뇌사가 일어나 치명적이다.

* **척수**는 뇌간에서 연속적으로 이어져 있으며 뇌의 맨 아랫부분을 이루고 있다. 백색의 가늘고 긴 원기둥 모양 으로 되어 있어서 운동신경과 감각신경, 그리고 자율신경이 지나가는 통로가 되며, 외부로부터 이들을 보호 해주는 역할을 담당한다.
* **간뇌**는 대뇌와 소뇌 사이에 위치한다. 간뇌의 약 4/5를 차지하는 시상은 감각의 대기실과 같은 역할을 한다. 모든 감각정보가 일단 이 대기실에 모여 있다가 대뇌의 감각중추로 올라간다.
* **대뇌피질**은 대뇌를 둘러싸고 있는 부분으로 이곳에서 사고, 판단, 창조 등 우리가 알고 있는 고도의 정신활 동이 이루어진다. 이곳에는 신경세포가 140억 개 모여 있다. 흔히 머리가 좋다 나쁘다는 대뇌피질의 각 영역 이 어떻게 얼마나 잘 발달했는가에 의해 결정된다. 인간이 만물의 영장이라고 자부할 수 있는 것도 이 대뇌 피질이 다른 포유류보다 훨씬 발달했기 때문이다. 꼬불꼬불한 고랑처럼 홈이 파여 있고, 표면에 굵직하게 나 있는 몇몇 홈을 기준으로 앞쪽은 전두엽, 뒤쪽은 후두엽, 양옆은 측두엽으로 영역을 구분한다.
* 두뇌발달은 앞의 전두엽부터 뒤의 후두엽 쪽으로 이동하면서 발달한다. **전두엽**은 가장 넓게 차지하고 있는 부위로 사고와 언어에 대한 일을 관장한다. 정신병은 전두엽장애로 발생한다.
* **두정엽**은 신체를 움직이는 일과 입체 공간적 인식기능을 담당한다. **측두엽**은 언어적 능력과 청각에 관련된 일을 한다. **후두엽**은 눈으로 보고 느끼는 시각적인 정보를 담당한다.

노벨의학상을 수상한 미국 신경생물학자 로저 스페리 박사(Roger W. Sperry)는 인간의 우뇌와 좌뇌의 발달은 시기별로 발달 속도와 강도가 다른데 특히 영아기에는 우뇌가 80%, 좌뇌가 20% 발달하여 좌뇌보다 우뇌가 활발하게 발달하는 시기라고 밝혔다. 뇌 의학자들은 사람이 성장하면서 만 7세까지는 우뇌의 발달이 주로 이루어지고, 그 다음부터는 좌뇌가 발달하기 시작한다고 분석한다.

'제2의 뇌'라고 할 수 있는 손은 인간의 육체 중에서 감각기관이 가장 많이 모인 곳이다. 그러므로 뇌의 발달을 위해 연필, 숟가락, 젓가락, 가위 등의 사용법을 빨리 익히도록 해야 하며, 직관력, 상상력, 창조력을 키우는 데 도움이 되는 퍼즐이나 나무 쌓기 등의 놀이를 가능한 한 많이 하도록 해야 한다. 또 구체적인 놀이나 학습이 아니더라도 생활 속에서 아이의 생활 습관을 바로잡아 주는 것만으로도 훌륭한 두뇌 자극이 될 수 있다고 전문가들은 지적하고 있다.

인간을 다른 동물과 구분하는 가장 큰 특징은 인간이 지닌 고도의 지적 능력이다. 그러나 갓 태어난 신생아는 단지 몇 가지의 기본적인 인지적 능력만을 가지고 태어난다. 이러한 영아가 전인적인 인간으로 성장하기 위해서는 좌뇌와 우뇌의 균형적인 발달이 따라야한다. 하지만 현실은 그렇지 않다. 지식 위주의 좌뇌 중심의 발달에 치우쳐 정작 교육에 있어서 가장 중요한 창의성을 담당하는 우뇌 계발에 소홀히 하고 있는 실정이다.

영아기의 빠른 성장은 보통 유전과 영양의 성숙도, 그리고 환경에 의해 영향을 받는다.

특히 신장과 체중 등 체형의 형성에는 부모나 가족 등의 영향을 받게 되는 유전성이 크다. 반면 영양공급의 정도와 운동, 휴식, 수면, 주거환경 등 후천적 환경으로 인해 신체발달이 영향을 받기도 한다.

[아기의 신체적 변화]

연령	이행능력	조작능력
1개월	엎어놓으면 턱을 든다	고리를 쥔다.
2개월	엎어놓으면 가슴을 들고 어깨를 편다.	누워서 팔을 뒤로 쳐든다.
3-4개월	혼자서 몸을 뒤집고 팔, 다리, 얼굴을 들며 받쳐 주면 앉는다.	손을 폈다가 주먹을 쥐곤 한다. 대상을 보고 손을 뻗는다.
7-8개월	혼자서 앉을 수 있고 기어다닌다.	물건을 쥐게된다. 손가락의 움직임이 나타난다.
8-10개월	붙잡고 일어선다.	손가락 사용이 능숙해 진다.
11-12개월	혼자서 일어서서 서 있을 수 있다.	손가락을 사용하여 물건을 집는다.
13-15개월	걸을 수 있게 되며 계단을 기어서 올라간다.	손가락을 사용해 물건을 집고 힘을 줘서 잡을 수 있게 된다
15-18개월	계단을 기어서 뒤로 내려온다. 달리기도 할 수 있게 된다.	크레파스나 연필로 낙서가 가능해진다.
24-30개월	세분화된 이행능력이 보다 자연스러워진다.	대소변 통제가 가능해진다.

출처 : 성영혜 외(1999)

 · 0~3개월 : 손을 폈다 오므렸다를 반복하고 주먹을 꼭 쥐고는 입으로 빨고 팔, 다리, 머리와 가슴을 들어올리려고 바둥거린다.

 · 13~18개월 : 누구의 도움도 없이 혼자서 걸을 수 있게 되고 크레파스나 연필로 낙서도 가능할 정도로 몸의 균형이 잡혀간다.

 · 4~7개월 : 손으로 물건을 잡기도 하고, 앉아 있어도 넘어지지 않고 몸의 균형을 잡을 수 있게 된다. 또한 누운 상태에서 몸을 좌우로 굴리는 행동도 한다.

 · 19~24개월 : 유연성과 균형감각이 안정성을 찾게 된다. 달릴 수도 있게 되고 물건이나 기둥을 잡지 않고도 문턱을 넘을 수 있다.

 · 8~12개월 : 기거나 가구를 짚고 일어서는 것이 가능해진다. 손가락을 이용해 물건을 집기도 한다.

 · 24~36개월 : 이전에 비해 머리 크기의 비율이 전체 몸길이에 대비해 줄어들어 전체적으로 몸의 균형이 잡혀가는 시기이다. 대소변의 통제도 개인마다 차이는 있으나 어느 정도 발달해 스스로 생리적 현상에 대한 표현을 할 수 있게 된다.

(2) 인지 발달

인지(cognition)란 감각적 자료를 해석하고 이것을 기억해 두었다가 필요할 때 재생시켜서 사고, 추리, 문제해결 등에 이용하여 환경과 자신에 대한 지식을 획득해 가는 과정을 말한다.

영아기의 인지발달은 언어발달이나 지각을 통해 환경에 대한 지식과 생각을 획득해 가는 과정이다. 영아기의 인지발달은 보고, 듣고, 느끼고 사고하는 일과 관련되는데 근육운동이 활발해짐에 따라 뇌세포가 발달하고 이의 결과로 지능과 능력이 발달하게 된다.

출생에서 2, 3개월경까지는 대상이 지각범위에서 벗어나면 어떠한 탐색행동도 나타나지 않는데 비하여 3개월 이후에는 수동적이지만 지속적인 응시행동을 보이는 변화가 나타난다. 3개월이 되면 영아는 대상이 사라진 곳을 마치 그것이 다시 나타나기를 기대하는 것처럼 잠시 동안 응시하는 행동을 보인다. 없어진 곳을 다시 찾는 적극적인 능동적 탐색행동은 나타나지 않지만 수동적인 기대를 하는 모습을 보인다는 점에서 의미가 있다. 즉, 대상영속성(object permanence) 개념이 형성되기 시작한다고 볼 수 있다. 대상영속성은 출생에서 생후 2년까지의 감각운동기 동안에 단계적으로 형성되는 중요한 인지 발달 개념 중의 하나이다. 영아기에 인지능력이 발달하면서 동시에 앞으로 일어날 일을 예견할 수 있는 능력도 조금씩 발달한다.

가장 영향력 있는 인지발달 이론을 제시한 피아제(Piaget)는 인간의 인지발달은 자연적인 성숙과 환경의 상호 작용에 의해 발달한다고 주장했다. 그 과정은 질적으로 다른 4단계를 순서적으로 거친다고 하였다.

[Piaget의 인지발달 단계]

단계	연령	중심적인 특징
감각 운동기	0 ~ 2세	• 감각-동작에 의한 학습, 의도적인 반복활동 • 모방, 기억, 사고의 시작 • 대상영속성 인식 • 단순 반사행동에서 목적을 가진 행동으로 발전
전 조작기	2 ~ 7세	• 직관적 · 자기중심적 · 물활론적 사고 • 언어가 점차적으로 발달하고 상징적인 형태로 사고 • 일방적인 관점에서 사고할 수 있음 • 사고와 언어가 자아중심적인 특징을 보임
구체적 조작기	7 ~ 11세	• 논리적 · 가역적 사고, 보존개념 습득 • 논리적으로 구체적인 문제를 해결할 수 있음 • 보존의 개념을 이해하고, 유목화하고 서열화할 수 있음 • 가역성을 습득
형식적 조작기	11세 이후	• 추상적 · 가설적 사고 • 논리적으로 추상적인 문제를 해결할 수 있음 • 사고가 점차로 과학적이 됨 • 복잡한 언어과제나 가설적인 문제를 해결할 수 있음

 get it

피아제 이론 산책

장 피아제(Jean Piaget, 1896-1980)는 스위스 출신의 아동 발달 심리학자로 1930-1940년대에 매우 중요한 연구를 하였지만 1960년대까지는 미국의 발달 심리학계에 그다지 알려지지 않았다. 그러나 현재 그는 20세기의 가장 영향력 있는 발달 심리학자 중의 한 사람으로 인정받고 있으며 그가 제안한 인지 발달 이론은 학습자와 학습을 이해하는 데 중요한 역할을 하고 있다. 그는 아동의 지능 문제는 아동의 사고 구조를 규명하는 방향으로 연구되어져야 하며 지능 연구의 방법으로서는 표준화 검사 방법보다는 비구조화된 임상적 방법이 효과적임을 주장하였다. 피아제는 30여 년 동안 임상학 연구 방법을 사용해서 아동의 인지 과정을 이해하는 연구를 하였다.

피아제의 인지 발달 과정을 보면, 아동의 정신적인 성숙은 그 이전에 존재하지 않았던 새로운 정신적인 능력을

30

습득하는 것이며 지적인 능력이란 주어진 환경에 효과적으로 적응할 수 있는 능력이다. 따라서 인지 발달을 이해하는 것은 지적인 능력이 환경과의 상호작용을 통하여 변화해 가는 양상을 이해하는 것이라고 할 수 있다. 즉 인간은 환경의 요구에 따라 인지 구조(cognitive structure)를 끊임없이 재구성해 간다고 하였다.

피아제의 이론은 특히 교육에 많은 것을 시사해 준다. 피아제에게는 아동이 세상을 이해하는 나름대로의 틀을 가지고 있는 적극적인 사고가라는 것이다. 이러한 아동 이해의 교육적 함의는 아동들을 수동적으로 교육시키고 지식을 전달 받게 하기보다는 학습 과정에 아동 스스로가 적극적으로 참여할 수 있도록 교육과정을 구성해야 함을 의미한다. 이러한 교육과정에서 교사는 수업을 통해서 지식 전달자가 아니라 아동 스스로가 학습하는 상황을 유도하는 학습의 조력자로서의 역할이 요구된다.

피아제 대상영속성 개념의 발달 단계

1단계(0-1개월)

아기는 엄마 얼굴이나 젖꼭지와 같은 친숙한 광경은 인지할 수 있으나 눈앞에 보이지 않는 대상이 존재한다는 개념은 갖고 있지 않다.

2단계(1-4개월)

한 번 보거나 만져본 대상에 대해서 아기는, 다시 보고 만질 수 있다는 약간의 기대를 하고 있음이 나타나기 시작한다. 예를 들면 집 앞에 서 있는 엄마를 쳐다본 아기는 엄마가 사라져도 대문을 다시 바라본다.

3단계(4-8개월)

3단계가 되면 영아는 사라진 대상물을 찾는 행동을 보이게 되는데, 대상 영속성 개념이 형성되기 시작된 것이다. 그러나 이 단계 영아의 대상 영속성 개념은 한계가 있다. 예를 들면 인형의 발을 조금 보이도록 담요로 덮으면 찾아내지만 완전히 덮으면 시야에서 사라진 대상인 인형을 찾으려 하지 않는다. 이에 비해 사람에 대한 영속성(person permanance)은 대상 영속성 개념이 일어나기 전에 나타난다. 이 시기의 대부분의 아기들은 부모가 완전히 숨어서 보이지 않아도 끝까지 찾으려 한다. 특히 안정된 애착을 형성한 아기는 불안정하게 애착된 아기보다 더 빠른 시기에 대상 및 사람 영속성 개념이 발달한다.

4단계(8-12개월)

이 시기의 아기들은 대상이 완전히 감추어져 눈에 보이지 않더라도 찾으려 한다. 그러나 감추어지는 과정을 보았더라도 이들은 그 대상을 이전에 보았던 장소에서 찾으려 한다. 그곳에 담요가 있으면 그것을 들춰보기도 하지만 대상이 이곳에서 저곳으로 옮겨질 수 있는 독립적인 것이라는 개념은 아직 희미하며, 옆, 아래 등과 같은 개념은 부족하다.

이 시기의 영아가 자신의 행위와 대상물을 완전히 분화시키지 못한 채 대상물이 있는 장소와 그것을 찾는 감각운동적 행동을 결합하는 일종의 습관만을 형성하고 있기 때문에 4단계의 오류가 나타난다.

5단계(12-18개월)

이제 영아는 대상물을 어디에 숨기든지 가장 최근에 사라진 곳에서부터 대상을 찾는 능력을 보이게 된다. 그러나 5단계 영아의 대상 영속성 개념에도 한 가지 한계가 있다. 5단계 영아는 자신이 볼 수 있는 공간 이동에서는 대상 영속성이 가능하나, 볼 수 없는 공간 이동에서는 대상의 숨겨진 위치를 정신적인 표상만으로 정확하게 추적하는 능력을 갖고 있지 못하다.

6단계(18-24개월)

이 시기의 아기들은 대상이 완전히 숨어버려도 정신적인 표상을 통해 이동과정을 추적하여 대상을 찾아낸다. 이것은 아기들은 대상 영속성 개념이 생겼기 때문이다. 우리는 영아가 대상 영속성의 개념을 획득할 때, 지적 발달에 있어서 엄청나게 진전된 것을 볼 수 있다. 생후 초기에, 그들은 사물이 그들의 시각과 행동에 관계없이 존재한다는 것을 알지 못한다. 감각 운동기 말에 가서야 비로소 대상들은 자신의 존재와 분리되고, 또한 영속적인 것이 된다. 그리하여 영아는 독립된 사물들을 포함하는 우주와 그리고 자신은 그 우주 안의 많은 것들 중에서 단지 하나의 대상임을 깨닫게 된다. 따라서 대상 영속성과 더불어 그들은 자신이 독립된 개체라는 것을 명확하게 깨닫게 된다.

(3) 정서 발달

정서(emotion)는 마음이 움직이고 감동된다는 점에서 정동(情動)이라고도 한다. 희노애락, 애증, 공포, 쾌고 등이 모두 여기에 속한다.

영아기에는 감정이라든가 정서면에서의 생활에서 그렇게 두드러진 발달은 볼 수 없지만, 다소의 발달은 관찰할 수 있다. 신생아의 정서는 그저 흐릿한 흥분같은 것일 것이라는 짐작이 가능할 뿐이다. 그러다가 영아기 동안에 다소 분화가 이루어진다.

영아기의 정서는 크게 기분이 좋은 쪽의 정서인 '쾌'와 그 반대의 '불쾌', 즉 기분이 나쁜 쪽의 정서로 나누어진다. 이러한 정서적 표현을 위해 영아기에 가장 많이 보이는 반응이 울음이다. 아기들은 울음을 통해 자신의 요구와 상태, 감정 모두를 표현한다. 배가 고플 때, 잠이 올 때, 아프거나 무서울 때도 울음만이 유일한 의사수단이자 정서표현이다.

 get it

우는 영아의 심리
영아들이 우는 것은 성장과정에서 나타나는 자연스러운 행동 중의 하나이다. 아직 언어를 습득하지 못한 영아에게 울음만큼 정확한 '언어'는 없다.
그리고 자아가 형성되면서 영아는 떼를 쓰거나 고집을 부리는 것 등으로 독립된 자아를 나타낸다. 주로 2세 초반부터 3세 사이에 이뤄지는데 이것을 이럴 때 교사가 무조건 안아서 달래주는 것이나 같이 화를 내는 것은 바람직하지 않다.
대개 신경질적인 울음은 3세 이후 언어가 발달하고 사회적인 관계가 형성되면서부터 대부분 자연스럽게 줄어든다. 그렇기 때문에 가장 좋은 방법은 아이의 울음이 아무것도 아닌 듯 밝은 표정으로 웃어넘기도록 해야 한다.
그러나 이러한 시기를 교사가 효과적으로 대처하지 못할 경우 아이는 화를 내고 신경질 부리는 것을 자신의 요구를 관철시키기 위한 하나의 의사소통 방법으로 이용하게 된다.
일반적으로 대부분의 부모나 교사들은 아이가 투정을 부리거나 울음을 터뜨릴 때 아이가 나쁘거나, 아니면 자신이 좋은 부모나 교사가 아니라서 그런 것이라고 생각한다. 하지만 영아가 부정적인 감정을 느끼고, 표현하는 것은 꼭 배워야 할 본질적인 것이다.
모든 영아들은 인생의 도전과 제한에 반응하면서 부정적인 감정을 경험한다. 부정적인 감정은 영아의 발달에 있어 자연스럽고도 중요한 부분이다. 그것들은 영아가 기대를 조절하고, 인생의 한계를 받아들일 수 있도록 도와주기 때문이다. 부정적인 감정을 다스리는 법을 배운 영아는 내면의 창조적인 잠재력을 일깨우고, 인생의 도전에 성공적으로 대처할 수 있는 준비를 갖출 수 있는 것이다.
물론 부정적인 감정이 유쾌하거나 편한 것은 아니다. 하지만 발산되지 못하고 억압되는 감정은 심각한 문제를 일으킬 수 있다. 감정을 억압하면 소극적인 성향에 빠져들거나, 고통을 해소하지 못한 채 되풀이해서 겪게 되며, 또 강박증이나 육체의 이상 증세를 불러일으키기도 한다. 이런 이유로 자기 감정을 이해하고, 표현하고, 적극적으로 이용하는 방법을 배우는 것은 아이들이, 또 그들이 어른이 되어서도 행복한 삶을 살기 위해 매우 필요하다. 전문가들은 6세 이전의 시기가 그러한 방법을 배우는 데 가장 중요한 시기라고 강조한다.

그러므로 교사는 영아가 자기 자신의 공격적이고 부정적인 감정을 긍정적으로 활용하는 법과 여러 가지 감정 변화에 대해서 가르쳐주어야한다. 그리고 그보다 먼저 영아가 마음껏 감정을 표현할 수 있도록 도와주는 게 중요하다. '부정적인 감정을 토로해도 괜찮다'는 긍정적인 메시지를 심어주는 것은 큰 힘을 준다. 또한 영아가 자기 감정을 자각하도록 돕는 가장 좋은 방법은 아이의 말에 공감하고, 인정하고, 귀 기울여주는 것이다. 영아의 말이 단순하고 유치하다고 해서 상대하지 않는다면, 영아는 자신이 인간으로서 존중받지 못한다고 느끼게 되어 다른 사람을 신뢰하고 좋은 인간관계를 맺는 사람으로 자랄 수 없게 된다.

교사들 가운데 자기 감정을 실어 화를 내거나 해서 영아를 통제할 때가 있다. 영아의 울음을 즉시 그치게 하기 위해서 달래서 진정시키다가 그치지 않으면 윽박지른다. 그러면 영아는 얌전해지고, 두려움에 순종한다. 단기적으로는 이런 방법이 통하지만 결국에는 영아 내면의 감정을 마비시키고, 의지력을 억압한다. 또한 이런 강압적인 방법 못지않게 나쁜 방법은 교사가 영아의 기분을 풀어주려고 늘 서둘러 해결책을 제시하는 것이다. 욕구가 생기기도 전에 미리 만족시켜주는 것은 영아가 자기 욕구를 자연스럽게 느끼는 것을 가로막으며, 한편으로는 욕구불만과 자신의 상실감을 스스로 다스리는 훈련의 기회를 빼앗아 버리는 것이다. 또한 영아의 자그마한 욕구에도 너무 지나치게 신경 쓰면 영아가 정체성을 느끼며 자신을 형성해나가는 데 걸림돌이 될 수도 있다. 어느 정도의 욕구 불만은 영아가 인격을 형성하는 데 필요한 하나의 요소이다. 또한 아이의 부정적인 감정에 대해 부모가 더 부정적인 감정으로 반응하면 아이는 자기 감정을 표출하는 것이 안전하지 못하다고 느낀다. 아이는 어떤 감정을 표현했을 때 부모가 좋아하지 않는다면 자신의 감정을 점점 억누르게 된다.

감정이란 인생의 어려움에 맞서도록 자연이 인간에게 선사한 선물이다. 그러므로 그것을 마음껏 발산하고 이용할 수 있도록 도와주어야 한다.

영아기의 정서발달은 연령에 따라 달라진다.

신생아에 있어서는 아직 쾌, 불쾌가 없는 막연한 흥분이라고 할 만한 정서밖에 없지만, 이내 다른 정서로 분화한다. 특히 불쾌 쪽의 분화가 두드러지고 뚜렷한 형태로 된다. 즉, 생후 1개월 정도 된 아기면 배가 고플 때나 옷이나 기저귀 끈이 조인다거나 할 때, 추울 때, 더울 때, 주위의 소리가 너무 클 때, 신체의 자유가 구속을 당할 때 울게 된다. 근육의 긴장이 생기고, 호흡이 막힐 지경이 되고, 크고 높은 소리를 내면서 울고, 눈물도 나오고, 얼굴이 붉어지고, 입을 삐쭉거리며 주먹을 쥐는 등의 행동을 보인다. 이것은 아기에게 불쾌한 자극이 주어졌을 때에 나타나는 정서의 표출인 것이다 (김재은, 2001).

생후 2~3개월 된 영아는 자기 이외의 타인을 의식하게 되면서 쾌 불쾌, 미소, 울음, 옹알이로 표현을 한다. 특히 3개월이 지나면서 쾌의 표출로서 미소와 웃음으로 나타난다.

5~6개월 사이에는 불쾌의 감정이 분노, 혐오, 공포로 세분된다. 자신의 뜻대로 되지 않는 일에 대해서는 분노의 정서가 나타나 심할 정도로 울음을 터뜨린다. 신체 운동을 멈추거나, 슬픈 표정으로 우는 행동을 통해 무서움을 표현한다. 또한 싫어하는 것에 대해 명확해진다. 자신이

싫어하는 음식을 먹으면 얼굴을 찡그리고 불쾌한 표정을 짓는다.

7개월부터는 엄마나 자신을 양육하는 사람에 대한 애착이 강해져 뽀뽀를 하거나 볼을 만지는 등의 기쁨의 표현을 한다.

1년쯤에는 애정, 분노, 공포, 혐오 등 다양한 감정이 생겨나게 된다. 그리고 생후 2년에는 성인이 느끼는 감정을 대부분 가지게 된다. 하지만 여전히 미숙한 단계라 감정의 오래 지속되지 못하고 또래들과 간단한 놀이만을 즐긴다.

그러나 모든 영아들이 같은 시기, 같은 행동을 보이는 것은 아니다. 이처럼 같은 시기에도 발달의 빠르고 느림을 결정하는 조건은 내부적으로 나타나는 성숙정도와 밖으로부터의 경험에 의한 작용인 것이다. 그리고 주위 사람들의 영아에 대한 태도 또한 정서의 표출 양상을 결정하는 조건이다. 주위 사람들이 아기가 운다고 해서 무조건 들어준다거나 비위를 맞추려고 하다보면 아이는 문제가 자신이 뜻대로 하고 싶은 일이 있을 때마다 울어버리게 되고 이후의 성장 과정 동안의 정서 표출에도 바람직하지 않다.

언어적 표현 능력이 없는 영아일지라도 자신의 감정을 표출하는 것은 가능하다. 아주 어린 영아도 웃고, 목소리를 내고, 응시하고, 까꿍 놀이를 하며 다른 사람과의 사회적 상호 작용을 즐긴다. 영아기 감정 표현의 특성은 다음과 같다.

- **첫째,** 영아의 감정 표현은 격렬하고 강하다. 느낀 대로 자유롭고 솔직하게 표현하는 감정은 때때로 싸움과 같은 공격적인 행동으로 나타난다. 그러므로 교사나 부모는 좀더 다른 사람의 감정을 이해하고 자기감정을 조절할 수 있도록 이끌어 주어야 한다.
- **둘째,** 영아의 감정 표현은 일시적이다. 눈물을 뚝뚝 흘리며 울거나 친구와 싸우다가도 얼마 가지 않아서 웃고, 다시 계속해서 놀이를 해 나간다.
- **셋째,** 영아는 가끔 불안해하고 공포심이라는 감정을 느낀다. 이러한 공포와 불안은 유아의 풍부한 상상력에서 비롯될 수도 있으며, 낯선 환경에서나 낯선 사람을 만남으로써 불안을 느끼기도 한다. 그리고 부모나 교사가 떨어져 있을 때 강한 공포심과 불안감을 경험하고 그를 표현한다. 한편으로는 교사나 부모의 지나친 기대와 간섭은 유아의 자발성과 호기심을 잃게 하고 불안한 감정을 불러일으키게 된다.
- **넷째,** 영아는 무궁한 호기심을 가지며 흥미 있는 일에 깊이 몰두한다. 그리고 무엇인가 새로운 것을 만들거나 할 수 있게 되면 이것을 자랑하고 칭찬받고 싶어 하는 감정을 갖게 된다. 이때 칭찬을 받으면 만족해하고 자신감을 획득하며, 이런 영아는 더 열심히 무엇을 성취하려고 노력하게 되며 끊임없이 새로운 것을 탐색하려 하는 경향을 보인다.
- **다섯째,** 다른 영아들을 시기하는 감정을 그대로 드러낸다. 그래서 교사의 사랑과 인정을 받지 못할 것 같은 상태를 두려워하여 친구를 때리거나 욕하는 등 파괴적인 행동을 보이기도 한다.

• **여섯째,** 영아는 불편한 감정이나 긴장감을 심미적으로 해소한다. 영아가 성장함에 따라 구체적인 사물과 상호 작용함으로써, 즉 만지고 느끼고 분해하고 재구성하는 경험을 통해서 창의적이고 심미적인 면을 키워나가게 된다.

영아의 감정 표현은 매우 중요하다. 욕구와 생각이 모든 감정 표현에 들어가 있기 때문이다. 영아는 자신이 느낀 감정에 대해 비난 받지 않으며 억압받지 않아야 자기존중감이 높은 아이로 성장하게 된다. 감정 표현에 미숙한 영아의 경우 정서적으로 신체적 발달도 늦는다.

영아기의 억압된 감정은 분노로 형상화되어 어른이 되어서 사회 생활을 할 때나 결혼 생활 등 공동생활을 할 때 표출이 되어 무덤에 갈 때까지 본인은 물론 다른 사람까지 괴롭히게 된다.

영아가 느끼는 감정을 지지하고 용기를 불어넣어 주는 역할이 교사의 역할이다.

교사는 영아가 감정 표현을 자연스럽게 할 수 있도록 하는 데 교육의 초점을 맞추어야 한다. 음악과 미술활동 등은 언어적인 표현이 미숙한 영아가 감정을 표현하는 데 중요한 매체가 된다. 다양한 감정을 느끼고 표현할 수 있는 예술적 자극을 통해 영아 스스로 자신의 감정을 표현할 수 있도록 해야 한다.

[영아의 정서발달 단계]

연령	단계	특성
0-1개월	완전 자극장벽	영아는 비교적 무반응적이고, 외부의 자극에 대해 거의 반응하지 않는다.
1-3개월	주위환경에 대해 관심갖기	영아는 자극에 개방되어 있다. 흥미와 호기심을 보이기 시작하고, 사람에게 쉽게 미소 짓는다.
3-6개월	긍정적인 감정	• 어떤 일이 일어날지를 기대하고 그 일이 실제 일어나지 않을 때 실망을 경험한다. • 화를 내거나 불안스럽게 행동함으로써 실망을 나타낸다. 자주 미소짓고 웃는다. • 이때가 사회적 각성의 시기이며 아기와 양육자 간의 초기 상호교환의 시기이다.
7-9개월	능동적인 참여	사회적 게임(social game)을 하고 사람들로부터 반응을 얻으려 한다. 다른 아기들에게 반응만 하도록 말을 건네고, 부추긴다. 더 분화된 정서를 표현하며 기쁨, 공포, 분노, 그리고 놀람 등을 보인다.
9-12개월	애착	일차적인 양육자에게 강하게 몰두하고, 낯선 사람들을 두려워하게 되고, 새로운 상황에서는 활발히 행동하지 않는다. 1세가 되면 정서를 더 분명하게 전달하는데, 기분(moods), 반대감정 병존(ambivalence), 감정(feeling)의 심화 등을 보인다.

출처:Sroufe, L. A.(1979).

(4) 사회성 발달

에릭슨(Erikson)은 개인이 하나의 특별한 발달단계에서 심리사회적 위기에 적절하게 대처하는 방법에서 나타나는 태도 혹은 일반적 감정 등을 심리사회적 감각(psychosocial senses)이라고 하며 일생을 8단계로 나누어 유형별로 설명하였다. 즉 개인도 그의 경험의 결과로서 이 감각을 발달시킨다. 8감각이 각각 확립되는 것은 개인이 사회에서 건전한 심리사회적 기능을 하는데 요구되는 능력이 발달된다는 것을 의미한다.

예를 들면 영아기 동안에 아기는 신뢰감 대 불신감 중 한 가지가 발달하는 심리사회적 단계를 경험하도록 안내된다. 이때 영아가 기본적 신뢰감을 발달시킬 수 있도록 도전을 받기 위해서 그의 부모로부터 물리적, 사회적 환경과 상호작용하기 위한 수많은 경험을 제공받는다. 부모의 일관성 있는 양육태도, 신체적 심리적 욕구나 필요에 대한 적절한 충족 등을 통해 영아는 그를 돌보아 주는 사람과 주위 사람들에게 신뢰감을 형성하게 된다. 만약 양육자가 지나치게 모순된 양육태도를 보이거나, 아기의 고통스런 필요와 요구에 응해주지 못하거나, 아기와의 관계에서 일관성을 지속시키지 못한다면 영아도 사회환경에 대해 불신감을 갖게 된다. 따라서 Erikson은 신뢰감을 형성시키는 인생의 초기단계를 가장 중요한 시기로 보았다.

이처럼 영아기에 사회성 발달은 사회화이론이나 생애발달 단계에서 중요시하는 부모와의 신뢰성을 구축하는 시기이다. 따라서 이 시기에 자녀의 사회성을 발달시키기 위해서는 신체적 접촉과 언어적 접촉 그리고 환경조건을 충족시켜 줌으로써 신뢰감을 형성시키도록 도와야 한다.

영아기 아동은 미소나 몸짓 등의 비언어적 표현을 통해 자신의 의사를 표시하게 됨으로 아기의 이러한 반응에 대해서 강화와 피드백을 해줌으로써 환경을 통제하는 능력을 확산시켜 줄 필요가 있다.

영아기의 시기별 사회성 발달

- **0개월~2개월** : 아직 사회성을 보이기에는 이른 시기이다. 이제 겨우 엄마라는 존재에 대해 어렴풋이 느끼기 시작하는 단계이기 때문에 가끔 부모나 다른 사람의 얼굴을 빤히 쳐다보는 정도이다.
- **생후 3개월** : 이 시기의 영아는 사람의 목소리를 들으면 고개를 돌려 소리 나는 쪽으로 향한다. 예를 들어 사람의 웃음소리를 듣고 아가는 같이 웃는다. 자기 팔을 흔들어주거나 웃어주면 즐거운 표정을 짓는다. 이렇게 사람을 향한 웃음은 영아의 뺨이나 입술을 만질 때 나타나는 반사적 미소와는 다르다. 찡그리거나 화난 얼굴보다는 웃는 얼굴에 시선을 오래 고정시키고 경우에 따라 아기도 역시 방긋방긋 웃는 얼굴을 보이기도 한다. 사람을 보고 짓는 이 미소가 사회적 발달의 시초가 되는 것이다. 생후 3개월이 되는 영아는 혼자 있으면

운다. 그러나 누가 옆에서 말을 하거나 또는 장난감 같은 물건으로 소리를 내면서 주의를 끌어주면 울음을 멈춘다. 영아는 엄마와 자주 접촉하는 다른 사람들을 알아본다. 그리고 낯선 사람을 접하면 무서워서 울거나 머리를 돌려버린다.

- **생후 4개월** : 4개월로 접어들면 영아는 안아주기를 바란다. 또한 자기에게서 떠나가는 사람을 바라보며, 자기에게 말을 거는 사람을 보고 미소 지으며, 자기에게 주의를 기울여 줄 때 기뻐하고 함께 놀아줄 때 웃는다. 다른 또래에게 관심을 가지기 시작하며 이때의 영아는 다른 영아를 보고 웃거나, 다른 영아가 우는 것 등을 관심 있게 쳐다본다.

- **생후 5~6개월** : 엄마와 가족을 보면 웃으며 좋아한다. 이 시기는 아기에게 무척 중요하다. 이 시기에 부모와의 애착형성이 잘 이루어져야 사회성의 기초인 안전감과 신뢰감이 제대로 형성될 수 있기 때문이다. 사람을 구분하고 서서히 낯가림을 시작하고 어느 정도 기억력이 생기기 때문에 보이지 않는 것을 찾으려고 한다. 특히 엄마가 보이지 않으면 찾으려고 애쓴다. 또 미소와 꾸짖음에 다르게 반응하며, 또 친근한 목소리와 성난 목소리를 구분할 수 있게 된다. 영아들 간의 적극적인 접촉은 보통 생후 6~8개월경에 나타나는데, 이 접촉은 서로 쳐다보는 것, 손을 내미는 것, 그리고 서로 만지는 것 등이다. 하지만 이것이 적극적인 의미의 어울림이 아니다. 생후 6~8개월이 지나면서 사물에 대한 개념이 발달함에 따라 자기와 자기 이외의 것을 구분할 수 있게 된다. 이전에는 엄마와 자기를 동일하게 여겼지만, 6~8개월 사이에 분리개념이 발달하면서 점차 자기를 인식하기 시작한다.

- **생후 10개월~12개월** : 기분이 나쁘면 짜증을 내고 좋으면 자지러지게 웃는 등 감정표현이 좀더 확실해진다. 자기 앞에 누가 나타나면 손가락으로 찌르거나 만져보는 등 일시적인 관심을 보인다. 하지만 낯선 사람이 접근해 올 때 밀치거나 울면서 그에 대한 공포와 싫어하는 감정을 표시한다. 이 시기의 아이들은 "하지 마." 라는 말을 듣고 하던 행동을 멈출 수 있다.

- **13개월~18개월** : 성인에게 더 깊은 관심을 가지며, 그들과 함께 있거나 그들의 행동을 모방하려는 강한 욕망을 보인다. 자기 외에 다른 것에 대한 호기심이 증폭되어 점차 외출을 좋아한다. 성공적으로 걸음마를 마친 이후, 영아는 점점 자신의 능력을 자랑하고 싶어 하고 무엇이든 시도하려고 하면서 "내가, 내가"라는 말을 자주 하게 된다.

- **2세** : 영아들은 목욕을 하거나 옷을 입는 것과 같은 단순한 활동들을 성인들과 함께 협력하여 할 수 있다. 배변훈련을 시작하는 시기로 서서히 나에 대한 자아개념이 생기기 시작해 동생이나 다른 누군가에게 질투의 감정을 느끼기도 하고, 좋아하는 사람도 생기게 된다. 그래서 자기가 좋아하는 사람에게 곧잘 가며 자발적으로도 엄마와 떨어질 수 있게 된다.
거울 속에서 자신을 인식하고 좋아하고, 다른 아기의 사진보다는 자신의 사진을 보기를 좋아하며, 그림 속의 자신의 이름을 말할 수 있게 된다.

- **3세** : 영아은 비교적 안정되고 종합적인 자아에 대한 생각을 가지기 시작한다. 연령과 성을

토대로 사람을 분류하기 시작한다. 예컨대 사람들 사진을 주고 집단으로 나누어보라고 하면, 이 시기의 아이들은 어린 아기들과 어른들, 또는 남자와 여자로 분류한다. 3세경에 보여주는 또 한 가지 특징은 사물과 사람에 대한 소유개념을 형성하는 것이다. 내 장난감, 내 인형, 내 신발 등 나에 속하는 것에 대한 구분이 명확해진다. 이 시기의 아이는 타인의 판단을 모두 의식 없이 흡수하므로 유아기 초기의 주위 사람들의 반응은 아이가 전반적인 자아개념을 형성하는 데 영향을 준다. 또 이때의 아이들은 자기중심적 사고를 잘 반영한다.

(5) 성격 · 인격 발달

영아기는 타인에 대한 신뢰를 기반으로 자율적인 개체로서의 존재가 가능해진다. 이러한 자율성은 대소변훈련을 통해 자신의 신체를 마음대로 조절할 수 있는 능력을 얻는 과정에서 시작된다.

영아가 자신이 독립적인 인간이라는 사실을 깨닫는 자율적 주체성이 생기면서 고집이 세어지고 부정적이며 부모의 말을 안 듣는 경향이 생기며 공격적인 행동을 보이기도 한다. 1세에서 3세 사이의 영아가 부모로부터 독립하여 무엇이든 스스로 해보려는 끈질긴 경향성을 보이는 시기를 에릭슨(Erikson)은 자율성을 습득하는 중요한 시기로 보았다. 자율적 행동을 거듭 성취할 수 있을 때 아기는 자신감과 함께 자율성을 습득하게 된다.

이 무렵 교사는 영아의 자율성과 독립심 발달에 효과적으로 대처할 수 있어야 한다. 교사가 참을성이 없고 영아를 과보호하거나 비판적인 성향이 강할 때, 영아는 자신과 세상을 통제할 수 있는 스스로의 자율성을 상실하게 된다.

영아는 자신의 자율적 행동이 실패를 거듭하면 수치심을 습득하게 되며, 자신의 행동에 대한 부모나 교사의 처벌이 반복되면 교사와 부모에 대하여 가졌던 애정에 대하여 회의감을 형성하기 때문이다.

그러므로 교사는 스스로 무엇인가를 하려는 영아의 경향성을 거부하지 말고, 자율적 행동이 성공을 거둘 수 있도록 배려하는 것이 무엇보다 중요하다.

영아가 걸음마를 시작할 때에도 새롭게 얻은 활동의 자유는 잠재적인 위험을 내포하고 있기 때문에 교사의 적절한 제한이 필요하다. 그러나 너무 지나치게 행동을 제한하면 영아의 건강과 발달을 저해할 수 있다. 영아의 행동을 제한할 때 가장 고려해야 할 사항은 영아의 안전과 행복이다. 제한할 때는 부드러우나 단호한 목소리로 일관성 있고 분명하게 제한하는 것이 필요하다. 영아의 행동을 통제하는 목적은 영아가 스스로 행동을 통제해야 하는 때와 방법을 알도록 하는 데 있다.

자율성의 발달은 흔히 타인에 대한 거절증으로 나타난다. 만 2세 무렵에는 반항적 기질과 함께 강한 소유욕을 보이며 "필요 없어.", "갖고 싶어." 등의 의사표현을 할 수 있다. "싫어."와 같은 표현으로 부모와 분리된 존재임을 확인한다. 영아가 부모에게서 독립하고자 할 때에는 더욱 더 거절하는 행동이 나타나며 이것은 정상적인 발달 과정이다. 따라서 이 시기를 '제1반항기' 혹은 '끔찍한 두 살 (terrible twos)'이라고 부른다. 이 시기 아이들의 이러한 반항적 행동들은 양육자로부터 독립을 하고, 자신의 욕구를 만족시키기 위해 '자아'의 힘을 보여주는 마지막 단계임을 나타낸다.

영아의 '인격'이라는 것은 심리학적인 관점에서는 분석될 수 없는 지적, 신체적인 특성뿐만 아니라 이들의 연합체로서의 복합적인 영아들의 개성을 총칭한다.

영아들이 바르고 건강한 사람으로 자라날 수 있도록 성격과 버릇이 형성되는 시기를 어떻게 보내느냐에 달려 있다. 아이의 인성을 통해 미래가 좌우된다. 인성 교육에 있어 가장 중요한 시기는 0~3세인 영아기이다.

영아기의 인성 교육에서 중요한 기준은 바로 한계와 제한이다. 영아가 사회의 한 구성원으로서 사회 전체와 잘 조화를 이루도록 하려면 자기 멋대로 행동하는 대신 정해진 방침에 따라 타인을 배려하며 살아가도록 교육을 해야 한다. 방침을 정하면 당연히 할 수 있는 일과 없는 일의 경계가 그어지게 된다.

이때 할 수 있는 것과 해서는 안 되는 것을 명확하게 구분해야 하는데 그것을 터득할 수 있는 첫 번째 장소는 바로 가정이다.

(6) 언어발달

언어란 인류 출현과 동시에 이 세상에 존재하게 되고, 우리들의 사회 생활의 기초를 이룬 것으로, 언어에 의해서 인간은 하나의 집단, 사회, 부족, 혹은 국가로 형성된다. 언어 발달에 대해 생득적인 것이라고 보는 학자들도 있고, 환경과 교육에 의해 단계적으로 발달해 간다고 보는 학자들도 있다. 여기에서는 0-3세 영아들의 언어와 관련된 특징과 변화 상황들을 중심으로 살펴본다.

갓태어난 아기는 젖을 먹고 난 후와 같이 기분이 좋을 때에는 울음소리와는 다른 '아아'나 '우우'라는 조용한 소리를 내게 된다. 이 소리는 대개 영아가 내뱉는 숨을 쉴 때 발하는 것으로 호흡의 리듬에 맞는 소리이다. 그러나 이 음성도 2개월경부터 호흡의 리듬과는 별도로, 소리의 높이나 종류에 변화가 있는 음성으로 바뀐다. 이런 음성을 옹아리라고 한다. 옹아리란 '소리의 놀이'라고도 말하듯이 점점 발달해 가는 발성 기관이나 구음 기관의 자발적 활동에 의해서 생기는 것으로, 커뮤니케이션의 의도에 통하지 않는 무의미하고 구음화가 불충분한 음성이다. 즉, 처음에 울음으로 욕구를 표현하던 영아가 생후 1개월 경부터 보이는 언어발달인 옹알이는 모든 나라 영아의 발성내용이 비슷하다는 점에서 인간 언어의 가장 기본적인 발달단계이다.

그러나 아기에게는 이 옹아리 활동을 통해서 발성 기관이나 구음 기관의 활동과 그 협응을 습득하게 된다. 그러므로 옹아리는 발어에 있어서의 음성면의 형식을 획득하는 것과 연결되는 중요한 활동이다.

6개월이 지나면 '바바, 바바'와 같이 같은 음절의 반복이나, '아아 바아 아아 부우 바아' 등의 다른 음절의 비반복성의 소리도 발하게 되어 옹아리가 더욱 활발해진다 (Jackie Silberg, 2000).

이때 부모는 그 소리를 듣고 영어가 의미 있는 말을 하기 시작한다고 기뻐하고 그 소리를 반복하여 말해 주게 됨으로써 옹알이를 말로 발전시키게 되는 일종의 강화방법을 사용하게 된다. Thorndike(1943)는 이를 'babble-luck'이라고 불렀는데 그것은 영아가 내는 소리 중에서 마치 의미 있는 언어처럼 들리는 소리에 대해 강화를 받아 그 소리가 더 확장되기 때문이다. 이 시기 영아는 말소리와 그 의미를 연결시키지는 못하지만 점차 자신의 목적을 위해 언어를 사용할 수 있다는 것을 알게 된다.

영아가 2세경에 이르면 언어발달의 폭발적인 팽창기에 들어서게 된다. 어휘의 수가 급격히 증가하여 250~300여개의 단어를 이해할 수 있으며 약 50개의 단어를 정확히 사용할 수 있다. 1976년 Gesell Institute of Child Development 연구에 의하면 24개월에는 지각, 운동행동의 빈도가 높다가 30개월에서는 운동과 언어행동 빈도가 거의 같은 수준으로 나타나고, 36개월 이후에는 언어행동이 급격히 증가됨을 보여준다.

즉, 24개월에서 36개월의 영아는 놀라운 언어 발달이 진행되는 시기로서 어휘의 확장은 물론 문법적인 형태소를 사용하고 성인이 사용하는 언어와 유사한 언어체계를 습득하게 되는 놀라운 시기이다. 그러나 영아에 따라서 완전한 문장으로 말하는 영아가 있는 반면에 아직도 한 단어에 의존하여 말하는 영아도 있어 이 시기에는 언어 발달에 있어서 개인차이가 크게 나타난다. 이러한 측면에서 살펴볼 때 2세아의 언어는 유창하다고 할 수는 없지만 자신의 의도나 목적을 표현하기 시작하며, 언어 사용에 있어서 매우 적극적인 존재가 됨을 알 수 있다 (장영희, 2000).

 초기 언어의 특징

* 표현적인 은어 사용

아기들은 한 마디 단어가 어느 정도 익숙해지고 두 마디 말이 가능한 13개월에서 19개월 사이에 단순한 한 단어를 뛰어넘어서 문장을 이루어 표현하고자 애를 쓰는 언어형태를 나타낸다. '아빠 빠방'과 같이 알아들을 수 없는 말을 고저와 장단을 같이 한 억양으로 이야기한다. 그러나 같은 또래의 아기와는 뜻이 통하는지 이러한 형태의 이야기를 한 번씩 주고받으면서 대화를 나누기도 한다. 또래끼리만 알아들을 수 있는 말이라 하여 표현적인 은어라고 한다.

* 전보문식 언어

아기들은 말이나 소리를 따라 할 때 중간중간에 자신의 귀에 익숙하거나 모방하기 쉬운 말들만 골라서 따라 하는 경향이 있다. 이것이 전보를 칠 때의 형식과 비슷하다고 하여 전보문식 언어(telegraphic speech)라고 한다. 아기들은 자신의 생각을 표현할 때 명사를 위주로 중심되는 말만 연결한다. 예를 들면 엄마, 맘마, 아빠, 빠방 등이다.

* 자기중심적인 언어사용

영아기나 걸음마기의 유아들은 아직 타인 조망능력이 발달하지 못한 상태이며 언어능력에서도 시제 등 여러 가지 변화가 따르는 언어규칙을 획득하지 못한 상태이므로 현재를 중심으로 한 자기중심적인 언어를 사용한다. 유아들은 자신이 들은 말을 몇 번이고 반복하면서 그 말소리를 내는 것 자체를 즐긴다. 이들의 언어는 상대방을 의식하지 않은 것이 대부분이며, 자신의 요구와 상태에 따라 표현한다. 따라서 이들의 언어를 자기중심적인 언어(egocentric speech)라고 한다.

[영아기 언어발달]

연령	수행시기	언 어 적 특 징
언어 획득이전 시	1개월	울음 : 후음에서 나는 소리
	2개월	모음 비슷한 소리를 내기 시작. 그러나 성인의 모음과는 다르다
	3개월	덜 울게 됨. 말을 걸거나 고개를 끄덕여 주면 미소짓고 꾸르륵 소리를 내며 좋아한다 (cooing). cooing은 모음과 비슷하여 5-20초 동안 지속
	4개월	모음 비슷한 소리가 자음과 섞여서 나타남. 머리를 돌리고 눈은 말하는 사람을 찾는 것처럼 보이며 때로 기뻐하는 웃음 소리를 낸다
	6개월	음절의 옹아리가 나타남. 까르르 내는 소리나 목구멍에서 꼴깍꼴깍 내는 소리에 즐거움을 표시하고, 고함소리나 신음 소리에 불쾌를 표시
	8개월	옹아리에 억양이 나타남. 간혹 '마마', '바바' 등 두 음절의 소리를 낸다
언어 획득 시	10개월	동작이 섞인 단어를 간혹 이해(예: 고개를 흔들면서 '안돼') '마마', '다다' 등의 소리를 내면서 1어문(여러 가지 의미를 가진 단어)을 시작
	12개월	'아가', '엄마' 등 1어문 사용이 증가. 간단한 요구에 이해했다는 표시를 하기 시작
	18개월	3단어에서 50단어까지 사용 가능. 2어문 사용 시작. 아직 옹아리를 하나 묘한 억양이 섞인 여러 음절의 옹아리를 함
	24개월	50단어 이상 사용 가능. 2어문 사용이 증가. 의사소통 행동이 증가되고 언어에 대한 흥미가 증가
	30개월	새로운 단어 획득이 급속해짐. 옹아리가 전혀 없고 발성은 의사소통의 의도를 가지고 있음. 몇 개의 단어로 구성된 발성이 대부분이며 세 단어, 심지어 다섯 단어로 구성된 문장 사용. 유아식의 문법 사용. 이해하기 어려움 말들이 많음
	36개월	어휘수가 1000개로 증가. 낯선 사람도 유아 발성의 약 80%를 이해. 오류를 자주 범하나 구어체의 성인문법 모방. 잘 정립된 언어 사용. 성인의 언어와 차이가 있는 것은 문법적인 것이 아니라 문체적인 것임

출처 : 한국아동상담센터 (2006)

2. 영아들을 위한 교사와 부모의 역할

1) 애착(Attachment)

영아들과 함께 생활하고 교육을 할 때 가장 먼저 고려해야 할 점은 주양육자와 영아 간의 애착이다. 애착이란 엄마나 아빠와 같은 부모뿐 아니라 아이를 담당한 사람과의 관계를 말한다. 보울비(Bowlby)는 애착에 대해 '다른 사람에게 접근을 유지하려는 행동 혹은 그 접근이 손상되었을 때 회복하려는 행동'이라고 정의하며 영아와 주양육자와의 관계가 긍정적인 관계로 유지되면서 타인과 정서적 유대를 잘 형성하는 데에도 영향을 미치는 것이라고 설명하였다. 즉, 영아기에 최초의 안정된 애착 관계를 경험하게 되면 이후에 안정성, 자신감, 신뢰감, 협동심 및 타인을 도우려는 태도가 발달하게 되는 것이다. 또한 안정된 애착 관계를 형성하면 유아는 환경을 탐색하거나 지배하는 능력이 발달되고, 자율감을 가지며, 대집단에서의 자신감을 습득할 수 있게 된다. 그러므로 영아가 부모와 안정된 관계를 맺는 것은 주요 발달 과업이 된다.

한때 여러 학자들은 애착형성이 어머니가 아기에게 수유를 담당하는 요인에 초점을 맞추고 연구를 진행한 데 반해, 최근에는 안락한 접촉에 의해 더 많은 영향을 받고 있음을 중요시한다. 이는 유명한 할로우(H. Harlow)의 원숭이 실험을 통해 지지되었다.

할로우는 원숭이의 애착발달을 연구하였다. 그는 갓 태어난 아기 원숭이와 2 종류의 인조 어미 원숭이를 함께 놓고 연구를 시작했다. 한 종류는 철망으로 만들어 그 안의 전구를 켜서 따뜻하게 하였다. 다른 종류는 스펀지와 테리천으로 겉을 덮고 마찬가지로 안쪽에 전구를 켜서 따뜻하게 하였다. 모조 어미 원숭이 중 철망으로 만든 것의 절반과 테리천으로 겉을 덮은 것의 절반에는 새끼 원숭이가 우유를 먹을 수 있도록 우유병을 매달아 놓았다. 그리고는 새끼 원숭이가 각 종류의 어미와 지내는 시간을 측정하였다. 어느 어미로부터 우유를 먹을 수 있는가와는 상관없이 새끼 원숭이들은 소위 안락한 접촉을 할 수 있는 부드러운 테리천으로 만든 어미와 지내는 시간이 압도적으로 많았다. 실제로 원숭이들은 가능하면 테리천으로 된 어미에게 달라붙어서 철망으로 된 어미에 달린 우유를 먹기 위해 우유병을 잡아당기기도 하였다.

하지만 문제가 발생하였다. 철망으로 된 어미나 테리천으로 된 어미에게서 자란 원숭이들은 커서 모두 신경질적이고 성적으로 부적절하게 행동하였다. 따라서 그 후부터 애착연구는 주로 양육자와 아이와의 사회적 상호작용에 맞추어졌다. 즉, 아이들을 얼마나 따뜻하게 잘 안아주는가, 혹은 아이가 무엇을 필요로 할 때 양육자가 얼마나 잘 대응해 주는가, 혹은 아이에게 대하는 태도가 일관성이 있는가 등 양육자의 태도가 아이와의 애착 형성에 결정적인 영향을 미치는 것으로 지금까지는 알려져 있다. 여기서 양육자란 엄마만이 아니라 아이의 양육을 담당한 사람을 말한다. 따라서 생후에 할머니가 양육을 담당했다면 할머니로부터 애착형성이 이루어 질 수 있고 또한 다른 교육기관이나 시설의 선생님과도 애착은 형성될 수 있다(이보연 ,2006).

보울비의 애착 이론은 로렌츠(Lorenz)의 동물행동학에 뿌리를 두고 있다. 동물행동학 이론에서는 인간도 어떤 사회적 행동을 유발하는 종 특유의 신호나 행동경향을 지니고 태어난다고 한다.

즉, 유아는 울며 보채거나 혹은 옹알이를 하거나 미소를 짓는 등 자신의 생존에 필요한 애착 대상의 보살핌과 보호를 이끌어낼 수 있는 유발자극을 선천적으로 가지고 있다는 것이다. 따라서 유아는 단순히 보살핌을 받는 피동적인 존재가 아니라 스스로 보살핌을 이끌어내는 적극적인 역할로 양육자와의 관계를 유지해 나간다. 또한 성인에게도 유아의 신호를 반응할 수 있는 생득적 능력이 있어서 유아와 서로 상호작용하다보면 상호 유대감이나 애착이 형성된다는 것이다.

 get it   애착

1. 애착이란?

애착(attachment)이란 한 개인이 자신과 가장 가까운 사람에 대해서 느끼는 강한 감정적 유대관계, 즉 친숙한 개인과의 근접성을 구하고 접촉하려는 경향을 말한다. 출생 후 1년 이내에 영아와 어머니 혹은 다른 양육자 간에 이루어지는 초기 경험은 유아의 애착형성에 중요한 영향을 미친다. 이런 초기의 부모-아동 상호작용 경험을 통하여 유아는 정신표상과 내적실행모델을 형성하며, 이 시기에 형성된 애착은 전 인생을 통하여 지속되면서 정서적 안정성과 타인과의 관계형성, 사회적응력, 성격패턴에 영향을 미친다. 즉 초기 애착관계가 전생애에 걸쳐 개인의 심리적 발달뿐만 아니라 대인관계적인 면의 발달까지 포함해 전반적인 인간 발달에 영향을 주는 중요한 요인이 된다. 이 중에서도 영아기에 주 양육자가 되는 어머니와 형성하는 애착은 다른 어떤 애착관계보다 선행하여 이루어지며, 가장 기본적이다.

2. 애착의 유형들

Ainsworth와 그의 동료들(1978)은 애착의 유형을 '안정애착', '회피애착', '양가적' 유형으로 분류하였고, 그 후 Main과 Solomon(1990)에 의해 '불안정 혼돈 애착'유형이 첨가되었다. 이러한 분류는 유아의 행동적 요소 뿐 아니라 정서적 요소를 이해하고 부모-유아 간 관계에 대해 생후 첫 3년과 그 이후까지도 이해하는 데 도움을 준다.

(1) 안정애착 (secure attachment : type B)

안정애착유형의 유아는 혼자 있게 되거나 낯선 장소에서 낯선 이와 남아있게 되면 때때로 불안해 할 수도 있고 그렇지 않을 수도 있지만, 만약 불안해한다면 이는 분명히 어머니가 없기 때문이고 단지 혼자 있기 때문은 아니다. 따라서 친숙하지 않은 성인과 놀지 않으면서 놀이와 탐색을 하지 않거나, 낯선 이에 의해 다소 진정되거나 친숙하게 대할 수 도 있지만 유아는 분명 낯선 이보다 어머니와의 상호작용이나 접촉에 더 관심이 있다. 즉 어머니가 곧 돌아오면 유아는 어머니를 반갑게 맞으며(웃거나 때론 울면서 다가가기도 함) 어머니와 신체적인 접촉을 하고자 한다. 재결합 장면에서 어머니를 회피하거나 저항하는 경향은 거의 없다. 또한 어머니와의 접촉을 통해 이내 안도감을 느끼며 편안히 놀이와 탐색을 한다. 관찰 결과 이러한 안정 애착 유형 유아의 부모들은 유아의 정서적 신호에 대해 민감하게 반응해주며, 아기 스스로 노는 것을 충분히 허용해준다. 또한 이러한 부모들은 자신의 아동기시기 애착관계에 대해 긍정적이고 자율적인 내적 표상을 나타내었다.

(2) 불안정-회피 애착 (anxious-avoidant attachment : type A)

'회피적' 행동을 보이는 유아는 낯선 상황에서 어머니가 떠나가는 것에 대해 별 반응을 보이지 않는다. 분리 전 장면동안에도 거의 어머니와 접촉하지 않으며, 만약 유아가 어머니에게 접근한다면 대개 도구적인 목적으로 접근한다. 첫 번째 분리동안 어머니를 찾는 행동을 거의 보이지 않으며, 불안해하더라도 어머니가 없어서라기 보다 혼자 남겨져 있어서 불안해하는 것으로 보인다. 대부분은 낯선 이가 있을 때 불안을 보이지 않고, 혼자 있을 때의 불안은 낯선 이가 등장했을 때 경감된다. 이러한 유아는 어머니가 방에 다시 들어와도 무시하고 다가가려 하지도 않으며 인사를 하더라도 어쩌다가 슬쩍한다. 만일, 어머니가 방으로 다시 들어와 유아에게 접근하려 하면 유아는 다른 방향으로 몸을 돌린다. 또한 안기는 것을 좋아하지 않기 때문에 안아 올렸을 때 내려가려고 버둥거리며, 내려놓아도 별 저항하지 않는다. 회피적인 유아의 행동은 스트레스가 없어서라기 보다는 어머니와의 분리에서 받는 스트레스에 대한 전략을 회피반응으로 나타내기 때문이다. 그래서 겉으로는 표현되지 않아 진정된 것처럼 보일 수도 있으나, 모와 재결합한 이후에 빨리 진정되지 않으며 이는 질적으로 좋은 놀이로 빨리 돌아가지 않는 것으로 알 수 있다. 그리고 회피적인 유아는 낯선 이를 어머니와 마찬가지로 대하는 경향이 있는데 때론 어머니에 비해 낯선 이를 덜 회피하고 만약 화가 났다면 어머니보다 낯선 이에 의해 보다 잘 진정된다.

(3) 불안정-저항 애착 (anxious-resistant attachment : type C)

이 유형의 유아는 최소한의 불안상황에서도 과잉 경계한다. 일반적으로 낯선 상황에서 '부적응적인' 행동을 보인다. 다른 유형의 유아들보다 더 화를 내는 경향이 있거나 눈에 띄게 수동적이다. 어머니와의 분리 전 장면 동안 낯선 이에 대해 접촉하거나 상호작용을 시도하지 않으며 심지어 분리 동안에도 낯선 이와의 상호작용을 거의 받아들이지 않는다. 어머니의 부재에 대한 심한 불안으로 분리 동안 격렬한 행동(화내기, 울기, 발차기, 분노로 바닥에 엎드리기 등)을 나타낸다. 어머니가 돌아오면 강한 정도의 접근과 접촉을 추구하지만 그와 함께 분노와 저항적인 행동을 나타내면서 편안해하지도 않고 놀이도 하지 않는다. 즉 어머니에게 양가적인 행동을 심하게 나타내는데, 이런 고양된 분노 행동은 반응을 잘 보이지 않는 양육자로부터 반응을 이끌어내기 위한 과장된 애착 행동의 전략으로서 해석된다.

(4) 불안-비조직화 애착 (disorganized/ disoriented attachment : type D)

애착형성이 불안정하면서도 회피와 저항의 어느 한쪽에도 포함시키기 어려운 유아를 말한다. 이런 유아들은 어머니와 다시 만났을 때 상반된 행동 패턴을 잇달아 또는 동시에 나타낸다. 즉 매우 강한 애착행동이나 분노 행동을 표현한 후 갑자기 회피하거나 얼어붙거나 멍한 행동을 보인다. 또한 목표가 불분명하거나 그릇된 방향인, 불완전한, 그리고 중단된 움직임과 표현을 하거나, 불균형적인 움직임, 시기가 맞지 않는 움직임, 상동증, 이례적인 자세, 얼어붙음(freezing), 가만히 있음(stilling) 그리고 느린 움직임과 표정을 보이기도 한다. 그리고 어머니가 부르거나 접근했을 때 바로 강한 두려움이나 불안을 표현하기도 하는데 두려운 표정으로 뒤로 확 돌아가거나 머리와 어깨를 움츠리며 멀리 도망가거나 손을 입에 넣기도 한다.

출처 : 한신아동상담센터(2006)

2) 적응 도와주기

영아가 처음 교육기관에 맡겨지면 낯선 환경 때문에 두려움을 느끼기가 쉽다. 분리불안을 느끼며 떼를 쓰면서 부모와 떨어지지 않으려 하는 교사들은 당황하기도 한다.

이때 영아가 새로운 환경에 잘 적응할 수 있도록 교사가 초기 지도를 잘 하는 것이 무엇보다 중요하다.

우선 영아가 생활에 잘 적응할 수 있도록 편안하고 안정된 분위기를 조성해주어야 한다. 이를 위해서는 영아가 교육기관에 애착을 형성할 수 있도록 다양한 방법으로 영아를 지도해야 한다.

따뜻한 시선과 친근한 물건

영아가 처음 교육기관에 오면 바뀐 환경에 놀라 지레 겁을 먹게 된다. 이런 분위기를 쇄신하고 믿을 수 있는 공간이라는 이미지를 심어주어야 하기에 교사는 따뜻한 눈길로 아이를 바라보아주거나 안아 주면서 관심을 보인다. 말을 할 수 없는 영아의 경우 아이가 집에서 애착을 가지고 있는 물건을 교육기관에 가지고 오거나 부모 및 가족사진을 보여주고 걸어두어 공간에 친근감이 가도록 해주는 것도 좋은 방법이다.

이러한 과정이 반복되면 영아들도 차츰 교육기관을 편안하게 여기게 되고 자신이 환영받고 있다는 느낌을 가지게 된다. 즉, 집과 교육기관을 동질화 시키는 과정이 되면서 주변을 활발히 탐색하고 놀이의 질을 높일 수 있다.

교육기관에 처음 오게 되면 집과는 달리 생활이나 환경 면에서 달라지는 점들이 많다. 정해진 시간에 일어나야 하고 간식을 먹고 놀이를 하게 된다. 나 이외의 또래들과 함께 생활해야 하기에 순서를 기다린다거나 함께 놀이를 해야 하는 등의 공동체 생활을 강요받게 된다.

이러한 바뀐 환경에 적응하지 못하면 영아는 심리적으로 불안해하게 되고 교육기관에 가는 것 자체를 스트레스로 받아들일 수 있다.

이런 경우 영아가 소속감과 안정감을 느낄 수 있도록 배려해주어야 한다.

아이가 어떤 것에 흥미를 가지고 있는지 미리 부모로부터 파악한 후, 그에 맞는 교육 프로그램을 수립하고 여러 가지 일정들에 영아를 참가시킨다.

놀잇감을 가지고 노는 방법을 구체적으로 설명해주고 또래 친구들과 어울릴 수 있도록 분위기를 형성해준다. 영아가 어떤 행동을 했을 경우 칭찬과 격려를 아끼지 않는다.

그러한 노력들을 펼쳤음에도 여전히 교육기관 적응이 어렵다면 부모의 도움을 받아 가정과 기관이 유기적으로 결합되어 지도해야 한다.

심할 정도로 어머니와 떨어지지 않으려고 하는 아이들은 강제로 떼어내려 하기 보다는 초기에는 어머니와 함께 등원하여 교실에서 생활할 수 있도록 하는 것도 하나의 방법이다. 새로운 환경이지만 어머니가 옆에 있다보면 영아도 안정감을 느껴 적응이 빨라지기 때문이다. 아이가 어느 정도 적응이 되었다고 판단되면 어머니는 조금씩 자신의 역할을 줄여가서 종국에는 등·하원 시에만 동행을 하도록 해준다.

영아의 적응을 위해 교사는 교육 프로그램을 수립할 때 일정기간을 '적응기'로 두고 아이가 쉽게 적응할 수 있도록 월간·주간·일일 계획을 잡고 구체적인 활동방법을 세운다.

3) 기본생활습관 지도 방법

영아기에 형성된 생활습관은 일생에 걸쳐 영향을 주게 된다.

어린 시절 젓가락 사용법을 제대로 배우지 못한 사람은 자라서도 음식을 집을 때 불편함을 느껴야 하며, 편식하는 습관을 들인 사람은 고른 영양섭취를 하지 못해 몸의 이상이 생기는 일이 많다.

이처럼 어린 시절에 형성된 생활습관은 성장해서도 오랜 기간 우리를 괴롭히게 된다.

그러므로 영아기 때부터 올바른 생활 습관을 기를 수 있도록 교사의 지도가 필요하다.

식사하기
0~12개월

• 12개월을 넘어서면 영아는 음식 습관을 배우고 영양에 대해서 관심을 가지게 되는 중요한 시기이다. 이 시기에는 음식을 맛있게 먹는 방법을 알게 해주는 것이 중요하다. 교사는 영아가 컵을 사용해서 물을 마시고, 서툴러도 포크나 숟가락을 사용해 음식을 먹도록 유도한다. 음식을 먹는 과정에서 흘리거나 주변을 지저분하게 만들 수도 있지만 그것을 두려워해 먹여주려고 하면 아이의 성장은 늦춰질 수밖에 없다. 스스로 할 수 있는 기회를 마련해 주는 것이 더 빠른 습관을 기를 수 있다.

또한 새로운 음식을 소개했을 때 아이가 싫어하고 먹지 않으려 해도 인내심을 가지고 기다렸다가 다시 준다. 음식을 잘 먹는 경우에는 아이를 격려해주고 먹지 않는다고 해서 화를 내거나 음식으로 보상을 주는 방식을 피해야 한다.

• 2세경이면 영아는 식사를 할 때도 수동적인 면에서 벗어나 능동적이길 원한다. 그러므로 아이 스스로 포크를 식탁 위에 놓아보게 하거나 식사 후 자신이 먹은 그릇은 치워볼 수 있게 도와준다. 또한 식사를 할 때 교사가 함께 앉아 대화도 나누고 식사 태도도 그때그때 지적해 주는 것이 효과적이다.

이러한 활동을 통해 음식에 관심을 가지게 되고 올바른 식습관을 배울 수 있다.

배변 훈련

생후 2년을 전후로 하여 영아가 이루어야 할 발달 과업의 하나가 대소변 가리기이다. 대소변을 가리기 위해서는 먼저 배설을 통제할 수 있는 근육의 신경이 성숙해야 한다.

　대변의 경우는 소변보다 통제가 빨라 15개월 정도가 되면 가릴 수 있고, 소변의 경우는 20개월 정도 되어서야 가릴 수 있다. 따라서 통제 능력이 증가하기 시작하는 시기를 기점으로 대소변 훈련을 시작하는 것이 바람직하다.

　먼저 대변의 경우 어릴수록 대소변 보는 시기를 가늠하기가 어렵지만 15개월이 되면 대소변을 보는 시기나 시간을 어느 정도 알 수 있다. 20개월쯤 되면 규칙성있게 대변을 보는데 보통 식사 후 곧 대변을 보는 형태가 있고, 배설 시간이 불규칙한 경우이다. 후자의 경우 혼자 있을 때 대변을 보기 때문에 배설 시간을 알아차리기 어렵다.

　소변의 경우도 20개월 전후에 적당한 시간이라 판단될 때 변기에 앉혀 주면 곧잘 눈다. 낮잠시간에 기저귀를 적시지 않고 깨는 경우가 많아지면 밤시간의 훈련을 해도 된다. 일찍 잠자리에 들을 때 미리 소변을 보거나, 밤 10시쯤 깨워 소변을 누이면 자는 동안 싸지 않고 아침에 일어난다.

　2세가 되면 거의 실수를 하지 않게 되지만 실수하는 것에 민감해져서 옷이 젖으면 갑자기 울음을 터뜨리거나 옷을 벗으려고 한다.

　이렇게 하여 30개월쯤 되면 대부분 대소변을 가리게 되지만 개인차가 있다. 따라서 대소변 훈련을 지나치게 서둘거나 강요하지 말고, 영아의 발달 단계를 고려하면서 개인의 건강 상태와 정서 상태에 따라 시키는 것이 좋다.

　프로이드는 어머니의 배변훈련 방법 및 태도에 따라 유아의 인격구조에 특수한 각인을 하게 되고 이에 따른 독특한 인성을 낳게 된다고 하였다. 즉, 대소변 훈련을 너무 엄격하고 위협적으로 했다면 유아는 과도한 배변 유보에서 생기는 변비증이 생기게 되며, 이러한 반응이 지속되게 되면 성격적으로 고집이 세고 인색한 사람으로 발달하게 된다. 또한 지나치게 억압적으로 강제하게 되면 일부러 어머니의 청결성에 도전하여 아무 곳에나 배설함으로써 분노를 표출하기도 한다. 이러한 경우는 잔인성, 무법성, 파괴성과 분노하는 성격을 형성하기 쉽다는 것이다. 적절하고 순조로우며 합리적인 방법으로 대소변 가리기 훈련을 받은 유아는 대소변을 자연스럽게 인지하게 되며, 후에 창의적이고 생산적인 성격의 소유자로 자라게 된다.

옷 입고 벗기

　옷 입고 벗기는 아이의 자립심을 돕는 역할을 한다.

　교육기관에 등원해서 윗도리를 벗겨줄 때나 음식을 먹다 흘려서 옷을 갈아입힐 때면 많은 교사들이 어려움을 호소하게 된다. 영아들은 옷을 입히고 벗길 때 제자리에 가만히 있지 못하고 이리저리 움직이기 때문이다. 이런 경우 옷을 입고 벗는 것도 하나의 놀이처럼 아이들에게 인식시켜 줄 필요가 있다. 노래를 불러준다거나 스스로 옷을 입고 벗을 수 있도록 유도하는 것이 한 방법이다.

　방법적인 면에서도 영아는 옷의 구멍들로 자신의 팔다리를 넣을 능력을 가지고 있지 못해 옷

입고 벗기를 더욱 싫어한다. 이때는 교사가 영아의 끝을 잡아 팔을 구멍으로 부드럽게 넣어준다. 이런 과정을 통해 영아는 자신이 돌보아 지고 있다고 느끼게 되며, 이것은 영아에게 그 환경에서 믿음을 키워준다.

씻기

보통 영아들은 물을 싫어하지 않지만 물에 대한 좋지 않는 경험이 있는 아이라면 물이 닿는 것을 싫어하기도 한다. 이런 경우 기본적으로 물과 친해질 수 있도록 도와줘야 한다. 물 위에 장난감을 띄워서 놀게 하거나 아이가 좋아하는 인형을 목욕시키게 해서 스스로 몸을 씻는 것의 중요성을 인식하도록 한다.

손을 씻고 이를 닦는 습관도 이 시기부터 철저하게 들이는 것이 좋다.

간식 및 식사시간에 앞서 손을 씻게 하고 실내·외 놀이를 즐긴 후에도 손 씻는 습관을 들이도록 지도한다. 지도 과정에서 손 씻는 일을 즐겁게 받아들이도록 하기 위해 장난감을 물 위에 띄워 물과 친해지도록 만들어준다거나 비누를 칠해 주고 미끌미끌한 느낌을 직접 느끼고 물로 헹구는 과정을 반복하도록 한다.

식사 후에 이를 닦는 습관을 들여야 한다. 거울을 영아의 눈높이에 맞춰서 이 닦는 모습을 스스로 볼 수 있도록 만들어준다.

3. 시기별 영아교육 방법

시기별로 영아 교육 방법은 다음과 같이 이루어질 수 있다.

생후 0~6개월

신생아 시기는 주로 울음을 통하여 의사를 표현하는 시기이다. 처음에는 엄마도 아이가 아파서 우는지, 기저귀가 젖어서 우는지 분간하기 어렵다. 그러나 생후 1개월이 지나면 욕구의 종류에 따라서 울음소리가 조금씩 달라지기 때문에 엄마는 왜 우는지를 파악하게 된다.

이 시기는 엄마의 소리에 관심을 보인다. 그래서 엄마가 말을 할 때 입술의 움직임을 바라보고 있다가 따라하기도 하고 낯익은 소리를 들으면 즐거워한다.

이때는 아이도 소리 나는 것에 반응하기 때문에 지속적으로 말 걸기를 통한 학습을 시도하는 것이 중요하다. 기저귀를 갈 때, 우유를 먹일 때, 목욕할 때 등 다양한 상황 속에서 아기에게 언어 자극을 주어야 한다. 3개월경부터 아기는 옹알이를 하면서 자신의 음성을 스스로 듣게 되고 그것을 즐거워한다.

생후 6~12개월

생후 6~9개월 사이에 옹알이가 가장 많고 길이가 길어지는데, 이때 아이는 스스로 소리를 낼 수 있다는 사실이 신기해서 목이 쉬도록 더 크게 소리를 지르는 경우도 있다. 비록 아기는 말을 알아듣지 못하고 정확한 말을 구사할 줄 모르지만, 계속해서 아기에게 말을 걸면서 아기의 반응에 대해 관심을 보여주어야 한다. 이때 단순히 사물의 이름을 나열하듯이 주입하는 것보다는 사물의 다양한 특징을 설명하며 말을 걸어주는 것이 좋다. 알아듣지는 못하지만 외부에서 들리는 말들을 계속 기억하고 있기 때문이다. 6개월경부터는 아이 스스로 소리를 만들어 여러 번 반복할 수도 있다.

생후 12~18개월

운동 능력이 놀랄 만큼 발달하고 호기심이 많아지는 시기이다. 이때에는 바깥놀이를 시도해 보는 것이 좋다. 바깥놀이를 하면 많은 것을 보고 듣고 느끼게 되고 이것은 아기의 감성자극에도 효과적이다.

이런 감성 자극은 아기의 어휘력과 표현력을 높여준다. 발음은 불분명해도 예전보다 훨씬 많은 단어를 말하고 50단어를 말하고 50단어 정도는 이해하기 때문에 말 걸기가 한층 수월해지고 아기의 단어 습득 속도도 훨씬 빨라질 수 있다. 이때 아기의 언어 영역이 넓어지도록 부모가 노력하면서 올바른 문장을 사용할 수 있도록 도와주어야 한다.

또 동화책과 동요, 동시 등을 읽어주면서 고운 말과 다양한 언어 감각을 키워주는 것도 필요하다.

생후 18~24개월

이전보다 호기심이 훨씬 많아져서 아기의 탐색 욕구가 늘어난다. 이때 아기의 행동이나 말에 적극적으로 반응해 주는 것이 학습 효과가 좋다.

문장으로 말하는 것이 가능하기 때문에 사물의 이름만 일러주는 것에서 그치지 말고, 사물과 동사를 연결한다거나 사물의 특징을 다양한 수식어로 표현하는 등 문장으로 이야기하면 더 좋다. 그림을 보며 이야기를 들려주면 아기가 더 좋아한다.

0-3세 교육이론 산책

칼 비테 '0세 교육'

0세 교육을 처음으로 실시한 사람은 "인간의 지능은 생후 환경과 교육의 결과이다."라는 주장의 지지자였던 칼 비테였다. 그는 교육은 탄생과 동시에 시작해야만 하며 재능에는 '체감의 법칙'이 있어서 0세부터 6세까지의 교육이 아이의 소질과 재능을 결정하고 그 아이의 미래를 결정한다고 생각했다. 그는 이러한 발달기에 교육을 시키지 않으면 모든 아이가 선천적으로 가지고 있는 자질을 우수하게 키울 수 있는 가능성은 사라진다고 말했다.

지금부터 170년 전 독일의 한 시골에 살았던 칼 비테 목사는 교육방법에 따라, 얼마든지 아이의 재능을 키울 수 있다고 주장했다.

그리고 이를 증명하기 위해 자신의 아들에게 0세 교육을 실천해 뛰어난 사람으로 키웠다.

칼 비테의 아들 칼은 1800년 7월에 태어났다. 아들 이름을 자신과 똑같은 칼이라 짓고 아이가 태어나자마자 교육을 시작했다. 그의 아들은 5세까지 3만 개의 단어를 익혔고 10세에 라이프치히 대학교에 입학해 13세에 철학 박사 학위를 받았으며 16세에 법학 박사가 되었다.

칼비테 목사는 아이가 잠에서 깨어나 기분이 좋을 때 가능한 말을 많이 걸어 주었는데, 일단 아기에게 친근한 신체 각 부분의 명칭, 방이나 정원에 있는 여러 가지 물건의 이름 등을 들려주었다. 또한 아이를 가능하면 밖에 안고 나가서 신선한 공기와 햇빛을 쐬게 하고 마을 여기저기를 보여주면서 아직 말을 못하는 아이인데도 여러 가지 이야기를 들려주면서 아이의 정서를 풍부하게 기르는데도 신경을 썼다.

그리고 그림 보는 것을 좋아하는 아들에게 칼 비테는 그림 속에 있는 여러 가지 것들을 모두 설명해 주고 다시 아이로 하여금 설명하도록 했다. 때문에 이 아이는 다른 아이보다 훨씬 일찍부터 말을 할 수 있게 되었을 뿐만 아니라 발음도 정확하고 어휘도 매우 풍부했다.

칼 비테는 아들 칼이 세 살이 되었을 때 읽기를 가르치기 시작했는데 먼저 독일어와 라틴어 알파벳을 인쇄한 두꺼운 종이와 0에서 9까지의 숫자를 적은 두꺼운 종이를 10장씩 아들에게 사주었다. 그는 그것을 하나의 상자 안에 넣고 놀이를 하듯이 두꺼운 종이를 하나씩 꺼내 보여 주면서 인쇄된 글자를 발음해 주었다.

이런 식으로 칼이 모든 글자를 외우는 데는 매일 20~30분씩 며칠 밖에 걸리지 않았으며, 그는 칼이 글자를 외

우자마자 철자와 단어를 가르치기 시작했다. 칼이 책을 읽을 수 있게 되자 이번에는 많은 독서의 기회를 주어 읽는 일의 즐거움을 깨닫게 했다. 이렇게 해서 칼은 6세에 독일어를 자유자재로 읽고 쓸 수 있게 되었고 1년이 지나지 않아 프랑스어를 능숙하게 읽어 냈으며 영어는 3개월 만에, 그리스어는 6개월 만에 터득했다.

스토너 부인, '자연스러운 교육'

칼 비테의 교육법을 읽은 사람으로서는 미국의 외과의사 아내인 스토너 부인이 있었다. 부인은 칼비테가 했던 대로 자신의 아이에게 태어나자마자 말을 가르치기 시작했고, 딸이 5살이 되던 해에는 8개 국어를 할 수 있도록 키웠다. 스토너 부인이 자신의 아이 성장에 관해 쓴 『자연스러운 교육』이란 책에서 외국어를 가르친 내용에 관해 쓴 글을 보면 다음과 같다.

'저는 아들이 10살이 대학에 들어가서 13살에 철학박사가 되었다는 칼 비테의 교육법을 내 딸의 교육에 적용했습니다. 즉 딸과 함께 놀면서 딸에게 말을 걸고 주변에 있는 하나하나의 물건을 가리키며 정확한 소리로 그 명칭을 가르쳐 주었습니다. 그 결과 아이는 첫돌 때 이미 어른처럼 말할 수 있었습니다. 사람들이 그것을 보고 놀라자 제 남편은 이렇게 말했습니다. "이 아이는 태어날 때부터 말을 들으며 자랐습니다. 그러므로 말을 할 수 있는 것은 당연합니다."

시찌다 마꼬또 '0~6세를 위한 영유아교육.'

시찌다는 0세에 가까울수록 아이의 두뇌는 무한할 만큼 열려 있어서 마치 스펀지가 물을 흡수하듯 지식을 자연스럽게 흡수할 수 있다고 했다. 특히 0 6세까지의 교육에서는 논리적이며 부분에서 전체로 하나씩 이론으로 학습하는 좌뇌의 작용보다 창조적이고 직감적이며 전체에서 부분을 받아들이고 이치를 따지지 않고 기억하는 우뇌의 작용이 중요하다. 0세에 가까울수록 받아들이는 모든 것을 우뇌를 통하여 통째로 흡수하기 때문이다. 좌뇌와 우뇌의 고른 발전을 위한 영유아 교육이 시찌다 교육이다.

집에서 하는 시찌다 교육은 0세에 가까울수록 엄마의 가정교육이 중요함을 강조했다. 아이가 태어나자마자 엄마는 아이에게 계속 말을 걸어주는데 특히 유아어를 쓰는 것이 아니라 어른들의 언어로 아이에게 부드럽게 말을 걸어주고 안아준다. 아이와의 첫 대화는 아이의 눈을 마주보고 손을 만져주며 "이것은~의 손이야. 이것은 ~의 발이야.이것은~의 배야." 등으로 이야기를 하며 아이에게 말을 걸어준다.

도만 박사, '조용한 혁명'

글렌 도만 박사는 1940년 펜실베니아 대학에서 물리요법 학위를 받고, 그 때부터 아이의 두뇌 개발 분야를 개척하기 시작했다. 어린이들과 함께 생활하면서 계속된 연구 작업을 한 분으로 아기들의 가능성을 세상에 알려준 선구자 역할을 했다.

『조용한 혁명』이라는 저서를 통해 아이의 지능은 무한하고 부모님에 의해 개발된다는 주장을 폈다. 옛 신화를 깨뜨리고 일어난 일이 있는데 유아라도 읽을 수 있고, 유아는 지능 발전을 원하고 있고, 장래를 결정짓는 것이 부모에게 있으며, 모든 아이가 우수하게 될 수 있다는 것이다. 조용한 혁명은 부모를 통해서 아이에게 기회를 주는 것이다.

아이는 배우고 싶어 하는데 많은 질문과 오감을 통해 배워 나간다. 아이는 어학의 천재로 환경 따라 능력을 발휘하는데 7세 때보다 1세 때 외국어를 가르치는 것이 훨씬 간단하다. 천재는 6세까지 결정되고 잘못된 IQ 테스트는 의욕을 상실한다. 두뇌의 가능성 무한한데 뇌 장애도 읽을 수 있고, 뇌는 사용할수록 성장하며, 이 일은 어머니가 할 수 있는 가장 훌륭한 교사이고, 이런 어머니가 많이 일어나고 있다. 나쁜 천재는 없고, 이 세상에 천재가 적기에 천재를 많이 길러내야 하고, 기를 수 있다는 것을 주장했다.

4. 발달 영역별 교육 방법

1) 신체발달을 위한 교육

영아기에는 기기, 서기, 뛰기 등의 움직임과 놀잇감을 만지고 소리를 듣는 과정을 통해 대근육과 소근육이 발달하게 된다. 대근육은 근육 중 허리나 무릎 등과 같이 큰 근육을 움직이는 운동을 말하며, 소근육은 손가락의 움직임과 같이 작은 근육의 움직임을 의미한다. 즉, 영아는 이러한 신체적 놀이를 통해 대ㆍ소근육이 발달하게 되는 것이다.

대소근육의 발달은 인지 발달이나 언어 발달에도 영향을 미친다. 예를 들어 어린이의 손의 운동은, 대뇌 중추에 자극을 주고, 그것은 언어 중추 운동의 발달을 촉구해 간다. 더구나 현저한 발달을 나타내는 것은 언어 중추 운동의 형성이 진행되는 유아기이다. 어린이의 언어 생활을 보다 더 풍부하게 해나가기 위해서는 유아기부터 손의 운동을 시키면서 말을 하는 것이 필요하다. 손의 운동 기능은 자극을 시각, 청각에 의해서 받아들여, 그 자체가 갖고 싶을 경우는 손이 그것을 쥐기도 하고 만지기도 한다.

그 때문에 촉각적 자극을 받고, 그것은 대뇌피질하의 시청 분석기와 촉각 분석기의 결합을 초래하게 된다. 이것들은 물체를 조작하는 과정으로 보다 더 고차원적인 분석 기능이 준비되어 간다.

탄생 이후 3세까지의 어린이는 환경을 흡수하고 3세부터 6세까지의 어린이는 그 환경을 손의 활동에 의해서 실현해 간다. 즉, 손은 두뇌의 도구가 되고 손에 의한 활동 덕택으로 경험을 풍부하게 함과 동시에 자기를 발달시킬 수 있게 되어가는 것이다(이영숙, 2000).

영아기에 대근육의 발달과정 및 놀이는 다음과 같다.

신생아 때는 팔, 다리, 손의 움직임이 반사적이다. 등을 바닥에 대고 누워있을 때 고개를 돌릴 수 있다. 생후 3개월까지는 엎어놓았을 경우 머리를 들거나 고개를 돌릴 수 있으며, 물체의 소리를 따라 기어가고 무언가의 도움으로 잡고 앉는 것이 가능하다. 이 시기에는 아기가 앉은 상태에서 몸을 흔들거나 들어올려서 스스로 고개를 들어올리려 하는 놀이를 해주면 대근육이 발달된다. 부모와의 신체접촉이나 딸랑이, 모빌 등을 통해서도 아기의 신체 운동을 유도할 수 있다.

생후 4개월부터 12개월까지는 혼자 앉거나 기어 다니며 뭔가를 잡고 혼자 일어선다. 이때 팔과 다리를 돌리고 뒤집고, 붙잡아 서기 등의 행동을 보이며 활동량이 점차 많아진다. 이는 손과 무릎의 성장판을 자극하게 되며, 온몸의 근육을 발달시키게 된다.

이 때는 손에 쥐는 놀잇감이나 탑 쌓기 놀잇감, 여러 가지 촉감의 공, 기어 오르내릴 수 있는 소파 등이 대근육을 발달시키는 적당한 놀잇감이 된다.

제2장

0-3세 영아기 교육의 이론과 실제

1~2세경에는 혼자 걸을 수 있게 되고 낮은 의자라면 혼자서도 앉을 수 있다. 성장이 빠른 아이는 19개월 경에는 달리기나 계단 오르내리기가 가능해진다. 두뇌와 팔, 다리의 협응력이 안정적으로 발달하는 시기이다. 앉았다 일어섰다 하는 놀이나 계단 오르내리기 놀이를 아이와 함께 해보면 좋다. 다리 근육 발달을 촉진할 수 있도록 아이가 밀고 다니거나 탈 수 있는 놀잇감이나 미끄럼틀, 그네 등 신체 전체를 움직이는 놀잇감이 적당하다.

이처럼 아기가 처음 태어나고 1년까지 즐기는 놀이에는 대근육을 발달시키는 놀이가 대부분이다.

3세경에는 운동기술이 눈에 띄게 발달한다. 낮은 곳에서 점프를 하거나 적당한 수준의 달리기가 가능하다. 이 시기 대근육 운동을 위해 낮은 물건이나 신문지를 깔아두고 그 위를 점프해서 넘는 놀이를 영아와 함께 해볼 수 있다.

한편, 소근육 발달 놀이는 두뇌 발달은 물론 눈과 손의 협응력 발달에도 중요한 영향을 미친다. 특히 소근육 발달을 위해서는 아이 혼자보다는 교사의 도움이 절대적으로 필요하다.

생후 2개월째 아기는 사물을 잠시 동안 붙잡을 수 있다. 생후 4~5개월에는 자신의 몸 자체가 놀잇감이 되기 때문에 자기 손이 닿는 곳이라면 신체 어디든 만지려 든다. 영아는 이 과정에서 소근육의 발달과 눈과 손의 협응력을 키우게 된다.

7개월에는 엄지와 몇 개의 손가락으로 물건을 집을 수 있고, 8개월경에는 한손에서 다른 손으로 물건을 옮길 수 있다.

1~2세에는 손가락으로 구체적인 물체를 잡을 수도 있어 눈과 손의 협응력이 발달한다. 예를 들어 연필이나 크레파스를 움켜잡고 긁적거린다거나 전화 다이얼을 돌리고 손으로 종이를 찢는 등의 놀이들이 가능해진다. 이 시기에는 집중력을 키울 수 있도록 다양한 놀이 도구를 준비해 주도록 한다. 블록이나 그림 그리기, 밀가루 반죽 주무르기는 이 시기 소근육 발달에 좋은 놀이이다.

2~3세에는 소근육 운동이 두뇌발달에 좋은 자극이 된다. 그러므로 손가락을 이용한 젓가락 놀이나 스스로 단추를 풀고 양말 벗기 등을 하도록 유도한다.

2) 사회성 발달을 위한 교육

교사가 영아들에게 긍정적인 자의식과 사회성을 길러주는 방법은 다음과 같다.
- 눈을 맞추며 미소를 자주 지어준다. 얼굴표정 등 여타의 적극적인 수단을 통해 아이를 존중하고 인정하고 있다는 사실을 보여준다.
- 아이에게 따뜻하고 친절하게 말한다. 아이는 따뜻한 말을 들으면서 긍정적인 자아를 만들어간다. 또한 다른 사람에게 말을 할 때 역시 부드럽고 따뜻하게 말을 하는 태도를 익히게 된다.
- 아이가 말할 때 주의 깊게 듣는다. 아이가 말하려 할 때 그냥 대충 대꾸하기보다는 무엇을

말하려는지 진심으로 경청해야 한다. 단순한 대꾸만으로는 아이가 자신이 존중받는다는 느낌을 갖기 힘들다. 아이가 하는 모든 말에 항상 귀를 기울이는 것이 쉬운 일은 아니지만, 아이에게 긍정적인 자아를 심어주는 가장 중요한 순간이 바로 이때라는 것을 생각하면 아이가 말을 하는 어느 한 순간도 소홀히 넘길 수 없을 것이다.

• 아이가 도전정신을 가지고 성취감을 느낄 수 있는 놀이를 할 수 있도록 도와준다. 이런 놀이를 통해 자신이 무언가를 해냈다는 것을 경험하고 자신의 존재가치를 고양시키게 된다. 도전과 성취의 느낌은 아직 어린 아이에게도 중요하다는 사실을 잊어서는 안 된다.

3) 정서발달을 위한 교육

영아에게 정서란 매우 중요한 구실을 한다. 특히 언어로 표현할 수 없는 영아의 상태에서, 그들의 희로애락의 내면적 감정으로 표현되는 정서적 반응은 단순한 감정표현 이외에 욕구, 충동, 신체적 · 생리적 반응 등 여러 가지가 포함되어 있다. 또한 신체적 · 운동적, 지적, 사회적 성격발달 등을 포함하여 현재와 미래의 생활 전반에 걸쳐서 정서는 중요한 의미를 갖는다.

영아 주변의 사람들은 영아가 울음으로 자신의 정서를 표현할 때 어떤 정서를 경험하고 있는지를 알 수 없다. 다시 말하면, 이 시기는 미분화된 정서적 반응을 보이기 때문에 그 정확한 차이는 알 수 없지만, 학습이나 지각에 의한 경험의 증가에 따라서, 정서의 표현이 차츰 분화되어지고 더욱 풍부해져 간다는 것은 확실하다.

영아의 기본적인 정서들과 그에 적절하게 대처함을 통해 발달을 촉진시키는 법에 대해 알아본다.

(1) 공포(fear)

유아의 공포는 생활의 주변에서 일어나는 사건에 잘 적응할 수 없는데서 발생되는 것이다. 다시 말해서 유아에게 공포가 형성되려면 그에게 바람직하지 못한 형태의 자극을 분별할 수 있는 지각의 발달이 잘 이루어져 있어야 하며, 따라서 그에 필요한 반응을 일으킬 수 있는 운동 기능도 잘 발달되어 있어야 하는 것이다. 그리고 해로운 자극에 대한 지각이 신체 내부의 생리적인 변화까지도 일으킬 수 있는 자율신경 계통이 성숙되어야 한다.

왓슨(Watson)의 실험에 의하면 크고 강한 소리와 신체를 지탱해 주던 지지가 사라질 때 공포심을 일으킨다는 것이고, 이들 공포심을 제외한 나머지 모든 공포심은 후천적으로 학습되어진 것이라고 했다. 불, 뜨거운 물, 높은 곳이 위험하다는 것을 가르쳐 주면 일종의 공포감을 느낀다. 그러나 울 때 "경찰 아저씨가 잡아간다" 등의 훈련은 지나친 공포증을 갖게 할 수 있으므로 과장은 삼가는 것이 좋다. 영아가 어떠한 불안이나 공포를 경험한다고 하더라도 이것이 공포증으로 발전되지 않는 한, 그 경험은 그의 건전한 인격 발전에 도움을 주게 된다. 당연한 정상적

공포는 사람을 보호해 주는 것이므로, 유아가 공포의 가운데서 신중한 태도를 취할 수 있는 습관을 갖도록 해주어야 한다.

(2) 분노(anger)

분노의 반응은 신체 운동의 자유를 구속하고 방해당했을 때 나타난다. 영아는 손, 팔, 다리를 격렬하게 움직이고 입을 벌리고 우는데 처음에는 소리를 내어 울지를 못한다. 분노는 불쾌 자극이나 압력을 극복하려는 반응이라 할 수 있다.

영아의 분노는 자기가 하고 싶은 일을 방해받거나 갖고 싶은 것을 가지지 못할 때, 그리고 자신의 요구가 거부되어 자신의 욕구가 제대로 충족되지 않았을 때 나타난다. 이러한 분노는 공포 정서보다 자주 나타나는데, 이는 영아의 주변에 분노를 일으키게 하는 자극이 많고, 또한 분노가 영아 자신의 욕구를 어느 정도 충족시켜 준다는 사실을 그 자신이 알고 있기 때문이다.

영아의 바람직한 정서 발달을 위해서는 안정된 환경과 자극 사태가 주어져야 한다. 분노 정서가 반복될 때에는 영아는 불신감을 갖게 되고 불안한 정서가 발달한다. 욕구가 충족되고 신체적 상태가 좋을 때에는 욕구 충족 대상에서 애정과 신뢰감을 표시하여 안정감을 갖는다.

(3) 애정(affection)

애정 반응은 조용히 만져주거나 부드럽게 흔들어 줄 때 편안히 안아줄 때, 무엇인가를 입으로 빨게 할 때 나타나는 반응으로 미소를 짓거나 큰 소리로 웃으며 팔과 다리를 움직이는 것이다.

애정은 생후 1년 경에 나타난다. 아기가 6개월을 전후하여 낯을 가리고 자신을 돌보아 준 사람(엄마 또는 양육자)에게 애착을 형성하면서부터 아기는 자신과 가까이 있는 대상에게 애정을 느끼기 시작한다. 이러한 감정은 1년이 지나면서 뚜렷이 나타나는데 엄마 목을 꼭 껴안고 안긴다든지 엄마 치마를 잡고 졸졸 따라 다닌다든지 뽀뽀를 한다든지 등의 표현으로 나타난다.

영아는 생후 1년을 전후하여 자신이 늘 갖고 놀던 인형이나 장난감에 대해 애착을 형성하게 되어 어디든지 가지고 다니게 된다. 애정은 일방적이라기보다는 흔히 상호적으로 작용한다. 생후 2년 경부터는 자신의 장난감을 좋아하게 되고 그 중에서 인형을 의인화하여 사랑하며 인형에게 이야기도 하고 음식을 먹이기도 한다. 이러한 상태는 18개월에서 24개월 사이에 절정에 달한다.

(4) 기쁨(pleasure)

영아의 기쁨이란 단순한 쾌감에서 나타나는 행복한 정서의 반응으로 영아들은 젖을 배불리 먹은 다음이나 알맞게 따뜻한 물에 목욕을 시키거나 몸을 주물러 줄 때 생리적·감각적·운동적인 동작으로 표시하는 정서이다. 대체로 미소, 웃음, 낄낄거림, 손뼉치기 등으로 표현된다.

영아가 부모나 주양육자의 사랑을 받으면서 정상적인 환경에서 자란다면 생후 2개월 경에는 대개 방긋방긋 미소짓기 시작하고 특히 옹알이를 할 때는 웃는다.

건강한 영아일수록 기쁨의 표현이 명확하고 빈번하며 운동기능의 성취가 있을 때마다 웃으며 좋아한다.

(5) 호기심(curiosity)

호기심은 즐거운 정서적 상태인데, 건강하고 기분이 좋은 상태의 영아일수록 강하다. 이러한 호기심은 주위의 사물을 관찰하고 여러 가지 현상을 파악하는 등 많은 지식을 습득하는 원천이 된다. 다시 말하면 자기 주위에서 일어나는 여러 가지 행동을 관찰하여 세심한 주의를 쏟는다. 그리고 이상한 소리에 귀를 기울인다든지 이상한 물건에 흥미를 느낀다든지 하여 호기심을 나타낸다.

성인들은 가능하면 영아의 호기심을 충족시키고 많은 것을 배우도록 협조해야 하지만 무제한으로 방치하면 위험할 때가 많다. 성인들은 영아의 호기심을 철저히 감독하면서도 자유로운 영역을 확대시켜 줌으로써, 영아 스스로 알아보고, 의문을 풀고, 또 다음 단계로 들어가 알아보는 태도를 갖게 해 주어야 한다.

생후 2년경이 되면 보는 것마다 무엇이냐고 묻는 버릇이 있다. 이때 귀찮게 여기지 말고 즉시 친절한 태도로 대답해 주면 어휘도 늘고 지능도 발달한다.

(6) 질투(jealousy)

질투는 애정을 상실했거나 상실할까 두려워하는 정서이다. 질투는 보통 18개월 경에 나타난다. 부모가 다른 아기를 안고 있거나, 뽀뽀해 주면 아기는 뾰로통한 표정을 짓거나 우는 것으로 질투반응을 나타낸다. 부모는 자기도 모르는 사이에 자녀들 간에 질투를 야기시키는 수가 있다. 특히 동생을 보게 되면 부모의 애정을 빼앗길 위협 때문에 질투가 절정에 달한다. 이때 동생이 미운 나머지 부모 몰래 꼬집거나 때리는 경우도 있고, 어른이 못되게 하면 심술을 피우거나 말을 듣지 않거나 혹은 손가락을 빤다든지 오줌을 싸거나 말을 더듬는 등의 퇴행행동도 한다.

연령적으로 3~4세 경에 질투가 가장 심하게 나타난다. 이 때 부모는 자녀들을 공평하게 대하여 주고 사랑에 대한 확신을 줌으로써 질투를 예방할 수 있다.

4) 성격발달과 인격발달을 위한 교육

우유를 먹여주려고 하면, 싫다고 거부하고, 자기가 스스로 하겠다고 고집을 부린다.

이때 교사는 우유를 혼자 따라 마시고 싶어 하면 쏟아지지 않도록 우유를 조금 부어주고, 유리컵보다는 깨지지 않는 플라스틱 컵을 사용하도록 해 주는 것이 좋다. 즉 영아가 자율적으로 어떤 일을 할 때 되도록이면 실패하지 않고 성공을 거둘 수 있는 환경을 설정해 주는 것이 옳다. 그리고 혹시 실패하더라도 꾸짖기보다는 다시 도전할 수 있도록 격려하는 것이 필요하다.

영아에게 있어서 가장 심한 형태의 거절증은 영아의 요구나 독립심을 방해받을 때 나타나는 화내는 행동이다. 이때 부모가 영아와 힘 겨루기를 하다가 지쳐 영아의 요구를 들어주는 것은 이후 영아의 행동에 악영향을 미친다. 영아들의 화내는 행동에 부모가 계속 관심을 보이지 않으면 그 행동이 감소하게 되며, 필요시 영아가 할 수 있는 대안적 행동을 제시해 주는 것이 효과적이다.

자조능력이란 혼자서 손 씻기, 밥 먹기, 옷 입고 벗기, 대소변 가리기 등 자신의 신변처리와 능력을 말한다. 이러한 자조능력은 3세까지 이루어야 할 숙제이다. 생존하기 위하여 스스로 할 수 있어야 하는 행동들이다. 이러한 기술은 자율성과 깊은 연관이 있다.

따라서 무엇이든 자율적으로 하려는 강한 경향성을 보이는 영아기에 이 기술을 훈련하는 것이 가장 적절하다.

그렇기 때문에 교사는 엄마에게도 적절한 철학과 기준을 제시해 주어야 한다. 그리고 그 철학과 기준은 사회가 허용하는 것이어야 한다.

교사는 영아에게 어떤 일에 대한 제한을 둘 때 반드시 허용되는 것도 함께 가르쳐 주어야 한다. '그게 하고 싶었니? 하지만 이것은 안 되고 대신에 저것은 돼.'라고 말하면서 영아의 욕구를 인정해 주되 할 수 없는 일을 하지 못하도록 해야 한다. 만약 영아가 원하는 것을 무조건 막기만 한다면 영아는 자라면서 이 세상에서 자기가 할 수 있는 것이 아무것도 없다고 생각하게 되고 성취감, 자신감, 독립심, 자율성, 주도성, 책임감이 없는 아이로 자라게 된다.

영아는 물론 말귀를 알아듣지 못하기 때문에 교사는 이 기준을 제시하는 일을 쉼 없이 반복해야 한다. 또 말귀를 알아듣는다고 해도 기억력이 짧고 욕구는 충동적이기 때문에 꾸준히 반복해서 가르쳐야 한다. 그러다 보면 이해하게 된다. 그런데 대부분의 교사와 엄마들이 영아를 몇 번 타이르고 말거나 어떤 때는 내버려두기도 하고, 또 어떤 때는 제재를 가하는 등 일관성 없는 태도를 취해 영아들을 혼란에 빠뜨리기도 한다.

특히 0~12개월의 영아는 백지 상태와도 같기 때문에 잠시만 다른 곳에 한눈을 팔아도 금방 위험한 일을 벌이곤 한다. 만약 영아가 위험한 물건을 만지거나 위험한 행동을 한다면 교사들은 반드시 '안 돼.'라는 말을 써서 제지를 해야 한다. 교사가 부정적인 언어를 되도록 배제하는 것은 좋으나 아이가 위험한 행동을 할 때는 반드시 안 된다는 말을 강하게 표현해서 되는 것과 안 되는 것을 확연하게 구분해야 한다. 영아에게 위험을 직접 느끼게 하려고 뜨거운 것을 만지려는 것을 그냥 놔두는 것은 역효과를 낳기 쉽다. 영아가 자기를 위험한 상황으로 끌어들이는 사람으로 잘못 인식할 수도 있기 때문이다.

그리고 영아는 많은 것을 탐색하고 싶어 하기 때문에 영아가 기어 다닐 때가 되면 아이 손에 위험한 것이 닿지 않도록 미리미리 주의를 기울이셔야 한다. 만약 영아의 손이 닿는 곳에 위험한 물건이 있어 다치게 되면 그것은 그 물건을 둔 사람의 잘못이다. 그러므로 그 때문에 영아를 다치거나 놀라게 했을 때에는 '미안하다.'고 영아에게 사과를 해야 한다.

영아가 좀더 자라 12~24개월 정도가 되면 무엇이든지 자기 것이라고 생각하는 경향이 있다. 그래서 다른 아이의 물건을 원하고 가지려 하는 경우가 많다. 이럴 때는 영아에게 '이걸 꼭 원하니? 하지만 이건 네 것이 아니야. 네 것은 여기 있잖아?' 라고 말하여 영아에게 확실히 내 것과 남의 것을 구분시키는 교육을 하여야 한다.

만약 영아가 장난감을 갖고 싸울 때 장난감의 주인인 아이에게 양보를 종용할 때가 있는데 이것은 옳지 않다. 그러면 영아는 '떼를 쓰면 남의 것도 내 것이 되는구나.'라고 생각하게 된다. 남의 물건을 가지려 할 때에는 확실한 제재가 필요하다. 또한 혼자서만 모든 것을 독점하려는 것 또한 제재를 통해 고쳐 주어야 한다.

영아가 24~36개월이 되면, 공공장소를 함께 다니기에 무리가 없다. 그러나 공공장소에서 떠들고 뛰어다니는 것을 막는 교육이 필요하다. 처음 얼마 동안은 가만히 내버려 두다가 정도가 심해질 때에야 비로소 제재를 가하는 것은 옳지 않다. 만약 처음부터 제재를 가하지 않게 되면 영아는 '처음에는 가만히 있다가 왜 갑자기 안 된다는 것이지?'하고 반항심을 키우게 된다. 아무리 작은 행동일지라도 다른 사람에게 피해를 줄 수 있다는 사실을 처음부터 상기시켜 주어야 한다.

또한 이 시기에 폭력적인 영아가 있을 수 있다. 이때 교사는 당황하지 말고 영아가 다른 아이를 때리거나 할 때 '때리는 것은 나빠. 절대 다른 친구를 때리면 안 돼.'라고 단호하게 가르쳐야 한다. 그리고 영아가 보는 앞에서 맞은 아이와 보호자에게 사과를 해야 한다. 영아는 사과를 하는 것을 이해하지 못하더라도 이러한 행동이 반복되면 사과하는 방법을 배우게 된다.

교사가 적절한 방침을 세우고, 그에 따라 영아를 통제할 때 영아들은 할 수 있는 것과 없는 것을 구분하게 되고, 스스로를 통제하며 삶의 방법을 배워나갈 수 있게 된다.

5) 언어발달을 위한 교육

정상적인 언어발달을 생각하면 먼저 잘 들을 수 있어야 한다. 그리고 자기가 들은 말을 이해할 수 있어야 한다. 자신이 들은 말이 어떤 문자와 연결되어 있는지, 언어와 상징의 일치를 알

수 있어야 한다. 점차 자기 자신의 말이 정확한 표현을 할 수 있을만큼 발음을 위한 근육 조절이 필수적으로 요구된다. 그러므로 어린 어린 영아들은 정확하게 듣는 방법, 정확하게 보는 방법, 근육 조절이 단계적인 발달 과정에 따라 이루어져야 한다.

이탈리아의 교육학자 몬테소리 여사는 유아전기(0~3세)에 어린이가 언어에 접촉되는 그대로 흡수해 버린다고 하였다. 이 시기에 모국어 형성이 안되면 일생 치명적인 영향이 있다고 보았다. 따라서 언어발달을 위한 교육은 어린이와의 대화의 중요함에 바탕을 두고 올바르고 정확한 언어의 사용과 교구의 명칭을 정확하게 사용하기, 청각 훈련이 필요하다.

어린이들이 자신에게 접촉되는 그대로를 흡수하는 특성을 가지고 있기 때문에 교사나 부모가 사용하는 언어는 어린이들에게 절대적이다. 어린이들이 항상 사용하는 물건이나 상황 속의 정확한 묘사는 매우 중요하다. 왜냐하면 대부분의 어린이들은 묘사할 만한 언어능력을 가지고 있지 못하기 때문에 가정이나 교실에서 학습했던 것들을 부모나 교사에게 어떻게 이야기해야 할지 알지 못한다. 그러므로 교구나 놀잇감 등에 이름을 붙이는 것은 어린이가 어휘력을 향상하도록 도와준다.

또한 어린이들은 잘 들을 수 있어야 하며 좋은 듣기 습관을 소유해야 한다. 태어난 이후부터 청각 능력은 점점 발달하여 3세가 된 어린이는 듣는 능력이 어른들의 4배가 된다. 4세가 될 때 이러한 능력은 점점 줄어들기 시작하며, 5~6세가 될 때부터 자신을 귀찮게 하거나 하기 싫은 일을 명명하는 소리와 듣기 싫은 소리를 분별해 내는 데 능숙하게 된다.

어린이들은 더 잘 듣는 사람이 되도록 가르침을 받아야 한다. 그러기 위해 '듣기'는 어린이가 즐겨 귀를 기울일 수 있을만큼 흥미로운 것이어야 한다.

어른들은 새로운 언어를 배울 때 의식적인 노력을 통해서 배우지만 어린이는 무의식적 흡수 상태 속에서 사진을 찍듯이 주변의 환경에서 일어나는 일들을 흡수함으로써 지식을 구체화시키며 유아가 나름대로 구성하고 스스로 동화시킨다. 따라서 언어 능력 즉 말하기, 듣기, 읽기, 쓰기 능력도 유아가 주위 환경으로부터 흡수한 구체적인 인상을 내면서 세계에서 구성하고 동화됨으로써 말하고, 듣고, 쓸 수 있게 된다.

따라서 교사를 비롯한 모든 어른들은 어린이가 흡수할 수 있는 준비된 환경을 마련해 주는 것이 유아의 언어 발달을 위하여 가장 중요한 일이다(이영숙, 2000).

tip! 촘스키 이론산책

촘스키(Chomsky)는 인간의 뇌 속에는 언어의 보편적인 면에 대한 지식이 구축되어 있다고 하였다. 즉, 모든 언어는 근본적인 구조가 같다는 것으로서, 그는 이것을 심층구조라고 표현하였다. 다만 국가나 문화권마다 다른 언어를 쓰고 있는 것은 언어의 표면이 다르기 때문이라는 것이다. 이 관점에 의하면 인간은 태어나면서 언어 획득 장치(LAD: Language Acquisition Device)를 가지고 있으며, 이것을 통해 유아가 언어를 획득하고 이해하고 생산해낸다고 하였다.

이렇게 해서 산출된 언어를 촘스키는 표면구조라고 하였다. 이 세상의모든 아기들은 옹알이 시기 한 마디 말 시기 두 마디 말 시기 등을 똑같이 거치며 모든 언어에는 문장형태와 문법과 규칙을 지니고 있다는 점 등이 언어의 생득설을 뒷받침하고 있다.

초기의 언어 획득 과정은 보통 한마디 말을 사용할 수 있는 시기를 시작으로 전언어시기(prelinguistic period), 한 단어 시기(one-word stage), 두 단어 시기(two word stage)로 나누어진다. 이 시기에 성인들의 상호작용을 통하여 영아들의 언어가 어떻게 발달할 수 있는 살펴본다.

(1) 전언어시기

처음에 미분화된 울음으로만 의사소통 하던 아기는 점차 옹알이를 통해 음성적 연습(vocal gymnastics)을 하는데 생후 6개월부터는 상대방의 반응에 따라 자신의 소리를 수정하는 모방도 하게 된다. 그러므로 이 시기동안 아기와 함께 하는 주양육자(대개 엄마)와의 언어적 상호작용은 아기의 언어발달에 매우 큰 영향을 미치게 된다고 할 수 있다.

(2) 한 단어 시기

아기들은 생후 9개월 정도가 되면 한 마디 말을 사용하기 시작한다. 옹알이 시기 동안 정확한 발음을 내지 못하던 아기들은 이 시기가 되면, 몇 가지 단어를 분명히 발음할 수 있다. 이 때에 아기들이 말할 수 있는 단어들은 '엄마, 아빠, 마마, 까까, 멍멍...' 등 친근한 존재들이나 의성어가 많다.

일반적인 양육환경에서 주양육자는 아기가 한 단어를 가지고 다양한 의사소통을 하고 있으며, 상황에 따라 어떤 의미를 전달하고자 하는지 정확히 읽을 수 있다. 또한 이 시기의 아기들은 하나의 단어를 확대화시켜서 사용한다.

이 시기 언어발달을 위해 주양육자는 아기에게 자주 말을 걸어주고, 반응을 보여줌으로써 아기가 더 자주 반응할 수 있도록 한다.

(3) 두 단어 시기

영아는 약 15개월이 되면 두 단어를 결합하여 말을 하게 된다. '엄마, 까까", 아빠 빠방' 등 상황에 따라 비교적 구체적으로 표현을 하게 된다. 이렇게 두 단어를 사용하기 시작하면서 유아들은 언어모방 능력이 급격하게 발달된다.

처음에 유아가 만들어내는 문장은 한 단어끼리의 결합이 많다. 그러나 주어와 술어의 문법적 관계를 만들어 나간다. 이 시기에 아기 주변의 성인들은 아기들이 사용하는 유아어를 수용해주면서도 정확한 문장으로 바꿔서 이야기해주는 모습을 보여주는 언어 환경을 제공한다.

0-3세 영아기 교육의 이론과 실제

6) 인지발달을 위한 교육

영아의 인지발달을 위한 교육은 영아의 초기 인지과정인 지향반응, 주의집중, 습관화, 조건화, 문제해결, 추리력 등을 통해 가능하다.

지향반응(orienting behavior)

지향반응은 갑자기 나타나는 자극방향으로 향하는 행동이다. 예컨대 영아의 주변에서 다른 자극이 약할 때 갑자기 강한 소리가 나거나 어떤 새로운 자극이 일어나면 그 방향으로 고개를 돌려서 새로운 광경을 보려고 하는 행동을 지향반응 또는 정향반응이라고 한다. 조용하게 엄마와 영아가 집 안에 있을 때, 누가 큰 소리로 부르면서 집안으로 들어오면 영아는 그 쪽을 바라보게 되는데, 이런 지향반응은 개체의 생존가(survival value)와 관련이 있다고 한다.

주의집중(attention)

주의집중은 한 개 이상의 여러 자극이 있을 때 어떤 한 개의 자극이나 또는 두 개의 자극에 대해 선택적으로 초점을 맞추는 것을 의미한다. 영아의 세계에는 여러 가지 자극이 일어나는데, 그런 자극 중에서 특정의 한 가지 또는 두 가지 자극에만 관심을 기울이게 된다.

예를 들면 모빌에 선택적으로 주의를 집중하고 손을 뻗쳐서 모빌에 자기 손이 닿으려면 주의집중이라고 본다.

습관화(habituation)

습관화는 지향반응이 굳어져서 나타나는 것으로 본다. 그러나 자극이 낯선 새로운 것일 때는 영아가 지향반응을 나타내지만, 그런 자극이 계속적으로 반복될 때는 지향반응이 사라지고 습관화가 된다. 예를 들면 아기 침대 위에 아기 모빌을 달아 놓으면 처음엔 신기하여 주의집중을 나타내지만 얼마의 시간이 지나가면 그 모빌에 특별한 주의를 주지않고 무시하게 된다. 이것은 곧 습관화가 되었기 때문이다. 그래서 이 시기에는 다양한 장난감을 한꺼번에 주기 보다는, 싫증을 느낄 때마다 바꾸어 주는 것이 바람직하다.

조건화(conditioning)

영아들은 성장함에 따라 많은 것을 배우게 되는데 이러한 학습은 조건화로 설명한다. 학습이론에서는 고전적 조건화 및 조작적 조건화로 설명하고 있는데, 영아기와 관련되어 어느 정도의 설명이 가능한지는 아직 명확히 밝혀지지 않았다. 특히 신생아가 출생 직후부터 고전적 조건화에 의하여 무엇을 학습할 수 있는지는 분명히 밝혀지지 않았으나, 생후 약 1개월 이내에 조건화가 이루어진다고 알려졌다. 즉, 생후 며칠이 지난 아기에게 소리를 조건자극으로 하여 소리에 빠른 반응을 조건화시켰다는 연구보고도 있다.

문제해결력(problem-solving)

영아의 문제해결은 초보적이지만, 초기형태의 시행착오, 통찰, 가설검증에 의하여 이루어진다. 문제해결이란 바라는 목적에 도달하기 위하여 장애물을 극복하는 것이므로 학습으로도 볼 수 있다. 문제해결이란 목적을 달성하기 위해 여러 가지 전략을 사용하는데, 때로는 시행착오를 거치게 되고 통찰에 의해 문제를 해결하기도 한다. 뿐만 아니라 때로는 체계적인 문제해결 과정에서 가설을 세우고 이를 점진적인 접근으로 검증하기도 한다.

하나의 방법으로 목적을 달성하지 못하면 다른 방법을 사용하여 장애물을 제거하거나, 장애물을 피하여 돌아가는 것을 만들어서 문제를 해결한다.

추리력(reasoning)

추리력은 기존의 정보에서 법칙을 찾아내어 그 법칙에 의하여 새로운 정보를 끌어내는 것이다. 따라서 학습의 한 형태로 본다. 예를 들면, 영아는 소금이 짜다는 것을 알기 때문에 소금을 넣으면 음식이 짜게 된다는 것을 추리할 수 있다.

뇌 발달을 위한 교육

영아기의 뇌를 발달시키기 위한 방법들은 다음과 같다.

흥미 있는 놀이를 함께 하여 뇌를 활성화한다.

대뇌는 전두엽, 두정엽, 측두엽, 후두엽의 네 가지 엽으로 구성되어 있는데, 그 중 전두엽은 뭔가 해 보고자 하는 의욕이나 희로애락, 창의력을 통제하는 부분이다. 아이들이 흥미를 가지고 놀이를 하거나 즐거워 할 때 전두엽을 많이 사용하게 된다. 특히 호기심이 강한 영아기에 어떤 것을 하라고 강압적으로 강요하기보다 영아 스스로 흥미를 갖게 유도하면 뇌가 발달한다.

숨은 그림 찾기, 미로 게임 등으로 패턴 인식력을 높인다.

어떤 형태의 특징들을 끌어내어 전체로 통합하는 능력을 패턴 인식 능력이라고 한다. 쉽게 말해 길게 늘어진 코를 보고 코끼리임을 알아내거나 몇 개의 줄무늬를 보고 얼룩말의 형태를 인식하는 것 등이 모두 패턴 인식 능력이다.

이러한 패턴 인식 능력은 문제의 핵심을 파악하고 집중력, 기억력, 직관력, 종합력 등을 증진시킬 수 있기 때문에 문제 해결력을 향상하는 데 도움이 된다. 이것은 또 우뇌와 좌뇌를 동시에 계발시키는 방법이기도 하다. 그러므로 어릴 때부터 패턴 인식력 훈련을 하면 양쪽 뇌가 고루 발달된다.

또 한가지 방법은 음악이나 미술 감상에 시간을 투자하는 것이다. 결국, 발상의 대발견에는 그 발상을 언어화하며 논리적으로 검증하기 위해 좌뇌의 역할이 중요하므로 우뇌, 좌뇌 각각의 능력이 균형을 이루는 것이 이상적인 두뇌 계발이라고 할 수 있다.

갓난아기 때 푹 잘 자는 아이가 머리가 좋다.

갓난아기들은 하루 대부분을 자면서 보낸다. 이시기에 아기들이 잠을 많이 자는 이유는 뭘까? 아기들의 뇌는 신경세포는 있지만, 신경회로, 즉 시냅스가 발달하지 않아서 매우 엉성한 두뇌구조를 갖고 있다. 그러나 갓 태어난 아기가 보고 듣고 느끼는 정보의 양은 엄청나다.

사방에서 전해져오는 모든 정보가 새로워서 맛있는 음식을 먹듯이 자꾸 받아들이게 되므로 아기의 뇌는 쉽게 지친다. 활동량이 그만큼 많기 때문이다. 정보를 받아들이기에 지친 아기는 잠에 빠져든다. 자면서 뇌세포가 쉬게 되고 기억을 재정비한다. 이 과정에서 기억력이 강화된다. 따라서 잠 안자고 보채는 아이들은 그 원인을 찾아내어 빨리 고쳐주는 것이 좋다. 푹 자야 뇌 발달이 잘 이루어지기 때문이다.

오감 교육으로 다양한 자극을 주자.

영아기 영아의 뇌는 어느 한 부분의 뇌가 발달하는 것이 아니라, 모든 뇌가 골고루 왕성하게 발달하므로, 어느 한쪽으로 편중된 학습은 좋지 않다.

예를 들어서 독서만 많이 시킨다든지, 언어교육을 무리하게 시킨다든지, 카드학습을 지속적으로 시키는 등의 일방적이고 편중된 학습방법은 큰 도움이 되지 않는다.

강아지에 대해 학습한다고 하면, 강아지가 그려진 그림책이나 비디오를 보여주는 것보다는 직접 강아지를 보여주고(시각자극), 만지고 느끼며(촉각자극), 냄새를 맡고(후각자극), 강아지가 멍멍 짖는 소리를 듣는(청각자극) 등 오감을 골고루 자극시키는 종합교육이 되어야 두뇌발달이 효과적으로 이루어진다는 것이다.

오감학습을 통해 두뇌를 자극할 때 학습이 꾸준히 지속적으로 이루어져야 뇌 발달이 효과적으로 이루어진다. 즉 잠깐 스치듯이 지나가는 정보는 신경회로를 만들긴 하지만, 곧 없어지고 만다. 꾸준하고 지속적으로 정보를 주어야 신경회로가 튼튼하고 치밀하게 자리를 잡는다.

자동차에 대한 정보를 준다고 하면 책이나 그림으로 보여주는데 그치지 말고, 자동차를 직접 보여주고 소리를 듣게 하고 기능을 설명해주는 등 다양하고 구체적인 정보를 주는 것이 효과적이다.

부지런히 손놀림을 시키고 기어 다니게 하라.

뇌에서 가장 넓은 면적을 차지하는 것이 손을 관할하는 부위이다. 인체 각 부위의 기능을 관장하는 부분을 뇌 위에 펼쳐 지도를 만들면, 뇌의 핵심부분인 운동중추 사령실 면적의 30%가 손에 해당된다. 뇌지도 위에서는 인체의 손과 입, 혀가 크고 몸통은 아주 작은 기형적인 모습이다.

뇌의 크기는 운동의 정밀도와 복잡성에 따라 정해지므로 손가락의 움직임이 얼마나 정교한 정보처리를 요구하는지 알 수 있다. 이론적으로 손 근육이 발달하는 시기는 생후 18개월 이후이지만, 갓난아기 때부터의 손놀림 역시 두뇌발달에 도움이 되므로 시기와 관계없이 손으로 하는 놀이를 자주 지속적으로 제공해주는 것이 좋다.

15개월 무렵부터 아이는 손가락 놀림이 정교해진다. 좁은 틈이나 구멍에 물건을 넣을 수도 있게 되면서 양손 쓰기가 익숙해지게 되는데 18개월부터는 왼손이나 오른손을 사용하는데 뚜렷하게 선호도를 보인다. 대부분의 아이들이 오른손 사용에 익숙해지게 되는데 이때 왼손을 이용한 놀이를 시켜주어 우뇌 발달도 같이 유도해주는 것이 좋다.

아이의 두뇌를 발달시키는 방법은 아이가 즐겁게 할 수 있는 생활놀이가 가장 좋다. 즉 젓가락질, 연필깎기, 가위질하기, 종이 찢기, 악기연주, 운동화 끈 매기, 책 페이지 넘기기 등 생활 속에서 자연스럽게 이루어질 수 있는 손 놀이를 많이 접하도록 한다. 도구를 사용하게 함으로써 물체의 상호관계를 이해하고 사고력 발달을 도와줄 수 있다.

또한 아기는 가능하면 많이 기게 하는 것이 좋다. 아기는 두 눈을 집중시키지 못한다. 그러나 아기가 기기 시작할 때부터 갑자기 앞으로 움직이면서 소파나 식탁 등에 부딪히게 된다. 이런 과정을 통해서 아기는 두 눈을 사용해야 할 필요성을 느낀다.

이후부터 아기는 점차 움직일 때마다 시야를 정해서 자기가 가고 있는 곳을 두 눈을 모아 바라본다. 이 과정에서 시각 자극이 먼저 이루어진다. 아기가 두 눈을 집중시켜서 목적지를 정해 놓고 기어가는 행동은 두뇌 발달에 중요한 영향을 미친다. 아기가 기기 위해서는 두 팔과 두 다리의 균형과 힘을 맞춰야 하는데, 그 과정에서 아기는 좌뇌와 우뇌 발달이 균형적으로 이루어진다.

신발을 신을 때나 물건을 잡으려 할 때 왼쪽, 오른쪽의 방향 감각을 일깨워주며 구르기 놀이를 할 때 오른쪽, 왼쪽으로 번갈아 구르게 한다. 좌뇌와 우뇌 모두를 자극해서 균형적으로 발달을 유도한다.

스킨십은 두뇌발달에 좋다.

피부는 태내에서의 발생시기에 뇌와 같은 외배엽에서 나와 발달하기 때문에, 뇌와는 형제간이며 '제2의 뇌'라고도 불린다. 뇌와 형제간인 피부는 뇌와 풍부한 신경회로로 연결되어 서로 정보를 주고받고 있기 때문에 아주 약한 자극도 뇌에 잘 전달된다.

따라서 피부감각을 발달시키는 것이 곧 뇌 발달과 직결이 된다. 부모가 아이와 목욕을 같이 하면서 아이피부 씻겨주기, 아이 머리나 등을 자주 쓰다듬어주기, 자주 안아주기, 볼에 뽀뽀하기, 업어주기, 마사지 해주기 등 사랑이 담긴 잦은 피부접촉은 아이의 두뇌발달을 촉진시키는 효과뿐만 아니라, 정서안정에도 큰 도움을 준다.

올바른 식습관이 두뇌발달을 촉진시킨다.

손이 뇌에서 넓은 부위를 차지하는 만큼 입과 혀도 뇌에서 넓은 부위를 차지한다. 그만큼 뇌에 자극을 많이 준다. 음식을 혀에서 굴려가며 씹어 먹고, 맛을 느끼는 과정 자체가 아이들 뇌 발달과 밀접한 관계가 있다. 꼭꼭 씹어 먹는 습관 패스트푸드나 인스턴트 식품에 길들여진 아이는 씹기를 싫어한다. 그런 음식들은 재료를 모두 잘게 갈아서 만들기 때문에, 굳이 씹지 않아도 잘 넘어간다. 따라서 그런 음식에 익숙해지면 씹기를 귀찮아한다.

이런 습관은 이유기에도 길들여질 수 있다. 이유식의 중요한 의미는 균형 잡힌 영양을 공급하는 것에도 있지만, 더 중요한 의미는 아이 스스로 숟가락으로 떠먹고, 다양한 음식의 맛을 입과 혀로 느끼게 하는 것이다. 이유기에 젖병을 이용해 빨아먹게 하면 아이는 음식 맛을 잘 모르게 되고, 씹어서 먹는 것을 꺼리게 된다. 음식물을 꼭꼭 씹는 과정은 그대로 뇌에 자극을 주게 되고, 그러한 자극은 뇌 신경회로를 활성화시키는 효과가 있다. 3대 영양소를 골고루 섭취 탄수화물은 뇌세포에 에너지를 주고 단백질은 세포막과 신경전달물질을, 지방은 신경세포막의 형성을 돕는 역할을 한다.

따라서 3대 영양소를 골고루 충분히 섭취하게 하는 것이 건강에 좋고, 두뇌발달에도 도움을 준다. 고른 영양 섭취를 위해서는 편식 습관을 없애야 한다. 이유기에 다양한 음식 맛을 보여주고 음식에 대한 거부감을 없애주는 것이 성장하면서 편식 습관을 예방하는 방법이다.

5. 영아에게 필요한 환경

'영아의 환경에는 모든 것이 존재하며 이는 곧 교육과정이다.'는 말이 있다. 이 말은 영아들의 경우 자신이 속해 있는 환경에 많은 영향을 받는다는 것을 뜻한다.

영아기는 보고 만지고 듣는 등의 탐색적 행동을 함과 동시에 걸음마를 떼기 시작하면서 이동이 잦고 움직임의 범위가 넓어질 때이다. 이런 때일수록 주변 환경에 대한 세심한 배려가 필요하다.

주변 환경이 안전하지 않으면 영아의 활동력은 위축될 수밖에 없고 이것이 잦아지면 공격적인 행동 양상을 보이게 된다. 반면 적절한 환경이 구성되면 영아는 다양한 영역에서 긍정적이고 창의적인 경험을 할 수 있다.

이러한 영아기 환경을 구성하려면 다음과 같은 구성 원리를 고려해야 한다.

첫째, 영아의 발달에 적합한 환경인가.

영아의 신체적 · 정신적 발달 정도와 속도에 맞는 시설을 준비하고 환경을 마련해야 한다.

둘째, 영아의 정서적 안정감을 고려한 환경인가.

이 시기 주변 환경이 두려움을 느끼게 한다거나 불안정하면 영아들의 정서발달에 좋지 않다. 유아교육기관의 환경이 집과 같이 편안하고 안정적인 분위기를 형성해야 한다.

셋째, 영아의 건강과 안전을 고려한 환경인가.

신체적으로 불안정한 상태인 영아의 건강을 위해 주변 환경을 늘 청결하고 위생적으로 만들어주는 것이 중요하다. 또한 이 시기 영아들은 늘 위험에 노출되어 있기 때문에 안전한 환경을 제공해주어야 한다.

넷째, 영아의 탐색을 돕는 환경인가.

이 시기 영아에게는 주변에서 보는 모든 것들이 새롭게 느껴진다. 이러한 흥미와 호기심으로 이것저것 만져보고 맛보고 들으려하는 등의 탐색적 행동을 한다. 영아가 이러한 탐색 활동을 자유롭게 할 수 있도록 풍부한 놀잇감과 공간을 제공해 주어야 한다.

 get it '몬테소리 환경론'

몬테소리는 아기들이 성장할 때, 적합한 환경을 마련해주는 것이 중요하다는 것을 역설했다. 몬테소리는 아이들을 위해 특별한 환경을 조성해 주는 것을 '준비된 환경'으로 정의했는데 이는 정신적인 태아인 아이가 올바로 발달할 수 있도록 정신적인 양식이 되는 지적인 자극을 마련해주는 것을 의미한다.

몬테소리의 '준비된 환경'에서는 어른에게 필요한 환경과 아기에게 필요한 환경이 다르다는 것을 얘기하고 있다. 그 요소는 다음과 같다.

첫째, 어린이의 리듬과 템포가 충분히 발휘할 수 있는 장소여야 한다.

둘째, 보호받고 있다는 안정감을 주는 분위기로 물리적인 위험에서 몸을 보호하고 정신적인 불안에서 자기가 수호 받고 있다고 자신이 느껴야 안심이 되고 자유롭고 대담하게 행동할 수 있다.

셋째, 활동을 가능하게 하는 장소나 도구이다. 어린이의 정신은 운동과 결부되어 발달한다. 그 운동이란 체조와 스포츠가 아니라 손이나 몸을 움직이면서 전인격적인 활동을 하는 것을 가리킨다.

넷째, 아름다운 것으로 색깔이나 형체 등 어린이를 에워싼 모든 것이 아름답고 매력이 있어야 한다.

다섯째, 어린이 주변에 너무 많은 교재가 있으면 오히려 정신이 산란되어 어느 것을 사용해야 할지 혼란을 일으키며 집중에 이르지 못하게 된다.

여섯째, 질서가 있어야 한다. 2세를 정점으로 하여 이 시기에 질서에 대한 감각은 특수하다.

출처 : 이영숙(2000)

영아기의 환경 구성

영아를 위한 환경 구성은 영아들이 교육기관을 일상적인 생활의 장으로 여길 수 있도록 하는 것과 동시에 교육과 놀이의 장으로서 기능할 수 있는 환경 구성을 필요로 한다.

영아를 위한 환경 구성은 실내 환경과 실외 환경으로 나눌 수 있다.

1) 실내 환경

실내환경은 영아들이 가장 많은 시간을 보내는 곳으로 영아의 기본적인 욕구에 기초하여 생활공간으로서의 기능이 중시되어야 하며, 이와 함께 정서적 안정감, 움직임의 욕구, 탐색적 욕구 등을 충족시킬 수 있도록 구성되어야 한다.

(1) 탐색 영역

이 시기 영아들은 어떤 물체든 탐색하는 것을 즐긴다. 그러므로 영아가 다양한 자료를 만져보고 탐색해 볼 수 있는 기회를 제공해 주는 것이 중요하다.

탐색영역은 사물에 대한 인식을 높이고 손의 협응력을 길러줌으로써 소근육의 발달을 가져온다.

1세경에는 수가 적고 모양이 단순해서 영아의 발달 수준에 맞는 놀잇감을 준비한다. 이 시기 적당한 놀잇감은 작은 블록, 그림 맞추기, 끼워서 연결하는 놀잇감으로, 영아가 놀면서 삼키지 않도록 너무 작지 않은 것으로 선택하고 위생에 신경 써야 한다.

2세경에는 탐색하는 시간 동안 집중할 수 있도록 편안하고 조용한 공간을 마련해주는 것이 좋다. 탐색 자료는 사진, 모빌 등 모양, 질감을 탐색할 수 있는 것으로 준비하며 조작 놀잇감은 너무 복잡하지 않은 것으로 선택한다.

놀잇감은 영아들의 피부에 직접 닿기 때문에 자주 소독이 필요하다.

아이들의 장난감과 기구들을 닦는 소독제는 1갤론의 물에 1/4정도의 용액만 섞어서 사용한다. 소독약품은 24시간 후에 없어지기 때문에 매일 준비하도록 한다.

(2) 놀이 영역

이 시기 영아들은 활동적이다. 그러므로 실내 영역의 경우, 영아가 자유롭게 움직이며 놀이를 할 수 있도록 넓은 공간이 필요하다.

영아가 활동하는 바닥에는 활동 카펫을 준비한다. 활동 카펫은 가로 12피트 세로 15피트 정도로 한다.

낮은 선반으로 활동 카펫 경계를 만들어 둔다. 낮은 선반들은 활동 카펫 주위에 설치한다. 영아가 선반을 잡고 일어나 잡고 다니기 때문에 선반을 단단히 박아둔다. 선반을 15인치 넓이로 4피트 정도 길이 그리고 2피트 높이로 만들어 안정성을 고려한다. 모서리는 둥글게 깎아 안전하게 만든다. 선반은 영아가 잡고 탐험할 수 있는 물건으로 쓰인다.

활동 카펫에 두고 영아가 놀이를 할 수 있는 놀잇감으로는 다양한 색깔과 질감을 가진 공, 끼우고 포개놓을 수 있는 컵이나 원형 통, 블록, 누르면 소리가 나는 음악 장난감, 그림을 그릴 수 있는 종이와 크레파스·연필 등이 있다.

영아기에 실내에서 이루어지는 대표적인 놀이로는 소꿉놀이와 쌓기 놀이가 있다.

소꿉놀이 영역에서는 영아가 교육기관을 집처럼 생각하고 소꿉놀이를 할 수 있도록 넓은 공간을 마련해주고 인형이나 소꿉놀이 도구들을 준비해준다.

쌓기 놀이는 바닥에 블록을 쌓는 형식이기에 카펫이 깔린 넓은 공간을 마련해주어야 하며 개방적인 곳이 좋다.

2세경에는 영아가 손에 잡고 놀기에 편한 크기를 선택한다. 3세경에는 발달이 미숙한 상태이기에 복잡한 모양보다는 단순한 모양의 기본형 블록을 선택한다.

(3) 잠자는 영역

영아가 성장할수록 낮잠 시간은 점차 줄어든다.

1개월에는 낮잠을 6시간 자며, 6개월~12개월에는 3시간을 잔다.

일반적으로 영아기에 교육기관에서 낮잠을 자는 시간은 하루 평균 4시간 정도로 보면 된다.

영아가 잠을 자는 공간은 산만하지 않도록 천장과 벽을 최대한 단순하게 하고 어둡게 한다.

침대는 높지 않고 바닥에 놓는 아기용 매트리스가 적당하다. 침대 사이 간격은 3피트 정도 떨어진 것이 좋다. 베게는 높지 않은 것으로 준비하고 여분의 침구와 침구를 넣어 둘 캐비넷이 배치되어야 한다. 침대와 이불, 베게는 영아마다 따로 사용하고 자주 빨아준다.

영아가 침대에 누웠을 때 음악을 틀어주면 편안하게 잠을 이루는 데 도움이 된다. 편안하고 조용한 분위기의 음악을 들을 수 있는 오디오나 카세트를 둔다. 단, 잠자기에 집중할 수 있도록 침대 주변에 장난감은 두지 않는 것이 좋다.

영아가 언제 잠들며 낮잠 자는 시간은 얼마나 되는지 파악을 해두는 것은 영아의 건강·심리와 직결되기에 기록해둘 필요가 있다. 그러므로 잠자는 영역에는 이에 필요한 클립보드나 큰 종이를 준비한다.

(4) 식사 및 간식 영역

식사 및 간식 공간은 위생적인 측면에서 교육기관 내의 다른 영역들과 구분을 두는 것이 좋다. 이 공간의 위생을 위해서 키친타올이나 위생장갑 등을 준비하고 식탁은 자주 소독해준다. 식사 전후 간단하게 손을 씻을 수 있도록 따뜻한 물이 나오는 낮은 싱크대와 유아용 비누가 있으면 좋다.

영아가 자주 먹는 우유나 과일 등의 음식 온도는 40도 이하로 유지하고 유통기한이 지나지 않았는 지 수시로 확인한다.

영아가 1세 미만일 때는 음식을 먹고 흘리는 경우가 많기에 목에 할 수 있는 손수건과 음식을 먹일 수 있는 테이블과 교사가 앉을 수 있는 의자를 준비한다.

2세경 혼자 음식을 먹을 시기가 되므로 영아용 수저와 밥그릇은 스스로 챙길 수 있도록 영아의 손이 닿는 낮은 탁자를 마련하고 그 위에 식기를 올려둔다.

(5) 화장실 영역

화장실 영역은 영아에게 배설에 대해 좋지 않은 인상을 지우고 긍정적인 느낌을 주도록 한다. 이를 위해 어둡고 칙칙한 분위기를 지양하고 빛이 잘 들어오면서 환기가 잘 이루어지는 공간으로 만들어야 한다.

기저귀를 사용하는 시기의 영아는 교실 내에 기저귀 갈이대를 둔다. 단, 기저귀 갈이대 가까이에 배변 후 씻을 수 있는 싱크대와 화장지, 파우더, 기저귀 등을 비치한다.

기저귀 사용과 동시에 본격적인 배변 훈련을 위해 화장실을 이용하기 시작하는 1세경 이후에는 배변에 대한 자신감과 독립심을 심어줄 수 있는 환경제공이 중요하다. 따라서 변기는 영아의 신체 크기에 알맞은 변기를 준비하고, 용변 공간에는 문 대신 낮은 칸막이를 다는 것이 좋다.

화장실 영역은 영아들에게 위생에 대해 인식하게 만들어주는 영역이기도 하다.

특히 기저귀를 갈거나 배설물을 취급하다 보면 세균에 노출되기 쉽다. 그러므로 위생에 철저해야 한다. 기저귀는 허용된 장소에서만 교체하고 갈기 전후 영아와 어른 모두 손을 씻어준다. 필요할 경우에는 어른이 장갑을 착용할 수도 있다.

이외에도 영아가 손을 반드시 씻어야 할 때는 영아가 교육기관에 도착했을 때, 화장실 사용 시, 코를 풀었을 경우, 음식을 먹기 전후에 반드시 손을 닦아야 함을 가르쳐준다. 교사가 영아의 손을 씻겨 줄때는 왜 손을 씻어야 하는지와 손을 씻는 방법에 대해 설명하도록 한다. 2세경의 영아들이 손을 씻을 수 있도록 환경을 만들어 주고 유심히 관찰한다.

(6) 옷 갈아입히는 영역

이 시기 영아들은 음식을 먹다가 흘리거나 놀이를 하던 중에 더러워져 옷을 갈아입어야 하는 경우가 많다. 따라서 교육기관에서는 옷을 갈아입히는 영역을 따로 구분해야 하는 것이 좋다.

이 영역에는 교사가 영아의 옷을 편안하게 갈아입힐 수 있도록 높지 않고 넓은 테이블을 둔다. 테이블 가까이에는 영아들의 옷을 보관할 수 있는 서랍장이나 옷장이 있어야 한다. 옷을 갈아입히기 전 신체가 더러운 경우에 닦을 수 있는 타올이나 손수건, 물티슈를 배치한다.

영아에게 입할 옷은 섬유질로 만들어진 옷이나 아기에게 부드러움을 주는 실크 옷이 적당하다. 아기들이 입는 옷에는 갈고리나 단추, 잠그개 등이 없도록 하여 예민한 아기들의 피부에 상처를 주지 않도록 한다. 팔과 다리는 통이 넓은 옷이 여야 하며 머리 위로 벗는 옷이 아니어도 괜찮다. 아기의 옷은 예쁘게 단정되어 있으면 좋고 피부에 상처를 주지 않는 옷이 여야 한다.

아이들을 안아줄 때 사용하는 옷감으로는 실크를 사용하고 새로 태어난 아이들의 예민한 피부에 압박을 가하지 않는 재질이 좋다. 옷을 갈아입힐 때는 아이들의 몸을 될 수 있으면 움직이지 않도록 하고 갈아입히는 것이 좋다.

옷을 빨 때는 냄새가 없는 세제를 사용하며 빨래할 때와 건조할 때 아이들의 피부에 알레르기 원인이 될 다른 부가물을 넣지 않도록 한다.

(7) 미술 영역

2세경에는 미술 활동을 할 수 있는 낮은 책상과 의자를 준비해준다. 영아들이 바닥에서 미술활동을 하는 경우, 크레파스나 물감으로 바닥이 지저분해질 수도 있기에 쉽게 지워지는 바닥 재질을 선택한다.

영아가 3세경이 되면 구체적인 미술 활동이 가능해진다.

이때 미술에 이용되는 재료는 한꺼번에 많이 주는 것은 좋지 않다. 몇 가지만 골라서 주되 자주 바꾸어 주는 것이 훨씬 효과가 높다. 손으로 잡아서 사용하는 미술 도구들은 손가락 사용이 미숙한 영아의 상황을 고려해 제공한다. 예를 들어 가위나 칼 사용이 힘들기 때문에 종이는 손으로 찢고 크레파스나 연필은 영아의 손에 맞는 것을 주어야 한다.

영아가 그리고 만든 작품을 실외에 걸 수 있는 설비를 준비해 두는 것도 잊지 말아야 한다.

(8) 책보기 영역

책을 읽는 공간은 너무 시끄럽지 않고 햇빛이 잘 드는 독립된 공간이 적당하다. 책읽기에 집중할 수 있도록 편안한 의자에 등받이 쿠션을 두고 아늑한 분위기로 구성한다.

1세경에는 보고 감촉으로 느낄 수 있는 헝겊으로 만든 책이나 비닐 책 등을 선택한다. 2세경에는 영아가 흥미를 느낄 수 있도록 그림이 큼직하고 선명한 그림책이 좋다.

2) 실외환경

실외놀이는 영아를 위한 프로그램에서 빠뜨릴 수 없는 중요한 부분이다. 벽과 천장이 없는 공간의 개방성, 신선한 공기와 햇볕, 바람의 세기 및 습도의 높고 낮음, 잔디와 흙의 감촉 등은 실외공간에서만 느낄 수 있는 요소들이다.

실외놀이는 신체적인 운동능력과 기술의 발달을 도울 뿐 아니라 인지 발달, 사회적 기술, 의사소통 능력, 독립심과 자아개념의 발달을 위해서도 매우 중요하다. 따라서 탐색하고, 발견하고, 배울 수 있는 기회를 갖도록 실외환경을 구성하여, 안정하고 즐거운 공간 속에서 마음껏 신나게 뛰어다니고, 기어오르고, 만져 보고, 느낄 수 있는 다양한 자료와 공간을 제공해 주어야 한다 (장영희, 2000).

(1) 대근육 영역

영아기 때는 신체적 움직임이 많아 대근육 운동이 활발하다.

1세경에는 이러한 운동을 할 수 있도록 미끄럼틀, 계단, 블록 등의 놀이기구들을 배치한다.

이러한 놀이기구들은 너무 크지 않는 적합한 크기를 선택해야 사고발생률이 적다. 놀이기구를 이용하다 바닥에 떨어질 수도 있기에 놀이터 바닥에 모래를 깔거나 충격 완화장치를 이용한다.

2~3세경에는 더욱 움직임이 많아지므로 더 넓은 공간이 필요하다. 특히 이 시기에는 더 먼 거리까지 이동이 가능해지므로 교육기관을 벗어난 공간도 준비되어야 한다. 예를 들어 자연을 경험할 수 있는 식물원이나 동물원이 있고 주변의 공원, 시장도 좋은 교육의 장이 된다. 산책을 할 때는 영아가 그 대상에 관심을 가질 수 있도록 보이는 것들에 대해 설명해준다. 설명 중 영아가 관심을 보이는 사물이 있으면 영아가 충분히 탐색할 수 있도록 기다려준다. 단, 교육기관을 벗어날 때는 미리 주변 환경을 검토해 위험을 방지한다.

걸음마가 늦은 영아는 유모차로 산책을 시킨다.

걸어가기에 조금 먼 거리는 교육기관의 차를 이용한다. 차를 이용할 때는 30분 이내의 장소가 적당하며, 목적지에 도착해서도 1시간 이상 활동을 피한다. 그 이상 지속되면 교육효과도 떨어지고 체력적으로 지칠 위험이 있다.

영아가 차를 탔을 때는 앞좌석에는 앉히지 않도록 하고 차에 혼자 두고 내리지 않는다. 승용차에는 반드시 영아용 좌석을 부착해야 한다.

(2) 놀이 영역

영아가 이 시기 할 수 있는 실외 놀이는 모래 놀이, 장난감 자동차 타기, 물놀이 등 무궁무진하다. 또한 이때 사용되는 놀잇감도 장난감 자동차, 나뭇잎, 돌멩이, 모래 등 모든 것이 도구가 될 수 있다. 이러한 놀이를 더 잘 할 수 있도록 준비해주는 것이 필요하다.

1세경 영아들은 쏟고 담는 반복 놀이를 좋아하기 때문에 모래 놀이가 적당하다. 모래 놀이를 위해 삽, 그릇을 준비한다. 손으로 모래를 만질 때 뾰족한 돌이나 못, 벌레 등이 손에 잡혀 상처를 입을 수 있기에 교사가 미리 모래밭을 살펴본다.

2세 이후에는 신체 움직임이 활발해질 때라 장난감 자동차를 탄다거나 공, 폐타이어, 풍선 등을 가지고 놀 수 있도록 준비한다.

계절에 따라 놀이를 즐기는 시간을 조절하고 놀이방법에도 변화를 준다.

우선 놀이 시간에 있어서는 봄과 가을에는 오전 · 오후 하루 30분에서 1시간씩 진행하고, 여름에는 오전 일찍 또는 늦은 오후로 짧은 시간 놀이를 즐기도록 한다. 너무 오래 나가 있으면 영아가 쉽게 지치고 일사병에 걸릴 수 있기 때문이다.

계절에 따라 물놀이 또는 눈사람 만들기를 해도 좋다.

여름에는 물놀이가 적당한데 간이 풀장이나 아이가 들어갈 만한 크기의 대야를 준비해 물을 붓고 그 안에 인형, 플라스틱 장난감, 스펀지 등을 띄워준다. 겨울에는 눈을 가지고 놀 수 있도록 해주되, 날씨가 추우므로 담요나 두꺼운 옷, 털모자, 장갑, 목도리를 해준다.

(3) 쉬는 영역

실외에서는 활동력이 많기 때문에 놀이를 하다 피곤할 때는 바로 쉴 수 있도록 휴식 공간을 마련하는 것도 중요하다.

영아가 휴식을 취하는 공간은 조용하고 햇볕이 들지 않는 그늘이 적당하다. 영아가 앉거나 낮잠을 잘 수 있도록 돗자리를 준비해 둔다. 쉬는 동안에는 움직임이 적으므로 소근육 발달을 돕는 놀이도구들을 가져다둔다. 그림책이나 미술도구를 준비하는 것도 좋다.

실외에서 활동하게 되면 허기가 질 수 있으므로 간식을 준비한다.

도시락을 준비해 식사를 하는 경우에는 특히 위생에 주의해야 한다. 도시락에 먼지나 벌레가 들어가지 않도록 밀봉에 신경을 쓰고, 수저도 사용하기 전 다시 씻도록 한다.

실외에서 활동 후 식사를 할 경우 특히 손이 지저분하기 때문에 식사 전 비누를 이용해 손을 씻기도록 한다.

6. 영아를 위한 놀이 교육의 의미

영아에게 놀이는 곧 학습이자 사고를 발달시키는 도구이다.

성인이 삶의 의미를 자신의 능력을 발휘하고 확장하며 성취를 맛보는 데서 찾듯이 어린이들은 놀이를 통해 잠재된 능력을 표출하고 확장해 가면서 자아를 발견하고 실현하고자 한다.

어린 영아들에게도 놀이는 배움이자, 현장이자, 연습장의 역할을 한다. 놀이의 특성을 살펴보고 놀이의 발달 단계를 살펴봄으로써 어린이들의 변화지점을 놓치지 않도록 한다.

1) 놀이의 특성

내적 동기화

놀이는 능동적, 자발적이며 재미있고 특정 목표를 두지 않으며 스스로 시작하고 진지하고 적극적으로 임하는 것이다. 누가 시켜서 하는 것이 아니고 유아 내부에서 놀이에 대한 동기가 생겨 자발적으로 놀이를 하는 순수한 욕구를 말한다.

결과보다 과정 중시

유아들이 놀이 할 때, 활동의 목적이나 결과 보다는 활동 자체에 중점을 두는 것을 말한다.

적극적 참여

놀이에 방관하거나 산만함을 보이지 않고 열의를 다하여 참여하는 것을 말한다. 유아들은 호기심이 생기고 하고 싶어하는 놀이에는 적극성을 띤다. 따라서 교사나 어른들은 유아가 어떤 놀이를 얼마나 오랫동안 지속하는지 놀이 방법이 다양한지 어떤 놀이를 선택하는 지를 잘 관찰하여 놀이 지도를 하는 것이 중요하다.

긍정적 정서

놀이를 하다보면 두려운 마음이 생길 수 있다. 처음 보는 것, 자신은 못 할 것 같은 놀이를 반복해서 시도해 보면 두려운 마음이 없어지고 재미있고 즐거운 놀이가 된다.(예:미끄럼놀이, 공놀이 등) 놀이는 유아의 두렵거나 불안하고 슬픈 기분도 긍정적 정서로 전환시키는 특성을 갖고 있다.

유연성

유아가 다각도로 탐색을 하고 융통성 있는 사고를 하게 되는 유연성을 갖게 된다. 놀이경험이 많은 유아일수록 어떤 상황에서든 호기심과 흥미를 보이고 자발적인 성향을 보인다.

인지적 발달

인간은 본래 인지적 욕구가 있는 존재이다.

쉐일레와 브리튼(chaille & Britain,1991)은 유아는 호기심으로 가득 차 있으며 끊임없이 의문을 제기하고 자신의 생각을 시도해 보면서 세계를 탐구 해 간다고 말하였다.

포만과 쿠쉬너(Forman & Kuschner, 1983)에 의하면 유아가 '뭔가 이상한데...'하는 혼동감, '예상 밖인데'하는 놀라움, '내가 실수했나?'하는 당혹감, '다른 뭔가가 있을 것 같은데' 하는 의혹 등의 느낌이 있을 때 내적 동기를 갖고 능동적으로 놀이에 열중한다고 하였다(이종의,1991).

유능감

유아는 놀이를 통해 환경을 통제하고, 변화를 일으키며, 자신이 한 일에 대한 인과 관계를 인식하면서 자신의 능력을 확인 해 나간다. 갓 프리드(Gott fried,1985)는 유능감에 작용하는 심리적요소로 자기 존중감, 도전, 성공감의 3요소가 충족될 때 유아는 주변환경을 자신있게 통제하는 유능한 사람으로 커 나갈 것이라고 말한다.

제2장

2) 놀이의 발달단계

(1) 사회적 놀이단계

사회적 놀이 단계는 유아가 다른 유아들과 어느 정도로 어떻게 상호작용을 갖느냐에 따라 놀이를 분류하여 그 발달 단계를 나타낸 것이다.

비참여행동

유아가 놀이에 참여하지 못하고 순간적인 관심과 흥미에 따라 어떤 것을 잠시 바라 볼 뿐 특별한 관심이 없다.

지켜보기

다른 유아들이 노는 것을 지켜보든지 교사나 어른들이 행동을 지켜본다. 놀이에 참여하지 않으나 관심을 가지고 노는 것을 바라보거나 말을 건넨다.

혼자놀이

장난감을 가지고 혼자서 논다. 옆에서 다른 유아가 놀고 있어도 상관없이 서로 다른 놀이를 하는 것. 2~3세 유아들에게서 흔히 볼 수 있는데 이 시기의 유아들은 사회성이 발달하지 않아 자기중심적인 사고를 하기 때문이며, 놀이 시 대화가 거의 없는 것이 특징이다.

병행놀이

다른 친구들과 같은 놀잇감을 가지고 놀지만 자기가 하고 싶은 놀이를 하면서 따로 논다. 주로 3세의 유아들에게서 볼 수 있는 놀이 형태로 주변에서 노는 친구들을 의식하여 함께 노는 것을 좋아하면서도 상대편 유아와 상호작용을 하지 않고 친구 옆에서 혼자 논다.

연합놀이

4세의 유아들에게 보여지는 놀이 형태로 같이 어울려 놀기는 하지만 완전한 체계적 놀이가 아니라 자기 나름대로 노는 집단놀이 형태이다. 다른 유아들과 함께 어울려 놀면서 놀이내용에 대해 공통의 관심사를 갖고 대화를 나누거나 놀잇감을 빌려 주기로 하지만 아직 역할 분담이나 놀이 내용의 조직적인 전개는 이루어 지지 않는 단계이다.

협동놀이

주로 5세 유아들에게서 볼 수 있는 놀이 형태로 유아들끼리 조직되고 체계화된 놀이를 하는 형태이다. 놀이리더가 있으며 놀이자들끼리 공동의 관심사를 갖고 역할을 분담하여 공동의 관심사를 갖고 역할을 분담하여 조직적으로 놀이가 진행되는 것이 특징이다.

0-3세 영아기 교육의 이론과 실제

74

(2) 인지적 놀이 단계

피아제의 인지 이론에 의하면, 놀이는 그 자체로서 인지 발달을 의미한다고 보았다. 즉 유아의 인지가 감각운동기, 전조작기, 구체적조작기 및 형식적 조작기로 질적인 변화를 계속하면서 유아의 놀이도 감각적이고 기능적인 연습의 수준에서 전조작기 특유의 상징적인 놀이 시기를 거쳐 점차 규칙이 포함되는 높은 수준의 놀이로 변화 된다고 하였다(이은해, 지혜련, 이숙재 편역,1993)

기능놀이

유아의 최초 놀이로서 감각 운동기에 주로 나타나며 단순하고 반복적인 근육운동으로 인지적 능력이 적게 요구된다. 2세 전후의 유아들은 사물을 떨어뜨린 후 그것을 주워주면 다시 떨어뜨리는 행동을 하는데 이러한 반복적인 행동이 그들에게는 놀이인 것이다.

즉 기능놀이는 감각운동발달시기에 있는 유아가 신체적 움직임에 수반되어 오는 기능적인 즐거움을 위해 반복적으로 되풀이 하는 놀이 행동이다.

구성놀이

구성놀이는 기능 활동으로부터 시작되는 창조적 활동이다. 2세가 된 유아는 다양한 놀잇감을 이용하여 무엇인가를 만들어 보는 놀이를 시작한다.

상징놀이

상징놀이는 유아의 지적수준이 높아짐에 따라 발달하는데 상징놀이는 유아의 인지, 사회, 정서, 언어발달을 고무시키는 가상놀이(make-belive play, pretend play), 역할놀이(role play), 극 놀이(dreamatic play), 환상놀이(fantasy play) 등 다양한 용어로 불리워지며 공통점은 가작화 요소(as-if elements)가 포함된다는 것이다.

상징놀이는 첫 돌 무렵부터 시작하여 2세가 넘어가면서 상징놀이를 통해 다른 역할을 가장하고 상상적으로 사물을 다른 사물로 대치하기도 한다. 즉 내적인 사고와 생각을 가상형태를 통하여 표현하는 놀이형태를 말하며 보이지 않는 사물이나 사건을 대신하여 상징적 의미를 부여하며 놀이 하는 것이다.

사회극 놀이

사회극놀이와 상징놀이는 가작화 요소를 포함 하는 것이 공통점이지만 다른 점은 두명 이상의 유아가 같은 주제를 가지고 언어적으로 상호작용하는 놀이로 규정한다.

사회적 가상놀이(social pretend play), 사회적 역할놀이(social dramatic play)라고도 한다.

규칙있는 게임

　유아의 인지 발달이 전조작기에서 구체적 조작기로 도약하면서 놀이에도 새로운 변화가 나타나게 된다. 예를 들어 전 조작기의 유아가 블록을 이용하여 집이나 로봇을 만드는 구성놀이나, 블록으로 만든 로봇으로 사회극 놀이를 주로 한다면 구체적 조작기의 유아들은 그들의 놀이에 규칙을 만들어 규칙있는 게임의 형태로 놀이를 하게 되는 것이다. 규칙있는 게임에서 유아들은 사전에 서로 합의하고 협의된 규칙을 받아들이고 이를 놀이에 적용시킨다. 이러한 놀이를 통해서 유아는 정해진 규칙 내에서 자신의 감정과 행동을 조절하는 방법을 터득하고 다른 사함의 의견을 수용하고 집단에 필요한 사회적 기술도 배우게 된다. 따라서 가장 수준이 높은 놀이 유형이라고 할 수 있다.

3) 영아의 발달 특성에 적합한 놀이

　영아기 놀이는 자기표현의 방법이자 영아 발달의 원동력이 된다.

　영아는 놀이를 통하여 즐거움을 만끽하게 되고 이것은 긍정적 자아감 형성에 도움을 준다. 뿐만 아니라 영아의 놀이 속에는 영아가 흥미로워 하는 정보들이 많이 들어 있어 놀이 관찰만을 통해서도 영아에 대한 자세한 정보를 얻을 수 있다.

　즉, 영아기에는 놀이 자체가 하나의 학습이 된다. 어른이 옆에서 함께 놀아주거나 도와주게 되면 그 학습효과는 더욱 커진다.

　영아의 발달 속도에 따라 적합한 놀이에는 어떤 것이 있는지 알아보자.

(1) 1세를 위한 놀이

손전등 놀이

　아기가 태어난 지 1개월쯤 되었을 때는 새로운 환경에 적응하는 시기라 보고 어른과의 상호작용에 신경을 써야 한다.

　이 시기에는 손전등 놀이가 적합하다. 손전등 놀이는 손전등에 빨강이나 노랑 셀로판지로 씌우고 불을 켠 상태로 천천히 방향을 옮겨가며 움직인다. 처음에는 잠시 쳐다보다 점차 눈으로 그것을 쫓아가는 행동을 반복한다.

까꿍 놀이

　얼굴을 손이나 가구 뒤에 숨겼다가 '까꿍'이라고 하며 다시 얼굴을 내미는 놀이이다. 까꿍 놀이는 언어 연습과 함께 눈앞에 보이지 않는다고 사물이 곧 없어지는 것이 아니라는 것을 영아에게 인식하게 만드는 교육이다.

고네고네 놀이

8~9개월 경이면 대부분의 영아들이 물건을 잡고 설 수 있게 된다. 이러한 과정을 도울 수 있는 놀이가 바로 고네고네 놀이이다.

성인들이 영아를 자신의 왼쪽 손바닥 위에 올려놓고, 오른손으로는 유아의 겨드랑이께를 받쳐 주어 유아가 다리를 뻗고 손바닥 위에 제대로 설 때 겨드랑이를 받쳤던 오른손을 떼어버림으로써 1, 2분 동안 영아가 손바닥 위에 서 있게 하는 동작으로 구성되는 놀이이다.

아기의 성별 구별 없이 놀이 협조자와 유아 둘이서 즐길 수 있는 놀이이다 (박찬옥 외, 2003).

풍선 놀이

풍선을 아이의 손이 닿을 듯 말 듯 한 곳에 매달아 둔다. 영아들은 풍선을 좋아하기에 풍선을 잡으려고 손을 뻗게 되어 있다. 이러한 활동은 영아의 눈과 손의 협응을 기르는 데 도움이 된다.

물풍선의 경우 영아가 만지고 굴리는 과정에서 소근육을 발달시켜 주기도 한다.

(2) 2세를 위한 놀이

역할 놀이

실제 경험한 사건이나 인물을 모방 또는 상상해 그 역할에 맞게 놀이하는 방법을 역할 놀이라 한다. 엄마아빠 놀이나 소꿉놀이 등이 이에 속한다. 이때 놀이에 필요한 환경이나 소품을 마련해주면 효과가 있다.

조금 더 시간이 지나면 직접 엄마, 아빠를 도울 수 있는 일을 시켜보는 것도 좋다. 물건을 집어온다거나 정리하는 일을 시켜본다.

거울보기 놀이

거울을 가져다 놓고 아이의 얼굴을 거울 속에 비춘다. 아기가 거울을 들여다보면 몸의 각 부분의 명칭을 얘기해 준다. 좋아하는 장난감이나 인형을 거울에 비추고 아기가 손을 내밀면 장난감을 쥐어준다.

블록 쌓기

블록을 쌓았다가 다시 무너뜨리는 놀이는 이 시기 영아에게 다양한 발달을 가져다 준다. 물체의 속성 및 균형감을 배울 수 있으며, 창조성과 구성능력도 함께 기를 수 있다. 신체적으로는 소근육의 발달을 가져온다.

숨은 물건 찾기

크기가 각각 다른 상자를 앞에 두고 한 통 속에만 장난감을 감춘다. 단, 이는 아기가 보는 가운데서 진행되어야 한다. 이후 통의 순서를 아기가 보는 앞에서 바꾸어 놓은 후 장난감이 어디에 있는지 맞추도록 유도한다.

(3) 3세를 위한 놀이

퍼즐 맞추기

여러 가지 모양을 탐색하는 데 있어 퍼즐 맞추기가 적당하다. 다양한 모양뿐만 아니라 방향까지 고려해야 하기에 이 시기 영아들에게 좋은 놀이교육이 된다.

공놀이

이 시기 영아들은 끊임없이 움직이고 싶어 한다. 그래서 공만큼 좋은 놀이도구도 없다. 24개월경에는 공이 움직이는 데로 쫓아가는 운동형태가 지속되다가 36개월 경이 되면 공을 스스로 던지거나 받는 것이 가능해지고 또래들끼리 주고받는 것이 가능해진다.

점토로 놀기

물렁물렁한 점토를 이용해 여러 가지 모양을 만들어 볼 수 있도록 도와준다. 감각활동을 즐기면 여러 가지 사물의 형태나 사람을 표현하는 것을 배우게 된다.

4) 놀이 지도

영아는 성인과 함께 놀이를 할 때 놀이행동의 빈도가 증가된다.

성인과의 놀이를 통해 복잡한 단계의 상징놀이가 나타나며 놀이의 지속시간, 에피소드의 길이가 길어지고 복잡해지는 등 긍정적인 효과가 나타난다 (유애열, 1998).

보통 영아 놀이지도의 주체는 가정에서는 부모, 교육기관은 교사인 경우가 많다. 특히 교사는 영아들의 교육자인 동시에 양육자가 되어야 하기에 놀이지도에 있어서도 중요한 역할을 담당한다.

놀이 지도에서 교사는 팔방미인이 되어야 한다. 프로그램을 계획하고 적합한 놀이 환경을 제공하며, 놀이를 하는 아이를 관찰함과 동시에 지도ㆍ평가까지 도맡기 때문이다.

교사가 영아들의 놀이를 지도할 때 다음의 몇 가지를 고려해야 한다.

놀이가 교육적으로 이루어질 수 있도록 지도한다.

교육기관의 교사는 놀이의 질에 있어 가정에서 받는 놀이 지도보다 더 전문적으로 발전시켜 주는 역할을 한다.

교사도 놀이를 함께 즐겨야 한다.

아무것도 모를 것 같지만 이 시기 아이들은 민감하기 때문에 어른의 감정을 그대로 느낄 수 있다. 함께 놀이를 하는 상대방이 귀찮아하고 놀이 지도를 일로 느끼는 것을 알면 아이도 놀이를 스트레스로 받아들여 흥미를 떨어뜨릴 수 있다. 놀이를 계획하고 지도하는 교사는 유아와의 놀이자체를 즐길 수 있어야 한다.

교육프로그램에 적합한 교재·교구를 선택해주어야 한다.

놀이 지도에는 영아에게 필요한 놀이 준비물들을 세심하게 챙겨주고 충분한 놀이공간을 확보해주는 것도 포함된다.

놀이에 되도록 많은 영아들이 흥미를 느끼고 참여할 수 있도록 해준다.

무리해서 강요하기 보다는 다른 것에 관심을 가지면 그 방향으로 활동을 바꾸어준다. 신체를 많이 사용하는 놀이를 했거나 실외에서 놀이를 한 경우 적당한 시간만큼 조절해주고 나머지 시간에는 휴식을 취할 수 있도록 조치한다.

아이에게 교사의 생각을 강요하거나 놀이 결과에 집착해서는 안 된다.

놀이를 지도할 때 어른의 시각만으로 "이건 이래야 돼."라는 고정관념을 영아에게까지 강요하게 되면 아이가 가진 창의성이나 상상력이 사장될 수밖에 없다.

영아가 어른의 시각에서 보았을 때 이상한 행동을 하더라도 이를 통제하기 보다는 영아의 생각과 행동을 존중해 주어야 한다.

또한 놀이 결과에 집착에 '이 아이는 이 정도는 해내겠지.'라는 생각으로 영아를 바라보면 영아는 놀이를 즐겁게 받아들이지 못하고 심리적 부담감에 휩싸일 수 있다. 결과보다는 과정을 중요하게 생각해줄 필요가 있다.

이처럼 영아의 있는 그대로를 받아들일 때 아이도 놀이에 흥미를 느끼고 창의성과 학습능력도 높일 수 있다.

놀이를 통한 대 · 소근육 발달

신체적 놀이는 영유아의 발달에 직접적인 영향을 미친다.

신체적 놀이를 통한 감각적 자극은 신경체계 성장에 필수적이며 시각, 균형, 촉각자극을 포함한 지각능력발달을 돕고 이를 정교화 하는 역할을 한다. 그 뿐만 아니라 모방, 상징놀이, 언어발달과 상징의 사용을 통해 인지기능을 향상시킨다. 그리고 자신감, 정서적 안정, 독립심, 자기조절능력을 향상시켜 자아개념과 자아존중감을 증진시킨다 (유애열, 1998).

5) 영아기 놀이 교육의 내용 및 프로그램

0-3세 영아기의 교육은 놀이를 통해 생활이 놀이가 되며, 놀이가 학습이 되어 몸과 마음과, 영성이 하나로 통합되며 발달되는 것을 목표로 해야 한다. 놀이를 통해 영아들은 자신의 심리적, 물리적 상황들을 이해하고 갈등을 극복하는 통로로 사용하며 놀이의 과정들은 이후 성장에 필요한 새로운 지식과 기술을 습득하는 장이 되기 때문이다.

다음은 사단법인 한국 밀알 기독교 교육연구소에서 개발하여 좋은나무 아기 놀이 학교에서 교육하는 교육내용을 참조로 하였다.

[0-3세를 위한 놀이교육 프로그램]

영역	교육내용	교육목표
인지놀이영역	1.한 물건에 집중하기 2.물건의 위치 기억하기 3.뚜껑과 그릇 맞추기 4.고리끼우기 5.지정한 물건을 구분하여 찾아내기 6.감추어진 물건 찾기 7.신발짝 맞추기 8.움직이는 물건 따라오기 9.컵 속에 컵넣기 10.장갑끼기	· 인지능력기르기 · 도형, 수, 공간에 대해 이해하기 · 분류, 서열화, 수개념, 측정, 기하와 공간, 패턴 등 어려운 인지 개념을 이해하기 위한 기초를 세우기 · 눈과 손의 협응 능력 기르기
동작놀이영역	1.뒤집기 2.물건잡기 3.물건집어올리기 4.안과 밖의 개념 5.물건을 용기안으로 떨어뜨리기 6.모양을 구멍에 맞추어 넣기 7.안과 밖의 연습 8.다른 종류의 물건쌓아 올리기 9.마른것 따르기 10.숨겨진 물건 꺼내기	· 동작을 통한 근육과 사고능력 기르기 · 자신감, 성취감, 독립심 기르기
감각놀이영역	1.눈으로 움직이는 물체 따라가기 2.촉감이 다른 음식 경험하기 3.다양한 소리듣기 4.다른 레벨의 소리 듣기 5.패턴인식 6.주방용품으로 여러 가지 소리내기 7.여러 가지 다른 질감의 천 만져보기 8.자연 속의 물건 모으기 9.물건이 들어있는 상자 찾기 10.차가운 것과 따뜻한 것 경험하기	· 감각 기관 발달 · 사물차이 식별 · 사물을 바르게 인식하는 능력 기르기 · 정확함, 질서감, 집중력, 창의성을 높이기
언어놀이영역	1.물건의 이름에 집중하기 2.얼굴부위의 이름 말하기 3.신체부위의 이름 말하기 4.책에 있는 익숙한 물건들의 사진 5.좋아하는 소리에 효과음 더하기 6.물건의 종류 말하기 7.숨겨진 물건 찾아내기 8.지시하는 물건 찾아오기 9.설명 듣고 물건 알아맞히기 10.숫자 가르치기	· 언어능력 기르기 · 풍부한 표현과 감성 기르기 · 사고력 키우기 · 자신감과 사회성 기르기
사회놀이영역	1.얼굴의 표정이나 입으로 내는 소리 따라하기 2.예상하기 3.손을 뻗어 만지기 4.침묵하는 시간 연습하기 5.간단한 노래 인식하기 6.물건을 앞뒤로 당기기 7.리듬에 맞추어 놀이하기 8.노래 속에 단어 넣기 9.모자 써 보기 10.보물바구니 나누기	· 사회성 발달 · 정서를 발달시키기 · 리듬감, 자신감 기르기 · 타인의 소중함도 함께 생각하는 도덕심 기르기

일상놀이영역	1.숟가락으로 먹기
	2.식사도구 손에 쥐고 먹기
	3.식사도구 구분하기
	4.스펀지 짜기
	5.종이 구기기
	6.종이 길게 찢기
	7.코 닦기
	8.숟가락 사용하기
	9.물 쏟아 붓기
	10.컵으로 물마시기
		· 신변 자조능력 기르기
		· 주변을 바르게 인식하여 올바른
		  기본생활 습관 기르기
		· 행동을 스스로 관리할 수 있는
		  자립심 기르기

영성놀이영역	1.예수님의 탄생 2.마리아 이야기 3.선한 목자 4.잃어버린 양 한마리 5.좋은 이웃 6.겨자씨 이야기 7.천국이야기 8.씨 뿌리는 농부 9.진주를 사는 사람 10.영생이야기 11. 성경은 진짜 이야기	· 성경의 이야기를 통하여 하나님과 친근 함을 갖게 하기 · 감각적인 기능으로 성경을 이해하기 · 언어와 인지 능력발달

출처 : (사) 한국밀알몬테소리기독교교육연구소(2006)

우수한 영아교육 프로그램이 운영되기 위해서는 영아의 발달적 특성을 고려한 가운데 놀이 선정과 하루 일과, 행사 등이 계획되어야 한다.

영아를 위한 교육계획은 영아가 어떻게 성장하며, 각 발달단계에서 신체적 · 사회적 · 인지적 · 정서적으로 어떠한 발달적 특징이 있으며, 무엇에 관심을 보이는지에 대한 지식에 기초하여 수립되어야 한다. 영아들은 각 단계에서 전형적인 독특한 성장 과업을 수행해 가면서 새로운 기술을 습득하고 특별한 흥미를 발달시켜 나간다. 따라서 영아교육은 특히 발달적 적합성에 근거하여 교육계획을 수립하여야 하며, 동시에 각 영아의 성장양식이나 활동에 대한 선호도가 다르고 가족 배경도 상이한 독특한 개인이라는 개별성을 함께 고려해야 한다 (장영희, 2000).

따라서 영유아 교육 프로그램은 주 내용은 영아의 개별성에 근거한 적절한 양육과 발달적 지원이 중요하다고 할 수 있다.

프로그램 구성시 일간, 주간, 월간 계획 등 유아기 어린이들을 대상으로 한 프로그램의 형식을 따르면서도 교육활동보다는 애착이 형성되는 양육 방식에 더 중점을 두어 매일의 시간들을 보내야 함을 기본으로 하여 프로그램을 구성해야 한다.

또한 어린이들의 정상 발달기준을 참고로 하며 개별차와 특성을 빠르게 포착하여 적절한 보살핌과 교육 활동을 제공한다.

[영아의 정상발달표]

연령	운 동	적 응	언 어	개인-사회적 행동
4주	손은 주먹을 쥔 상태	중앙선까지 쫓아 볼 수 있다.	보고 웃는다. 옹아리를 한다.	얼굴을 빤히 쳐다본다. 소리에 반응한다.
16주	엎어놓으면 머리를 수직으로 든다. 머리를 가눈다.	물체를 쥘 수 있다.	큰소리로 웃는다. 짧게 재잘거린다.	낯선 환경을 알아차린다. 음식을 보면 좋아한다.
28주	앞으로 기울이고 앉는다. 뒤집는다.	다른 손으로 장난감을 옮겨 쥔다. 장난감을 흔든다.	'마''바'소리를 낸다. 다음절 소리를 낸다.	발을 입에 가져간다. 낯선 사람에게 부끄럼을 탄다.
40주	혼자 앉는다. 기어다닌다. 붙잡고 일어선다.	숨겨진 장난감을 찾는다. 엄지와 집게손가락을 사용한다.	이름을 부르면 반응한다. '엄마''아빠'를 말한다.	'까꿍''짝짜꿍''빠이빠이'를 한다.
12개월	혼자 선다. 손잡고 걷는다.	엄지와 집게손가락으로 정확히 집는다. 달라고 하면 장난감을 준다.	'엄마''아빠'외의 단어를 말한다.	옷을 입을 때 협조한다. 컵으로 마신다.
15개월	혼자 걷는다. 계단을 기어올라간다. 공을 발로 찬다.	그리는 시늉을 한다. 2개의 정육면체를 쌓는다.	3-5개의 단어를 말한다. 신체 부위를 말한다.	손가락질을 한다. 집안 일을 돕는다.
18개월	한 손을 잡고 층계를 올라간다. 뒤뚱거리며 뛴다.	한 손을 잡고 층계를 올라간다. 뒤뚱거리며 뛴다.	그림을 보고 이야기하는 흉내를 낸다. 10개의 단어를 말한다.	흘리면서 혼자 먹는다. 소변을 보고 알려준다.
2년	잘 뛴다. 계단을 오르내린다.	6개의 정육면체를 쌓는다. 수평선을 그린다.	짧은 문장을 말한다. 그림을 보고 이름을 말한다.	숟가락질을 한다.
3년	세발 자전거를 탄다. 한쪽 발로 잠깐 선다.	원과 십자가를 보고 그린다.	자신의 성별, 이름을 말한다. 셋까지 센다.	양말과 신발을 신는다. 손을 씻는다.
4년	가위질을 한다. 한쪽 발로 뛴다.	4각형을 보고 그린다. 몸의 세 부분을 그린다.	의사대로 이야기한다. 전치사를 안다. 반대말을 안다.	양치질, 세수를 한다. 다른 아이와 협조적으로 논다.
5년	한 발을 번갈아 올리고 뛴다. 줄넘기를 한다.	몸의 여섯 부분을 그린다. 열까지 센다. 삼각형을 보고 그린다.	기본 색을 안다. 단어의 의미를 물어본다.	혼자 옷을 입고 벗는다. 다른 아이와 경쟁적 놀이를 한다.

출처 : 최영(2006)

영아기 교육기관에서의 영아 교육 프로그램은 연간, 월간, 주간, 일일계획으로 세울 수 있다.

연간, 월간, 주간 교육 프로그램 수립을 통해 장기적인 관점에서 영아를 지도할 수 있게 되며 교재 · 교구 등을 사전 준비할 수 있다.

그러나 영아들마다 발달 속도나 특성이 다를 수 있다. 이런 점을 고려해 모든 영아들에게 적용할 수 있는 보편적인 발달상황에 맞추어 프로그램을 수립해야 한다. 이와 더불어 각 영아의 개인적인 성향이나 기질의 차이, 발달정도를 고려해 개인별 프로그램을 수립하거나 연간 · 월간 계획에 기초하여 융통성 있게 진행하면 된다.

월간 및 주간 교육 프로그램 수립에서는 각 월이나 주에 적절한 교육활동을 선정하고 이를 다시 일상생활 · 신체 · 언어 · 창의표현 · 탐색영역 및 실외놀이 등과 같이 영역별로 구분해 균형 있는 프로그램을 수립한다.

일일 교육 프로그램은 연간 · 월간 · 주간 프로그램이 모두 수립되면 이를 기초로 하여 영아들과 하루 동안 어떻게 시간을 보낼 것인지를 계획하는 것이므로 더욱 구체적으로 세우면 효과적이다. 교육기관에서 하루 동안 진행될 일정 —등원, 간식 및 식사하기, 기저귀 갈기, 놀이하기, 잠자기, 귀가— 을 중심으로 계획을 수립하되 영아의 신체적 · 언어적 · 정서적 · 인지적 활동이 균형 있게 이루어질 수 있도록 배려해야 한다.

영아를 위한 교육 프로그램은 영아의 성장 속도에 따라 새롭게 수립되어야 한다.

생후 1년까지는 급격한 변화를 겪는 시기이자 새로운 것을 탐색하고 인지하는 과정이기에 전체적으로 영아의 발달 특성과 행동을 기초로 교육 프로그램이 수립되어야 한다.

이 시기 연간 교육 프로그램은 아래와 같이 달별로 진행될 주제와 내용 및 관련행사, 관찰계획 등을 담을 수 있다.

[1세 영아 연간교육 계획안]

주간	주제	다루어질 내용	관련행사	부모교육	관찰계획
3월	어린이집 적응	어린이집에 왔어요. 엄마와 기분 좋게 헤어져요. 나는 00반 친구가 노는 것을 지켜봐요.	입학	부모개별면담	어린이집 적응하기 관찰
4월	즐거운 어린이집	우리 선생님 깨끗하게 씻어요. 낮잠을 자고 기분 좋게 일어나요. 배변의사를 표현해요	소방대피훈련 건강검진		개인 신발, 서랍장 찾기 관찰
5월	놀잇감1	어떤 놀이감이 있을까?. 붕붕 타고 다녀요. 담고 쏟아요. 동화책을 읽어요.	근린공원 돌아보기. 어린이날	부모교육	일화기록

6월	놀잇감2	굵적굵적 그리고 만들어요. 좋아하는 놀잇감이 있어요 I. 좋아하는 놀잇감이 있어요 II. 안전하게 놀아요. 놀잇감의 자리를 찾을 수 있어요.	소방대피훈련		발달체크리스트
7월	나	내 이름을 부르면 대답해요. 내 몸을 움직여봐요. 내 기분친구가 있어요.			
8월	물놀이	날씨가 덥고 땀이 나요. 몸을 깨끗이 씻어요. 물놀이는 재미 있어요. 물고기 놀이변기를 사용할 수 있어요.	소방대피훈련		배변훈련
9월	자동차 놀이	여러 가지 탈것이 있어요. 추석 자동차 놀이 내가 좋아하는 차	건강검진	부모워크숍	식습관 관찰
10월	동물	내가 좋아하는 동물이 있어요. 동물과 친해져요. 동물을 흉내내요. 동물을 보살펴 줘요.	소방대피훈련 가을나들이		이 닦기 관찰
11월	엄마와 아빠	엄마, 아빠 엄마, 아빠처럼 해봐요 I 엄마, 아빠처럼 해봐요 II 우리가족 냠냠 맛있는 요리를 해요.			옷 입고 벗기 관찰
12월	추워요	날씨가 추워요. 따뜻한 옷을 입어요. 산타할아버지 오신대요. 눈이와요.	소방대피훈련 크리스마스		발달체크리스트
1월	느껴 보아요	만져보아요. 느껴보아요. 맛을 보아요. 설날 4살이 되었어요.		부모개별면담	배변훈련관찰
2월	혼자 해볼래요	혼자 해 볼래요. 선생님 사랑해요. 형님반이 되요.	소방대피훈련	부모 오리엔테이션	영아발달 관찰

출처 : 서울특별시 보육정보센터(2005)

[1세 영아 주간교육 계획안]

	월	화	수	목	금	토
일상생활 영역	신발장에 신발 넣고 왔는지 물어보기					
	크레파스 사용 후 손을 씻어요.					
신체 영역		누워서 따라하기			큰 스펀지 블록 굴려보기	
언어 영역	그림책 –'명화로 즐기는 게임북' (유모차를 찾아라)			그림책 –'엄마 안아줘' 감상하고 인형 안아주기		
창의표현 영역		손가락으로 그림그리기(핑거 페인팅)		흰색 크레파스로 굵적거리고 물감으로 덧칠한 비밀그림		
탐색 영역	자석 붙은 물고기 낚시하기		과일요플레 만들기			
실외 자유놀이	물페인트 그림					
					나무와 키대보기	

출처 : 서울특별시 보육정보센터(2005)

2세경에는 영아의 신체적·생리적 욕구를 교육적으로 표출할 수 있도록 계획을 잡고 일상생활습관을 교육활동으로 연결시키도록 한다. 영아가 좋아하는 활동을 반복적으로 즐길 수 있도록 프로그램을 구성하는 것도 중요하다.

특히 이 시기에는 교육기관과 첫 인연을 맺는 영아들이 많으므로 연간 교육 프로그램을 세울 때 교육기관에 적응하기, 교사와의 애착 형성 등 영아가 새로운 환경에 쉽게 적응할 수 있는 방향으로 프로그램을 구성하는 것이 좋다.

3세 영아를 위한 교육 프로그램은 개별 활동을 중심으로 계획하되 또래들과 어울릴 수 있는 시간을 마련해주어 공동체 의식을 길러주는 방향으로 이루어져야 한다. 이 시기 영아들은 신체적 움직임이 많고 언어 발달이 뛰어나 자기표현에 보다 능숙해지기 때문이다.

그러므로 연간 교육 프로그램에서는 자신의 신체와 주변세계에 대한 이해와 관심을 높여줄 수 있는 내용들로 계획을 수립한다.

6)영아기 놀잇감

(1) 놀잇감의 선정 원칙

교재·교구 선정 시에도 몇 가지 원칙이 있어야 한다.

선정 원칙에서 가장 중요한 것은 뭐니 해도 '눈높이'다. 아무리 맛좋은 음식도 입맛에 맞지 않으면 그림의 떡이 되기 때문이다. 즉, 질 높은 교재·교구이면서 영아의 눈높이에 맞는 것을 선택하는 지혜가 필요하다.

우선 아이의 눈길을 끌기 위해 겉보기만 화려해서는 안 된다. 그 보다 교육내용이 얼마나 적합하고 유익한지를 따져봐야 한다.

또한 현 시기 영아의 수준과 발달정도에 적합한지를 분석해야 한다. 영아의 흥미와 발달 수준을 고려해 처음에는 단순한 수준에서 시작해 차츰 복잡한 수준으로 가고, 구체적인 것에서 추상적인 것으로 점차 발전시켜 나가야 한다.

현대 사회에서 아이들에게 가장 집중적으로 교육시키는 부분이 바로 창의성을 키우는 것이다. 교재·교구 선택에서도 이를 간과해서는 안 된다. 이 시기 아이들은 교재·교구 선택에서도 심미적 즐거움을 찾을 수 있는 것을 선호해 색깔, 형태, 질감 등에서 아이의 관심을 끌 수 있는 것이 좋다.

이러한 교육적 효과와 더불어 안정성, 내구성 등과 같이 실용적인 부분도 함께 고려되어야 한다.

특히 영아들이 사용하는 교구의 경우 영아의 민감한 피부에 직접 닿는 것이기에 인공적 재료를 사용하기 보다는 자연제품을 소재로 해서 만드는 것이 좋다. 입에 갖다 대거나, 손으로 만지는 시간이 많으므로 재료의 재질 및 청결함, 날카로운 부분 등을 세심히 점검할 필요가 있다. 더불어 튼튼하고 견고하게 제작되어 보관과 관리가 편리한 것을 선택해야 한다.

또한 원색과 파스텔 색상이 포함돼 있는 교구를 선택하는 것이 영아의 정서에 도움이 된다. 간혹 교구가 작은 경우에는 이를 입에 넣었다가 탈이 나는 경우도 있으므로, 아이가 교구를 입에 넣어도 삼킬 수 없도록 크기를 고려하여야 한다.

구입한 교재와 교구도 어느 정도 연관성이 있어야 한다. 교재를 통해 배운 것을 교구로 실험·응용해 본다면 더 큰 시너지 효과를 얻을 수 있다.

마지막으로 영아들이 사용하는 만큼 애프터서비스가 철저해야 한다. 특히 교구의 경우 아기들이 가지고 노는 물건이기 때문에 깨물고 빠는 등의 행동이 잦아 문제가 생기기 쉽다. 이에 아이의 특성에 따라 제품의 지속적인 서비스도 따져볼 필요가 있다.

간혹 나이에 맞지 않는 복잡하고 세밀한 장난감을 주는 경우가 있는데 이는 오히려 아이의 흥미와 자신감을 잃는 결과를 초래할 수 있다. 영아기에는 소근육 보다는 대근육이 더 발달하는 시기라 이러한 장난감이 역효과를 불러올 수 도 있어, 크기가 6cm 이상 되는 교구를 선택하는 것이 적당하다.

교구를 구입할 때는 비싼 것만 선호해서는 안 된다. 비싸다고 교육적 효과가 모두 높은 것은 아니다. 비용에 비례해 교육 효과가 높은 것을 선택하는 것이 좋다. 신용 있는 회사의 제품을 고르되 지나치게 가격이 싸거나 비싼 것은 피한다.

아예 아이들과 함께 교구를 만드는 교육 프로그램을 잡는 것도 좋다. 아이와 함께 교구를 만들면서 교사와 영아 간에 친밀감을 쌓을 수 있으며, 만드는 과정 자체가 아이에게는 하나의 교육이 될 수 있다.

[3세 미만 영유아들을 위한 안전규정]

• 놀잇감의 청결도, 날카로운 모서리, 뾰족한 끝, 부서진 조각, 벗겨진 페인트 등에 대한 정규 점검을 한다.
• 입 안에 넣고 씹기에 안전한가, 철저하게 닦였는지에 대한 조사를 한다.
• 놀잇감을 선택하되 보풀이 있는 자료로 만들어져서는 안 되며 철저히 닦을 수 있어야 한다.
• 영아의 놀잇감은 씹거나 삼킬 수도 있으므로 거품이 이는 놀잇감은 피하고 질식시킬 수 있는 위험이 없어야 한다.
• 영아를 위한 모빌이나 시각 물체는 안전을 고려하여 영아의 손이 닿지 않는 거리에 달아 놓아야 한다.
• 영아 주변의 리본, 줄, 전선 등은 피하여 혹시라도 영아가 질식사 할 위험을 방지한다

출처 : Bronson, M. B.(1998)

(2) 연령별 놀잇감과 교재

① 1세를 위한 놀잇감과 교재

이 시기 아기에게 교구 즉, 놀잇감은 중요한 의미를 지닌다. 0~12개월 사이의 영아에게는 감각을 자극하여 감각능력을 정교하게 발달시킬 수 있는 놀잇감이 적당하다. 또한 1개월에서 12개월로 성장해 감에 따라 영아는 기기, 걷기 등의 이동 활동이 늘어나고 이와 관련된 운동능력을 길러야 한다. 따라서 영아가 활발하게 따라다닐 수 있는 잘 굴러가는 푹신한 공이나 잡기, 당기기가 가능한 놀잇감 등을 제공하는 것이 좋다.

대표적인 놀잇감 중 하나가 인형이다. 인형은 영아들의 마음을 차분하게 만들어주고 사회성을 기르는데 도움을 준다. 특히 봉제 인형은 천으로 만들어져서 아이가 만질 때 감촉이 기분을 좋게 만든다.

인형 외에도 영아의 감각발달을 자극시켜주는 딸랑이, 종, 음악상자, 천으로 만든 공, 부드러운 블록 등과 그림퍼즐, 부드러운 재질의 자동차 장난감 등 성장을 돕는 놀잇감도 좋은 교구가 된다.

단, 놀잇감을 선택할 때는 영아들이 쥐고 들어올릴 수 있는 사물은 모두 입으로 가져가기 때문에 반드시 그것이 안전한 것인지를 확인해야 한다. 그리고 여러 개의 장난감을 한꺼번에 주지 않는 것이 좋다. 이는 집중력을 떨어뜨리고 침착하지 못한 성격이 형성될 수 있기 때문이다.

놀잇감을 제공할 때는 그저 놀잇감을 제시하기만 할 것이 아니라 부모가 아기와 함께 놀아주면서 아기를 관찰하는 것이 성장발달에 도움이 된다.

② 2세를 위한 놀잇감과 교재

이 시기는 소근육이 이전 시기에 비해 많이 발달하여 영아의 움직임이 많아지므로 활동적인 놀잇감과 교구가 적합하다. 낮은 세발자전거나 장난감 자동차, 어린이 풀장 등이 그것이다.

2세경에는 분류하고 맞추는 놀이를 즐기며, 어른을 흉내 내기 시작한다. 소꿉놀이라든지, 엄마아빠 놀이도 보통 이때부터 시작된다. 이러한 놀이를 할 때, 영아들을 자제시키기 보다는 제대로 된 환경에서 놀이를 할 수 있도록 인형, 소꿉 도구 등을 챙겨주는 것이 옳다. 즉 일상생활과 관련된 용품들을 제공하여 자조 기술을 더욱 정교하게 습득하도록 돕는 것이 필요하다. 퍼즐이나 블록을 쌓고 무너뜨리는 놀이도 이 시기의 영아들이 즐겨하는 놀이이며 소근육 운동 능력을 촉진시키는 데 도움을 줄 수 있다. 간단한 그림이 그려져 있어 그림 등을 짚어가며 볼 수 있는 그림책은 언어와 인지 발달에 도움을 줄 수 있다.

③ 3세를 위한 놀잇감과 교재

이 시기 영아의 언어는 눈부시게 발달하며, 문법적으로 잘 구성된 문장은 아니지만 많은 어휘를 사용하여 실제적인 대화가 가능해진다. 주변 세계에 대한 영아의 흥미 역시 급속도로 넓어지면서 "왜?"라는 언어적 표현이 자주 나타난다.

그러하기에 영아를 위한 교재로 사용하는 그림책은 책장마다 그림이 많이 그려져 있고, 짧은 글의 내용을 정확히 반영하고 있는 책이 좋다. 영아들은 글의 내용이 그림에 반영된 책에 매력을 느끼며, 자신이 들은 것과 그림을 연결시키려는 경향이 있다. 특히 이 시기 영아들은 그림책의 각 장면을 오랜 시간 동안 들여다보며, 그림에 대한 질문을 자주 한다. 이때 귀찮게 여기지 말고 정성스럽게 대답해 준다.

또한 반복과 운율이 있는 문장으로 다음 이야기를 예상할 수 있고, 따라서 함께 이야기해 볼 수 있는 그림책을 좋아한다. 이러한 그림책을 통하여 기쁨과 흥미를 가질 수 있으며, 자율적으로 그림책을 접하는 태도도 기르게 된다 (장영희, 2000).

이 시기의 영아는 차기와 던지기 기술이 전보다 정확해 지므로 공도 좋은 놀잇감이 된다. 자기의 생각으로 여러 가지 새로운 것이 창조되는 조립 완구가 이 시기의 아이에게 좋은 장난감이다. 예를 들어 빨강 · 노랑 · 파랑 3색판 등도 좋은 놀잇감이 된다.

상징놀이와 사회극 놀이도 즐겨하므로 여러 종류의 인형, 소꿉놀이, 병원놀이, 가게놀이와 같은 역할 놀잇감도 이 시기의 영아들의 발달을 촉진시킬 수 있다(김영희, 고태순, 2006).

특히 이 시기는 손끝을 사용하는 등 작은 기능을 발달시키는 데 주력한다. 예를 들면 가위를 사용하게 하고, 풀칠을 시키며 종이 접기와 실뜨기 놀이를 시키고, 단추를 걸게 하고, 끈을 연결하게도 한다.

그네, 미끄럼틀, 시소 등과 같은 신체활동을 촉진하는 운동 놀잇감과 음악에 맞춘 활동을 좋아하는 영아를 위해서 탬버린과 같은 간단한 악기도 매우 유용하다.

또한 이 시기에 젓가락을 사용하게 하고, 스스로 옷을 갈아입도록 하는 것도 잊어서는 안 된다.

[출생~12개월 영아기의 놀잇감]

영역	교재 · 교구
신체영역	쌓기놀잇감, 발로 찰 수 있게 된 놀잇감, 두툼한 바닥깔개(카페트/스폰지 매트), 낮은 기어오르기판, 대형 스펀지 블럭, 안전거울(깨지지 않는 거울), 끈으로 당기는 놀잇감, 유모차/인형유모차, 영아용 그네, 아기 미끄럼, 각종 공(촉각공, 흑백공, 감각공 등)
언어영역	책꽂이(헝겊 책꽂이), 흔들의자/ 쿠션/ 소파, 그림책(한 면에 그림이 하나씩 그려있는 책), 헝겊책, 동화책(그림책류), 인형(선인형/막대인형/헝겊인형)
탐색영역	다양한 크기의 공, 깨지지 않는 다양한 크기의 컵과 그릇, 손으로 흔들면 소리나는 것, 빠는 부분이 있는 컵, 치아발육기, 놀이용 젖꼭지, 오뚜기, 물모래 놀잇감(감각놀이대), 물놀잇감(물에 뜨는 놀잇감/다양한 용기/플라스틱 튜브/스펀지/물에 젖지 않는 인형/물레방아), 비닐앞치마, 다양한 딸랑이(방울, 종 등), 플라스틱 숟가락, 모빌, 큰 페그와 수세기판, 간단한 분류 놀잇감, 다이얼이 있는 놀잇감, 색깔있는 큰 구슬, 모양상자, 칼라링, 흑백/칼라 모빌, 멜로디 모빌, 칼라고리
창의적 영역	각종 종이류(모양, 색, 질감, 크기, 두께가 다른 것), 소형 스펀지 블록, 종이벽돌, 보드리 블록, 크고 작은 자동차류, 여러 가지 인형, 나무/고무로 된 작은 동물인형, 녹음기, 여러 종류의 소리가 녹음된 테이프, 리듬악기류, 놀이집/레이스로 만든 집
기저귀갈이 영역	기저귀갈이대, 개인 사물함(여벌의 옷, 기저귀 등 보관), 면시트나 담요, 놀잇감, 안전거울, 그림(벽에 부착된 것), 모빌, 비누/로션/베이비 파우더/공기청향제, 기저귀, 물티슈/화장지, 수건
수유영역	냉장고, 영아 개인 우유통, 젖병, 보온 물통

출처 : 삼성복지재단(2003)

[12~24개월의 놀잇감]

영역	교재 · 교구
신체영역	**밀고 당기는 놀잇감** · 끝에 큰 손잡이가 있는 밀 수 있는 놀잇감 · 밀고 다닐 수 있는 놀잇감　· 특별한 소리를 내고 움직임이 있는 것 · 끈 달린 당기는 놀잇감(덜 기울어지는 안전 한 것) · 끌차와 웨곤　· 작은 흔들 말 **탈 수 있는 놀잇감** · 발로 밀어서 움직이는 탈것　· 소리가 나고 동물처럼 보이는 탈것 · 보관통이 있는 탈 것 **운동기구** · 시각적 효과나 소리가 나는 가볍고 부드러운 공 종류 · 소리 나는 공, 얌체 공　· 아동이 쉽게 연습할 수 있는 커다란 공 · 작은 고무 공
언어영역	페이지 수가 적은 딱딱한 헝겊이나 플라스틱 또는 마분지로 만든 책 · 그림책, 동요, 반복되는 이야기 책 · 촉감책

창의적 영역	**인형** ·부드러운 몸체나 고무로 된 아기 인형 ·단순한 인형 – 머리카락이나 눈, 발이 움직이지 않는 것 ·어린이의 팔에 안기 쉬운 인형이나 크기가 작은 인형(3-15cm) ·인형을 돌봐주기에 필요한 소품들 – 우유병, 담요 ·작은 크기의 꽂을 수 있는 사람인형 **봉제완구** ·손쉽게 쥘 수 있는 가는 팔, 다리가 달린 장난감 **퍼펫** ·어른이 움직이는 퍼펫 ·아이 손에 맞는 크기의 작은 손 인형 ·봉제완구와 같이 부드러운 천으로 만든 퍼펫 **역할놀이 자료** ·장난감 전화, 전신 거울, 간단한 소꿉도구, 간단한 인형도구(끌차, 침대) ·간단한 옷 입기 – 모자, 스카프, 넥타이, 신발, 보석류 　(장식류, 잔디 깎는 기계, 청소기 등), 밀면 소리 나는 역할놀이 놀잇감 ·아동용 크기의 기구 – 냉장고, 싱크대, 탁자와 의자 **운반을 위한 놀잇감** ·다루기 쉬운 크기의 가벼운 차량(나무로 만든 작지 않은 것) ·밀고 당기는 차나 기차 ·소리가 나는 차 종류 ·열릴 수 있는 문이나 본넷트가 있는 미니카 ·큰 고리나 자석과 같이 단순한 연결장치가 있는 기차 **놀이 배경** ·사람들 주변에서 물건을 들고 다니거나 쥐고 다니기를 즐김 ·친숙하고 사실적인 배경(농장, 공항, 차고) **악기** ·흔들어 소리 나는 리듬악기 – 종, 딸랑이 ·서로 부딪혀 소리 내는 리듬악기 – 심벌즈, 드럼 **미술 및 공예자료** ·큰 크레용 ·딱딱하고 큰 종이 **시청각 기재** 어른에 의해 조작되는: ·동요와 율동테이프 및 레코드 ·태엽이 크거나 돌리기 쉬워 어린이가 작동시킬 수 있는 수동 음악상자
탐색영역	**구성 놀잇감** ·작고 가벼운 블럭(15-25조각) ·튼튼한 나무 단위블럭(20-40) ·크고 속이 빈 블럭 ·서로 붙일 수 있는 커다란 플라스틱 벽돌(2-4cm) **퍼즐** ·간단한 끼어맞추기나 모양판(2,3조각으로 각 조각은 유사한 모양) ·사용하기 쉽게 손잡이가 달린 3-5조각 퍼즐 **큰 페그와 페그보드** **조작 놀이** ·아기용 침대, 놀이대, 칸막이 등에 달아놓은 간단한 작동장치 (문, 뚜껑, 스위치) ·사물을 감추는 놀잇감 ·도깨비 상자 ·끼워 넣기 컵 – 둥근 모양이며 조각의 수가 적음 ·단순한 쌓기 놀잇감 – 조각의 수가 적고 순서가 필요하지 않은 것 ·모양 분류하기 – 보통 모양들일 것 ·나사를 돌리는 놀잇감(대개 아동이 한바퀴 돌릴 수 있다) **옷입히기, 끈묶기, 끈꿰기 놀잇감** ·색깔있는 큰 구슬(10개이하) ·두껍고 무딘 굴대의 나무판 또는 입방체로 된 끈 묶기 **물, 모래 놀잇감** ·물에 뜨는 놀잇감 – 1 또는 2조각으로 한 손으로 쉽게 붙잡을 수 있는 것 ·스펀지 – 작은 숟가락 ·깔대기, 여과기, 작은 모래상자에서 놀 수 있는 놀잇감 ·약 5조각의 맞추기 놀잇감 ·손잡이 또는 다이얼을 돌리거나, 간단한 열쇠를 돌리는 등 좀 더 복잡해진 작동 　장치를 지닌 활동상자 ·두드리거나 망치로 치는 놀잇감 ·끼어 넣는 놀잇감 – 네모 또는 다른 모양 ·4-5조각의 쌓기 놀잇감 ·간단한 짝짓기 놀잇감 ·커다란 나무못이 있는 간단한 수세기판(1-5) ·간단한 자물쇠 상자와 자물쇠/열쇠놀잇감

출처 : 삼성복지재단(2003)

7. 0~3세 교육 핵심 정리

1) 교육의 시작

교육은 언제부터 시작해야 적절한 시기일까? 그 대답은 수태 전 부터라고 말할 수 있다.

결혼한 부부는 부모가 되는 준비를 위하여 새 생명을 위하여 기도할 때에 어떻게 가르칠 것인지도 함께 계획하며 기도해야 한다.

성경에 나오는 삼손의 아버지 마노아는 아들을 낳을 것이라는 소식 앞에서 먼저 이렇게 간구하였다. (사사기 12:8) "주여 구하옵나니 주의 보내신 하나님의 사람을 우리에게 다시 임하게 하사 그로 우리가 낳을 아이에게 어떻게 행할 것을 우리에게 가르치게 하소서"

우리가 자녀에게 어떻게 행하여야 하는지를 수태 전부터 준비하며 교육을 계획하여야 한다. 그리고 임신 기간 부터는 구체적인 교육의 시기로 접어들어 태아 교육부터 진행 되어야 한다. 인간의 청각발달은 임신 5개월부터 발달되므로 적절한 가르침의 시기가 될 수 있다.

(1) 출생과 관련된 5가지 정보

① 스웨덴의 샤토박사는 생후 24시간 이내의 아기와 엄마의 접촉 유무가 그 후 아기 성장의 지대한 영향이 있음을 밝혔다. 탄생 직후 엄마와 아기의 피부 접촉이 모자 애정 발달과 후에 아기의 정서발달에 지대한 영향이 있다고 한다. 출생 직 후 아이를 안아주며 엄마의 음성을 들려주는 것이 좋다.

② 우간다의 실험 보고는 집에서 엄마와 밀착된 생활을 하면 우수한 아이로 성장한다는 것을 밝혔다.

③ 출생 후 며칠간은 모자 분리 병실보다 같은 병실을 사용하는 것이 좋다.
누가 그 아이를 돌보느냐가 중요한 영향을 끼친다.

④ 모유를 먹이는 것이 좋다.... 잦은 스킨쉽과 진한 애정표현이 신생아의 정서 발달에 많은 영향을 주는 이때에 모유를 먹이는 것은 최고의 애정 표현이 된다. 부득이 하여 분유를 먹여야 할 때도 아이를 안고 모유를 먹일 때와 같은 자세를 취하라.

⑤ 신생아가 울 때마다 반응해 주어라. - 신생아가 고독한 마음이 자리 잡지 않도록 유의하며 부모의 적절한 반응은 신생아가 사랑받고 있다는 안정감을 주게 되고 양육자와의 신뢰와 애착이 형성된다.

2) 영아기의 교육

(1) 영아 제1기 (생후 0~8개월)

이 시기는 출생에서 기어 다니기까지의 시기를 말한다. 특징은 영아기 초기로서 특별히 까다롭지 않은 교육적 시기라는 점이다.

이 시기의 교육목표는

① **귀여움을 받고 있다고 느끼게 한다...** 이 시기는 사랑을 먹고 자라는 시기이다. 사랑의 확신을 주는 것이 가장 좋은 교육이다. 처음 2년간 받은 사랑이 그 후 정서 생활에 지대한 영향을 끼치며 다른 사람과의 접촉 방식을 터득해 나가게 되는 것이다.

② **신뢰감을 갖게한다...** Erick Erikson은 이 시기의 최대 목표는 신뢰감이라고 했다.

이 신뢰감은 영아를 다루는 양육자와의 사이에서 형성되는 것으로 아기가 불쾌를 느끼는 빈도 정도와 아기를 다루는 방식에 따라 결정된다. 최초의 7개월로 버릇없는 아이가 되지 않는다. 마음껏 사랑해 주고 신속한 조취를 취해 주는 것이 좋다.

③ **특정 기능의 발달을 돕는다...** 반사적 감각운동, 머리 들기, 쥐기, 보기, 빨기, 기기 등이 자연스럽게 발달하도록 관찰하면서 발달을 도모한다.

④ **호기심을 자극하여 신변의 사물에 대한 흥미를 기르게 한다...** 최초의 수개월을 특정기능을 촉진하는 환경에 놓아두면 신변에 대한 관심이 강하고 쾌활하며 주의 깊은 아이가 된다. 그러므로 생후 2.3개월이 지나면 적극적으로 사물을 즐기게 해 주어야 한다.

(1) 영아 제2기 (생후 8개월~14개월)

이 시기는 교육의 분수령이 되는 시기라고 말할 수 있다. 엄마의 가장 중요한 역할은 교육적 역할을 수행하는 일이다. 화이트 박사는 이 시기에 하면 될 수 있는 교육을 할 수 있는 가정이 10%로도 안된다고 지적한다. 8개월에 나타나는 발달의 차이가 최초에 나타나는 표준적 시기가 된다. 이 시기부터 교육을 생각하는 것은 이미 늦은 것이다. 특히 사회적 발달이나 사람에 대한 태도 면에서는 더욱 그렇다.

이 시기의 교육적 목표는

① 어머니의 다양한 역할 익히기

이 시기는 기본적인 생리적 욕구를 제외하고는 아기의 모든 관심은 자신을 돌보는 1차적 양육자에게 모두가 있다. 8~24개월의 아기들은 엄마 중심을 맴돌면서 엄마가 하는 일을 긴 시간 보고 있다. 이때부터 아기는 자신의 엄마가 어떤 사람인지 누구보다도 엄마를 잘 알게 된다. 이때 엄마는 다음과 같은 역할을 수행하여 아기의 발달을 도와 주어야한디.

* 아기 세계의 디자이너로서의 엄마의 역할

집안이 아기에게 안전한 곳이 되도록 배려하고 집안에서 아기가 가능한 자유롭게 활동 할 수 있도록 디자인 해준다. 부엌이나 거실에서의 사고를 방지 할 수 있도록 욕실, 약품, 칼, 계단 등을 안전하게 설치해 주며 좋은 장난감을 배치해 준다.

* 교육 컨설턴트로서의 엄마의 역할

이 시기의 엄마는 아기가 무엇에 호기심을 갖고 있는지를 알고 그것을 동기 유발로 하여 교육으로 끌어 올릴 수 있어야 한다. 그러기 위해서는 아기의 곁에 있는 엄마가 되어야 한다.

만일 엄마가 하루 종일 밖에서 일만 해야 한다면 아기가 이 시기에 무엇을 관심르 갖고 집중하는 지를 놓치고 만다. 이 시기는 엄마가 꼭 직업을 갖어야 한다면 전략적으로 파트타임의 일을 하도록 권하고 싶다. 엄마는 때로는 일손을 멈추고 가능한 빨리, 가능한 많이 아기에게 응대해 주어야 한다. 현명한 엄마는 아기를 실증나지 않게 하며 엄마 곁에 떠나고자 할때는 보내 주어야 한다.

* 권위자로서의 엄마의 역할

연구결과 아기들의 발달이 좋은 가정은 엄마가 애정을 갖고 때로는 엄격한 태도로 대하고 있음이 밝혀졌다. 아기가 최종의 권위자가 누구인지를 아는 것이 중요하다.

이 시기에 규율을 아는 것이 중요하다. 명령을 2번 되풀이 하여 듣지 않으면 행동으로 교정한다. 부모의 확고한 태도와 올바른 훈계가 아기에게 안정감과 좋은 성품을 갖게 한다.

이 시기에 방석 훈련을 실시하는 것이 효과적이다.

• **방석훈련…** 아기가 6개울이 되면서 부터 실천할 수 있는 프로그램이다.

아기에게 일찍부터 순종의 성품을 가르칠 수 있고 자기 절제력을 키우는데 도움이 된다. 또한 아기의 안전을 지키는데도 도움이 된다.

훈련 방법은 아기를 방석에 앉히고 "지금부터 엄마와 함께 방석훈련을 할거란다… 5분 동안 이 방석에서 나오면 안돼. 이 방석에서만 놀 수 있단다. 방석 밖으로 나오면 벌이 있어요." 라고 말하고 방석 밖으로 손이나 발이 나올 때마다 회초리로 살짝 치는 것이다.(이때 문방구에서 파는 글루 스틱이 회초리 용으로 적당하다.) 처음에는 5분, 10분, 15분으로 점점 늘려가며 하루에 3-4회 반복적으로 훈련하고 훈련 기간은 3개월간 실시한다.

이 훈련이 아기에게 익숙해지면 엄마가 집안일을 할 때, 손님이 와서 이야기 할 때, 아기는 한 시간이라도 밖으로 나오지 않고 안전하게 방석에서만 놀 수 있다. 훈련이 익숙해진 아기는 후에 식당에서나 교회에서 혹은 기타 공공장소에서 한자리에 앉아 있을 수 있게 된다. 이때 좋아하는 책을 읽게 해준다든지 조용히 앉아서 놀 수 있는 어떤 활동을 제공해 주는 것은 좋다. 또한 아기가 성취감을 맛볼 수 있도록 완수 했을때 많이 칭찬하고 격려하는 것을 잊지 않도록 주의 한다.

• **아기의 윗 형제 다루는 법** : 형제간의 나이 터울은 3살 터울이 가장 좋다.

갑작스런 아기의 출현이 윗 형제에게 불안과 상실감을 줄 수 있다. 아기가 잠자는 틈을 타서라도 1:1로 만나 엄마와의 시간을 확보하거나 배우자의 도움으로 한 부모가 한명씩 돌보면서 개인적인 시간을 즐기는 시간을 갖도록 한다. 많이 껴안아 주며 많은 스킨쉽으로 안정을 주도록 한다.

* 주위 세계를 탐구 하도록 돕는 엄마의 역할

8개월은 호기심의 절정기이다. 물건을 입으로 가져가거나 넘어뜨리기, 열고 닫기, 굴리기등 작은 것에 대한 적극적인 관심을 보인다. 이러한 호기심은 모든 학습, 지적발달, 지능발달을 돕는 동기유발의 힘이 되는 동시에 사고나 비극의 원인이 되므로 엄마의 세심한 주의가 필요한 시기이다.

* 새로운 능력을 터득하도록 돕는 엄마의 역할

• 지능의 기초시기

이 시기는 피아제의 학설로 보면 아기가 태 밖의 생활에 익숙해져서 기본적인 운동능력을 터득하는 단계를 마치고 신변의 여러가지 사물에 관심을 모으기 시작하는 시기이다. 이 시기는 이후의 사고 기반이 형성되는 정신발달의 중요한 시기이다.

• 언어 발달의 시기

7, 8개월이 되면 말을 기억하기 시작하는 시기이다. 3,4살이 되면 언어기능의 평가방법에 의해서 상당히 정확한 IQ가 예측된다. 책, 노래, 유희로 많은 언어를 가르치라.

• 운동의 발달

기어다니기, 올라가기, 서서붙잡고 걷기, 문 여닫기 등 많은 운동의 발달을 이루는 시기이다.

이때 엄마는 많은 장난감(다양한 형태에 장난감, 목욕탕 장난감, 공, 여러가지 크기, 여러가지 모양의 장난감) 들을 3-40개 모아서 커다란 상자에 넣어주라. 이 시기에 다양한 책들은 유익하다. 감각적인 책, 소리나는 책 등 5감각을 발달시켜 줄 수 있는 책들을 다양하게 제공하다.

② 바람직하지 못한 육아법

– 강제적으로 가르치는 것

– 아기 우리에 넣어두는 것. 우리는 아기의 활동을 제한하는 역할을 하는 용도이다.

– 아기를 지루하게 만드는 것

– 하루 종일 엄마가 일하는 것... 생후 3년까지는 아기에게 집중하는 것이 현명한 방법이다. 아기가 낮잠을 자는 오전에 일하고 아기가 눈떠 있을 때는 함께 있는 것이 좋다.

– 지나치게 음식을 주는 것... 하루 종일 우유나 쿠키를 물려주고 있는 것은 좋지 않다.

가벼운 아기의 불쾌감은 없앨 수 있으나 남용하지 말며 식사시간을 규칙적으로 정해서 주는 것이 좋다. 간식을 많이 먹는 아기는 발달이 좋지 않고 비만의 근본 원인이 된다.

육아를 잘하는 엄마는 항상 아기 시절부터 지속적으로 따뜻한 애정을 쏟으면서도 명확한 훈계를 줄 수 있는 엄마이다.

(3) 영아 제3기 (14~24개월)

이 시기는 영아 교육에 있어 가장 중요한 후반의 시기로서 자아의 자각시기라고 말할 수 있다. 사실 2세가 되기까지 기본적 교육이 많이 진행되었으므로 이때부터 교육을 시작한다는 것은 다소 늦은 감이 있을 정도로 영아 교육은 그 때를 놓쳐서는 안된다.

① 기본적인 교육발달의 특징

• 언어발달... 수백단어의 이해와 표현이 가능한 시기이다.

• 호기심과 탐구력... 그 동안의 양육태도로 인하여 광범위하면서도 건강한 탐구심이 발달하고 있을 수도 있고 자발적인 의욕을 거의 잃어가고 있을 가능성도 있다.

사물에만 비상한 관심를 갖고 인간에게는 관심도 없는 아이가 있는가 하면 반대로 엄마에게만 강한 집착력을 보이는 아기도 있다.

• 사회성 발달... 2세가 되기까지 대체적인 사회성 유형이 형성되어 버린다.

이전의 시기와 비교해보면 이 시기는 복잡한 사회적 존재가 되어 있다.

• 기본적 지능발달... 사물의 세계나 자연법칙 등을 통해 많은 것을 배우고 질문하는 시기이다. 이 시기는 인간의 기초 능력 형성에 있어서 중요한 시기이므로 아기 교육의 책임을 맡고 있는 양육자가 강력한 영향력을 미치는 시기이다.

② 제 3기 양육의 특징

• 아기가 엄마의 의지에 반항하려고 하는 최초의 반항기이다. –제1사춘기라고 할 수 있다.

• 한 인간으로서 가족과 대화 할 수 있는 최초의 시기이다. 아기만이 가지고 있는 개성적인 인간의 모습이 표출되는 시기이다.

• 아기 평생의 그 어느 때보다도 엄마에게 열중하는 시기이다. 2살배기의 아기는 엄마가 어디 있는지 확인하지 않으면 불안하다. 그러나 막상 엄마와 직접 교섭하는 시간은 주간 시간으로 살표볼때 10-15%에 불과하다. 엄마의 주변에서 거의 혼자서 노는 시간이 많아진다.

③ 아기의 반항심을 다루는 방법

첫째 : 아기에게 기분 전환 수법을 사용하라. 얼른 아기의 관심을 다른 것으로 유도하라.

둘째 : 어느 아기나 반항기가 있다는 것을 명심하라. 유독 내 아이만 말 안 듣는다고 상심하지 마라. 내 아기가 잘못된 것이 아니라 자연적인 발달 과정중인 것으로 받아들여라.

셋째 : 이러한 반항의 시기가 끝나는 시기가 있다는 것을 유념하라. 이 시기가 지나면 반항기가 사라진다.

넷째 : 살짝 져 주는 지혜를 사용하라. 고의적인 권위에의 도전이 아니며 잃는 것이 크지 않는 경우라면 살짝 져 주는 지혜를 발휘하는 것이 좋다. 아기가 사람에 대해서 다소의 힘을 과시하는 것이 필요하다고 생각될 때에는 사소한 대결에서 져 주는 것이 현명하다. 이렇게 함으로써 아기는 자신이 무기력한 존재가 아니라는 자아 존중감과 함께 자아에 대한 새로운 인식을 갖게 된다.

④ 이 시기를 위한 현명한 교육방법

• 아기의 언어발달을 힘쓰라... TV나 비디오 등 기계 언어 보다는 살아있는 생생한 육성의 말을 많이 들려주라.

0 – 3 세 영아기 교육의 이론과 실제

- 소리 내어 책 읽어 주는 것을 이 시기의 과업으로 삼아라... 양육자가 지칠때까지 책읽어 달라는 아기의 요구를 기쁨으로 받아들이라. 부모로서 책을 읽어 줄 수 있는 이러한 시기가 곧 지나가고 이때 형성된 책 읽기 습관은 영원히 남는다는 것을 기억하라.

- 아기와 대화를 많이 해주는 부모가 되라... 아기의 감정을 읽어서 대화로 표출하게 해주는 부모는 아기를 풍성한 감성의 소유자로 만들어 주는 원동력이 된다. 부모에게 자신의 감정이 수용되어지는 경험을 하게 된 아기는 안정된 자기 수용과 함께 다른 사람과의 관계에서 자신감 있는 모습으로 자신을 표현하는 사람이 된다.

- 짜증내는 것을 허용하지 말고 올바르게 말하는 훈련을 하라... 2년째의 아기가 짜증내며 말하는 것을 그대로 두면 습관이 될 위험이 크다.

- 지나친 배설 훈련을 삼가라... 배설훈련을 지나치게 강행하지 말라. 2살이 지나면 비교적 짧은 기간에 훈련이 가능해진다. 이 시기에 하려하면 반항기의 특성과 함께 부모, 자녀가 함께 부딪치는 힘든 문제가 된다.

- 과식을 주의하라... 이 시기의 습관이 평생 비만으로 연결된다. 아기의 반항기를 엄마가 편안해지기 위하여 계속적으로 먹을 것을 주지 말라.

(4) 영아 제4기 (24~36개월)

이 시기의 특징은 작은 사회인으로서의 시작이라고 볼 수 있다.

이전의 시기에서 보이던 반항심이 쇠퇴해지고 건강한 인간관계를 누릴수 있는 시기이다.

자신이 속한 사회 환경속에 자신이 지켜야할 규칙과 질서가 있다는 사실도 인지하게 되고 엄마에게만 집착되어 있던 관심도 넓어져서 사회적인 관심과 함께 친구를 필요로 하는 시기이다. 이때부터 정규적인 사회기관에서의 교육이 필요하며 아기가 스스로 흥미를 갖게 되는 시기이다.

① 기본적인 교육발달의 특징

- 반항심이 쇠퇴하고 규칙과 질서를 가르치면 그대로 지키려 한다.

- 언어가 발달한다... 폭발적인 언어의 발달 시기이다. 양육자는 특별히 다양한 어휘력과 어법에 맞는 언어를 사용하도록 가르쳐야 한다.

- 호기심과 탐구력이 왕성해진다... 인생에서 가장 많은 질문을 하는 시기이다.

  양육자는 아기의 질문을 무시하거나 회피하지 말고 성실하게 답변해 줌으로써 싹트는 사물에 대한 관심을 충족시켜 주어야 한다. 훗날 학습하는 기본적인 태도가 된다.

- 사회성 발달... 타인의 관심을 끄는 방법과 유지하는 방법을 알게 된다.

  2와 1/2세가 되면 엄마에게 달라붙는 일은 거의 없고 새로운 친구를 필요로 하게 된다.

- 다양한 활동... 새로운 관심사가 많아지며 그림을 그린다든지 블럭을 쌓는 건설놀이등 창조적인 활동을 다양하게 할수 있으며 흉내내기, 공상놀이 등이 일어난다.

- 질서감, 독립심, 모방심이 발달한다.

제3장

0~3세, 영아기 건강과 안전

영아기 건강과 안전

1. 영아기의 영양

아기가 태어나 처음으로 모유나 우유로 영양을 공급받고 이유를 시작하는 출생 후 1년 동안의 영아기는 인체의 성장 발달이 가장 빠른 시기로서 신체적 발달뿐만 아니라 정신적 · 정서적으로 발달이 함께 이루어지는 중요한 시기이다.

영아기의 성장과 발달은 영양과 밀접한 관계를 가지고 있으므로 이 시기의 적절한 영양공급은 정상적인 신체발육에 직접적인 영향을 미치고 성인이 된 후에도 건강이나 체력, 지능에까지 영향을 미치게 된다. 이때 다양한 종류의 식품에 대한 경험은 영아가 앞으로 식생활을 영위하고 새로운 섭식기술을 습득하는 데 보다 유익하다 (장영희, 2000).

영아기에는 비타민, 수분, 지방, 무기질, 단백질 등이 적절히 필요한 때이기에 각각의 권장량을 제대로 알고 공급해줄 필요가 있다.

비타민 결핍상태가 자주 일어나기 쉬운 영아기에는 비타민 부족사태가 오지 않도록 신경 써야 한다. 비타민이 부족하면 세균성 감염이나 발열과 같은 질병에 걸리기 쉽다. 또한 수분의 손실이 많은 때이므로 1일 수분 권장량인 150ml/kg을 지키는 것이 좋다.

영아기에 뼈를 구성하는 칼슘의 1일 권장량은 500mg이며 칼슘과 인의 섭취비율은 1.5:1.0을 유지하는 것이 좋다. 영아의 높은 성장률을 기대한다면 단백질 섭취에도 신경 써야 한다. 단백질은 체내에 생리적으로 중요한 화합물의 생성에 이용된다.

특히, 영아기에는 철분의 섭취에 신경 써야 한다. 3개월까지는 따로 철분 공급을 하지 않아도 충분한 철분을 보유하고 있어 괜찮으나, 생후 6개월 이후부터는 철분이 부족해 영양공급을 받아야 한다.

1) 모유영양

모유는 영아에게 가장 이상적인 영양소를 공급함과 동시에 질병을 예방하는 영양성분으로 단백질, 지방, 탄수화물, 무기질, 비타민 등이 들어 있다.

모유에는 아이의 성장과 발달에 필수적인 시스테인이 풍부하며 메티오닌의 함량이 적은 단백질이 많으며, 모유의 지질함량은 개인, 계절에 따라서 큰 차이를 보인다. 모유의 주된 탄수화물인 유당은 산성 환경을 만들어 장내에 좋지 않은 미생물이 번식하지 못하도록 해주며, 칼슘, 인, 마그네슘의 흡수를 촉진해 준다. 모유의 총무기질 함량은 수유부의 섭취량과 관계없이 일정한 수준을 유지하나 각각의 무기질은 수유 단계와 수유 상태에 따라 변화한다. 같은 종류의 무기질 이라도 모유에 들어 있는 것이 우유나 다른 처방유에 함유된 것보다 쉽게 흡수된다.

어머니와의 신체접촉을 통해 모유수유를 하면 상호간의 정서적 유대를 형성할 수 있다. 영양 적으로도 턱과 이의 발달을 돕는 등 아기에게 좋은 영향을 미치며, 세균에 감염될 위험이 없다.

단, 모유 수유 시 수유량을 제대로 알지 못해 양질의 영양을 주지 못하할 수 있기에 초기 몇 주는 적절한 성장을 하는지 자세히 관찰할 필요가 있다.

2) 인공영양

영아에게는 영양면에서나 정서적으로 모유가 가장 좋은 영양소지만 여러 사정에 의해 모유를 먹일 수 없는 상황이라면 인공영양을 하면 된다.

인공영양에는 가장 많이 이용하는 우유 조제분유와 두유 조제분유가 있다. 우유에 알레르기 가 있는 영아들은 우유 대신 두유로 만든 조제분유를 이용하는 것이 좋다.

분유로 조제할 경우 우유병 등 모든 기구를 소독해 세균의 오염을 방지하는 것이 중요하다.

3) 이유식

영아의 삶에 있어서 이유식은 중요한 전환점이 된다. 이유식을 통하여 완전하게 먹는 습관을 배우게 되고 올바른 식생활에 대한 구체적인 행동을 배우게 되는 좋은 과도기가 된다.

또한 모체로부터 분리되는 경험과 독립에 대한 습관을 배우게 되는 계기가 되는 신체적, 심리 적으로 중요한 전환점이 된다.

그러므로 모유나 분유만으로 충분한 영양공급이 이루어지던 영아도 생후 6개월부터는 이유식 을 시작해야 한다. 이유식을 통해 영아가 연하고 소화가 잘 되는 음식을 충분히 공급하고, 음식 물을 부수어 씹어 먹는 고형식(古形食)에 익숙해지도록 한다. 점차 성장해가면서 딱딱한 음식에 흥미를 느끼면서 치아 발달은 물론 손가락의 운동 기능까지 발달하게 된다.

이유식의 시작은 부드러운 음식에서 출발하다가 점차 딱딱한 음식으로 옮겨가게 된다.

이유에 들어가기 1~2달 전은 준비기로 설정하고 모유 이외의 부드러운 음식들을 경험하게 해 주는 것이 좋다. 본격적으로 이유를 시작하는 5~6개월부터는 두부, 야채 등과 같이 묽게 만든 음식을 섭취시키기 시작해 점차 단백질 종류를 늘려간다.

6개월 이후부터는 영아가 음식을 혀로 으깰 수 있을 정도로 잘게 썰어 하루 두 차례 공급해준 다. 단, 오후에는 오전보다 양을 줄이는 것이 좋다. 영아가 9개월 이후부터는 부드러운 고형식 의 음식을 섭취할 수 있게 되므로, 하루 세 번 그에 맞는 음식들을 준비할 필요가 있다. 이유식 의 완료기라 할 수 있는 12개월 이후는 성인과 유사한 식생활이 형성되는 단계이기에 다양한 음식들을 제공해 편식 습관을 방지해주어야 한다. 이유식은 성인들처럼 정상적인 식생활이 가능하도록 변화되어 가는 과정이다.

4) 1~3세의 영양

간식은 정규식만으로 부족한 영양을 보충해주는 식생활이다.

간식을 선택할 때는 정규식사에 영향을 주는 않는 것으로 주어야 한다. 간식이 필요이상으로 열량이 높거나 많이 주면 정작 식사를 하지 않게 된다. 간식은 수분과 무기질, 비타민을 충분히 공급해 줄 수 있는 식품으로 정하고 소화가 쉬운 것이 좋다. 영양찐빵, 별미떡 등이 간식으로 적당하다.

이 시기 간식으로 영아가 섭취해야 할 영양권장량은 1일 120~180kcal 정도이다.

영아기의 균형 잡힌 영양공급의 중요성을 고려할 때 점심식사는 영양적으로 균형을 이루어 영아의 신체 발달과 성장에 도움을 줄 수 있어야 하며 영양권장량에도 부합되어야 한다. 점심식사에는 양질의 단백질 식품이 반드시 있어야 하며, 두 종류 정도의 채소로 만든 반찬이나 과일이 있어야 한다. 주식으로 밥이나 빵, 국수 등을 준비하고 닭고기, 돼지고기 등 단백질 식품을 많이 준비하도록 한다.

특히 교육기관에서의 점심 급식은 단순히 음식만을 제공해 주는 의미 이외에 교육적인 차원에서도 매우 중요한 것이다. 골고루 먹기, 다른 사람과 나누어 먹기, 바르게 앉아 먹기, 식사의 양 조절하기 등 올바른 식습관을 형성할 수 있는 좋은 시간이다.

2. 영아기의 안전

이 시기 영아들은 운동능력과 조정능력이 떨어짐에도 새로운 것에 대한 호기심과 흥미로 인해 사고빈도가 높다. 화상, 낙상, 질식, 흡인 등 성인과 비슷한 사고들이 자주 발생하지만 그 위험도는 훨씬 크다고 할 수 있다.

이에 영아의 안전을 위해서 놀이 기구나 공간 등의 주변 환경이 안전한지 세심한 점검이 필요하다. 아예 시공단계에서부터 인체에 해를 주는 마감재나 건축자재를 사용하지 않는 것도 한 방법이다.

다음은 영아기 안전사고를 예방하기 위한 영역별 주의사항들이다.

1) 놀이

· 장난감은 삼킬 수 없도록 적당한 크기를 선택한다.
· 실내에서 뛰거나 걷다가 넘어졌을 때 다치지 않도록 바닥에 너무 딱딱하지 않은 카펫을 둔다.
· 실외에서 놀이를 할 때는 편한 복장을 입히되 춥지 않도록 따뜻한 옷을 늘 준비해둔다.

- 실외에서 놀이를 할 때 햇빛에 너무 오래 노출되지 않도록 한다.
- 영아들이 자주 쓰는 놀이기구는 높은 선반 위에 올려두지 않는다.
- 영아를 높은 곳에 혼자 올려두지 않는다.
- 가구의 손잡이는 모두 없애고 뾰족한 모서리에는 휴지나 테이프를 붙여 피부에 닿아도 상처가 나지 않도록 조치한다.
- 실외에서 물놀이를 할 때 사용하는 물은 항상 깨끗하게 유지한다.
- 실외 놀이 공간 바닥에 깨진 유리나 뾰족한 돌멩이가 없는지 미리 점검한다.
- 주차된 차 주위에서 놀지 않도록 한다.
- 코드선이나 콘센트는 덮개를 씌워서 접근하지 못하게 한다.
- 비어 있는 쓰레기통이나 비닐은 가지고 놀지 못하도록 조치한다.

2) 잠자기
- 잠을 잘 때는 엎드려서 재우지 말고 눕혀서 재워야 한다.
- 베개는 너무 높지 않은 것으로 한다.
- 침대 매트리스는 틈이 없고 꼭 맞는 것으로 한다.
- 잠을 잘 때는 턱받이를 채우지 않도록 하고, 꽉 조이는 옷은 피한다.

3) 화장실
- 바닥이 미끄럽지 않도록 미끄럼 방지 깔개를 준비한다.
- 영아가 입에 대기 쉬운 비누나 세제는 손이 닿지 않는 곳에 올려둔다.
- 목욕을 하는 통 속에 영아를 혼자 두지 않는다.
- 목욕물 온도를 49도 이하로 유지한다.
- 수도꼭지를 가지고 놀지 못하도록 한다.
- 기저귀는 자주 확인하고 갈아준다.
- 영아가 사용하는 파우더를 영아에게 직접 뿌리지 말고 손에 묻혀서 발라준다.

4) 식사
- 우유나 물을 먹이기 전 너무 뜨겁지 않도록 미리 확인한다.
- 음식을 먹는 동안 소화가 잘 되도록 늘 마실 물을 준비해둔다.
- 덩어리가 큰 음식은 잘게 썰어준다.
- 씨나 뼈가 있는 음식 또는 껌과 같은 음식물은 주지 않는다.
- 음식물의 유통기한을 반드시 확인한다.
- 약품류는 영아의 손이 닿지 않는 곳에 보관한다.

제3장

5) 장난감

[유아 발달에 따른 안전한 장난감]

연령	안전한 장난감
0-1세	· 재미있는 얼굴모양의 그림이나 사진(모빌) · 소리 나는 장난감 · 딸랑이 · 간단한 그림책 · 잡기 쉬운 다양한 물체 · 전화기 · 흔들어 음악이 나오는 기구 (종) · 부드러운 블럭놀이 (큰 것) · 크레용 · 겹지워지는 장난감 · 고리 쌓기 세트 · 선명한 직물이나 고무공
1-2세	(위에 덧붙여) · 타고 놀 수 있는 자동차 · 크고 가벼운 회전팽이 · 소꿉놀이 · 블럭 · 두드리는 음악기구 (실로폰) · 작은 비행기 · 장난감 전화기 · 둥글고 약간 큰 조각으로 된 퍼즐 · 30cm보다 길지 않은 줄이나 끈으로 끄는 장난감 · 밀가루 점토 · 조각그림 맞추기 (3~6조각) · 색연필 · 꿰는 구슬 (큰 것) · 그림책 · 동물인형
2-3세	(위에 덧붙여) · 둥글고 더 큰 조각으로 된 퍼즐 · 크기와 모양을 짝짓는 장난감이나 · 게임들 · 부드러운 반죽으로 된 찰흙 (무독성) · 세발 자전거 · 역할놀이 · 가벼운 블록 · 짧은 이야기로 된 책 · 큰 조각으로 된 그림세트 · 인형 · 녹음기 · 조각그림 맞추기 (5~8조각)

출처 : 영등포구보건소 모자보건 선도자료

0-3세 영아기 교육의 이론과 실제

3. 영아기의 건강과 질병

영아기 건강은 일생동안 건강한 삶을 영위하는 데 있어 기초가 된다.
그러므로 이 시기 영아의 건강에 이상은 없는지 세심한 관찰이 필요하다.

제목 : 비 전염성 질병

1) 기저귀 발진

영아들의 경우 매일 기저귀를 차고 있다보니 기저귀로 인한 발진이 생기기 쉽다. 기저귀 발진은 대소변, 땀, 문지름 등으로 생겨난다. 아이에게 이러한 증상이 나타날시 발진치료를 위한 연고를 발라줘야 한다. 그리고 기저귀는 2~3시간 간격으로 바꿔주는 것이 기저귀 발진을 예방하는 방법이다.

2) 아토피성 피부염

현대에 와서 영아들이 가장 많이 앓는 질병 중 하나가 바로 아토피성 피부염이다. 특히 아토피성 피부염은 4세 이하의 영유아에게 가장 많이 일어나는 질병이다.

아토피는 체질, 환경, 알레르겐과의 저촉 등 여러 요인들에 의해 발병하지만 이 중에서도 음식물에 의한 원인이 가장 크다. 우유, 치즈, 버터 등 유제품과 우유가 함유된 빵, 과자 등의 섭취에 의해 생기기 쉽다.

아토피성 피부염은 단순히 피부만의 문제가 아니다. 생활 습관 전반에 걸친 문제이기에 몸 전체의 건강과 주변 환경을 늘 신경 쓰고 올바른 식습관을 가지는 것이 근본적인 치유책이 된다.

3) 천식

한국천식알레르기협회의 조사에 따르면 1~4세 소아의 23.7%가 천식으로 고통을 겪는 것으로 나타났다. 이 수치는 전체 연령대별에 비해 6배에 달하는 것으로 그 심각성이 크다고 할 수 있다. 소아천식을 앓는 80%는 감기에 의해 생기기 때문에 영아가 감기에 걸리지 않도록 미리 주의를 해야 한다. 소아천식의 경우 실내온도, 식습관 등 환경에 의한 요인이 크므로 주변을 항상 청결하게 유지하는 것이 가장 좋은 예방법이다.

4) 딸꾹질

딸꾹질은 횡격막 및 호흡작용을 보조하는 근육이 갑자기 경련성 수축을 일으켜 성문이 열려 소리를 내는 현상이다. 생후 1~2개월에 기저귀를 가는 등의 사소한 한기의 자극에도 딸꾹질을 하기 쉽다. 일반적으로 해가 없어 30분 정도 하는 것은 괜찮다.

5) 변비

어른도 변비에 걸리는 경우가 많지만 보통 어른과 아이들의 장 움직임은 다르다. 흔히 3일 혹은 더 길게 장의 움직임이 없을 때 변비라고 규정하는데, 만성변비는 크고 단단한 대변이 장을 가로막고 있을 때를 말한다. 변비는 항문을 꽉 조인다거나 갑상선 결핍, 맹장염, 철분이 많은 음식을 먹었을 때 생기기 쉽다.

6) 여드름

놀라운 일이지만 영아들도 여드름이 생긴다. 생후 1개월째 여드름이 생기는 영아가 30%나 된다. 흔히 여드름은 머리에서 생기기 시작해 이마, 얼굴, 어깨까지 번진다. 이처럼 여드름이 생기는 이유는 엄마의 자궁에서 흘러나오는 호르몬 때문인 것으로 알려져 있다. 이러한 경우 여드름 제거를 위한 치료가 필요하다.

제목 : 전염성 질병

이 시기 아이들이 걸리기 쉬운 전염성 질병은 홍역, 열병, rubella, Filetov-Dukes disease 등이 있으며 전염성이 있으므로 특히 주의가 필요하다.

1) 독감 감기(type B)

타입 B 독감은 좁은 공간에서 함께 있거나 신체적 접촉이 있으면 전염된다. 타입 B 독감에 걸리면 폐렴, 관절염 등 심각한 질병으로 이어질 수 있기에 조심해야 한다. 영아가 독감에 걸렸을 경우 병원에 데려가 초기 증상을 의사에게 설명한다.

2) 급성 기관지염

소아 급성 기관지염은 모세 기관지염이라고도 부르는데, 여러 종류의 바이러스나 박테리아 또는 독성 물질 등에 의해 기관지에 급성으로 생긴 염증을 말한다. 바이러스가 주 원인이다. 2세 이하의 영아들이 가을부터 초겨울에 많이 걸리는 병이다.

치료법은 따로 없다. 다만 영아가 쉴 수 있도록 주변 환경을 마련해주고 입맛을 잃지 않도록 지속적으로 수분 섭취를 해준다. 가래를 삼키면 위에 이상이 생길 수 있기에 가래를 자주 뱉도록 한다.

3) 돌발진

돌발진(Exanthem subitum)은 헤르페스 바이러스에 의한 질병으로, 생후 6개월에서 15개월 사이에 많이 걸린다. 잠복기는 5~10일 정도이며, 이 질병에 걸리면 몸통, 목, 귀 뒤에 반점이 생기면서 발진이 나타난다.

돌발진은 바이러스가 원인균이므로 예방할 수 있는 방법은 없고 대중요법 이외에 특별한 치료법은 없다. 단, 열이 많이 오르면 진정제를 투여해 열을 내리게 하고 안정시켜야 한다.

4) 열병

아기에게 적당한 온도는 화씨 98.6도이다. 그런데 체온이 평소보다 높다면 질병에 감염될 가능성이 커진다는 사실을 인지해야 한다. 열이 너무 높으면 졸도나 경련을 할 수도 있다. 다만 입으로 온도를 측정했을 때 체온이 화씨 106도 이상이 아니라면 무조건 아이에게 나쁜 것만은 아니다. 몸이 병균과 싸울 때는 일정 정도의 열이 오히려 도움이 되기 때문이다.

아이에게 열이 많이 날 경우, 옷을 얇게 입히고, 실내온도에 맞는 물 온도의 스펀지로 아기의 몸을 씻겨주면 열을 낮출 수 있다. 심할 경우 해열제를 먹이되 탈수 증상이 일어날 수 있기에 아스피린이 함유된 약은 사용하지 않는 것이 좋다.

5) 농가진

박테리아의 일종인 농가진은 피부에 발진이 생기는 질병을 말한다. 감기가 걸린 후 손이나 입 주변에 생기고 상처나 곤충에 물린 곳에 감염되기 쉽다. 농가진에 걸리면 조그맣고 빨간 여드름이 생겨 이후에는 물집으로 변해 간지러움을 호소하기도 한다. 무엇보다 농가진은 분비물이 나오거나 상처가 마르지 않은 상태일 때 전염성이 높다.

치료법으로는 입을 통해 사용하는 항생제나 연고 등으로 치료가 가능하며, 항생제가 들어 있는 물 혹은 비누를 사용하면 3주 안에 낫는다. 단, 약 복용 후에는 하루 동안 아이를 집에서 머무르게 해야 한다. 하지만 가장 좋은 치료법은 미리 예방하는 것이다. 외상이 생기면 최대한 깨끗하고 건조하게 유지하고, 주변 사람들과 일정시간 격리된 생활을 하는 것이 좋다.

6) 바이러스성 결막염(Pinkeye)

바이러스나 박테리아가 원인인 바이러스성 결막염은 전염성이 강한 질병 중 하나이다.

결막염에 걸리면 눈의 공막에서 분비물이 흘러나오거나 눈에 무엇인가 들어 있는 듯해 간지러움으로 인해 고통을 호소할 수 있다.

이러한 바이러스성 결막염은 눈에서 나오는 분비물이나 콧물, 침, 기침에 의해 감염되고, 결막염에 걸린 눈을 만지고 다른 아이를 만지게 되면 감염될 수 있다. 이 질병은 크게 위험한 병은 아니지만 특별한 치료법이 있는 것도 아니다. 그러므로 따뜻한 물로 눈을 자주 씻어주거나 전문가에게 상의해야 한다.

0~3세, 영아와 가정환경

영아와 가정환경

　　부모의 자질과 성품이 영아의 성장에 중요한 영향을 미친다는 것은 과거 수많은 학설을 통해서 증명되어 왔다.

　　퍼슨과 로빈슨(1990)은 교육에서 부모와 자녀간의 상호작용의 질을 개선하고 부모와 자녀의 행동을 긍정적으로 변화시키기 위한 의식적인 활동이 중요하다고 정의하였다.

　　몬테소리는 부모가 아이들의 교육에 결정적인 역할을 한다고 주장했다. 교육은 부모와 함께 시작해야 하며, 가정에서 출생할 때부터 시작되어야 한다는 것이 그의 지론이었다(이영숙, 2000).

　　이처럼 가정은 영아가 사회로 나와 가장 먼저 접하는 일차적 환경이며, 이 속에서 부모는 영아가 다양한 경험을 쌓을 수 있게 도와주는 조력자이다.

　　가정환경에서는 부모의 자녀양육태도와 상호작용 정도, 사회경제적 수준 정도가 자녀들에게 큰 영향을 미친다.

　　자녀양육에서 부모가 자녀를 늘 존중해주는 분위기에서 자란 아이의 경우 독창적이고 호기심이 강한 아이로 자라게 하고, 복종만을 강요하는 독단적인 가정환경에서 자란 아이는 창의성 및 호기심이 제한되어 있는 경우가 많다.

　　부모와 상호작용이 잘 이루어지는 아이는 놀이에서도 주체적인 모습을 보인다. 이는 아이에게 부모가 역할 모델이 되면서 역할 놀이에 영향을 주게 되고 탐색놀이, 기능놀이, 구성놀이에까지 영향을 미친다는 것을 증명해주는 것이다.

　　부모의 사회경제적 수준이 어떠하느냐도 중요한데, 사회경제적 수준이 낮은 가정의 아이는 높은 아이들보다 사회극놀이나 상상놀이를 적게 한다. 이처럼 가정환경에서 부모의 역할이 자녀에게는 지대한 영향을 미친다.

1. 영아교육에서 부모의 역할과 임무

　　영아교육에서 부모의 역할은 매우 중요하다. 처음으로 세상 밖으로 나온 아기에게 부모는 새로운 세계를 보여주고 경험하게 만들어주는 존재이다.

　　영아기의 부모는 대개 보살피는 자로서의 기능, 기본적 신뢰형성의 기능, 자녀-부모간의 상호작용의 기능, 그리고 영아의 자극기능 등을 수행한다. 특히 부모는 첫 아이를 출산할 경우 급격한 변화를 경험하게 되며 독특한 방법으로 영아와의 상호작용을 하게 된다.

또한 부모는 영아들의 능력과 성격발달의 기초가 되며 이 시기에는 기초적인 신뢰감을 형성하기 위한 상호작용이 필요하다. 사회적 발달이나 심리적 발달은 물론이고 신체적 발달정도도 부모의 관심과 건전한 상호작용을 전제로 한다 (김명희, 2000).

영아교육에서 부모의 역할을 더욱 구체적으로 살펴보면 다음과 같다.

첫째, 양육자로서의 역할이다.

영아에 있어 부모의 1차적 역할은 양육자로서 영아가 성장할 때까지 잘 보살피는 것이다.

갓 세상에 나온 아이들은 아무것도 할 수 없는 무력한 존재이기에 절대적으로 부모의 도움을 필요로 한다. 식사에서부터 배변에 이르기까지 부모의 손을 거치지 않는 곳이 없다. 부모는 아이가 건강하게 자랄 수 있도록 돌보아야 할 책임이 있다. 또한 아이의 요구에 잘 반응할 수 있어야 하고 마음을 읽을 수 있어야 한다.

둘째, 정서발달을 돕는 역할을 한다.

영아의 정서는 태어날 때부터 나타나 2세가 되면 어른 수준으로 분화될 정도로 그 속도가 빠르다. 영아의 안정된 정서발달을 위해서는 부모가 끊임없이 아이의 정서 상태를 관찰해 이를 이해해주되 더 바람직한 표현방법을 익힐 수 있도록 도와야 한다. 아이가 긍정적인 정서를 가질 수 있도록 편안한 분위기에서 대화하고 놀이를 즐길 수 있도록 해야 하며, 부모와 안정된 애착을 형성할 수 있도록 지도한다. 부모와 안정된 애착을 형성한 영아는 주변인들과 더 조화로운 관계를 맺으며 원만한 사회적 관계를 유지할 수 있다.

셋째, 자녀-부모간의 상호작용의 역할이다.

아이가 하는 것이 서툴러 보인다고 해서 하나부터 열까지 모두 부모가 나서서 해주는 것은 좋은 방법이 아니다. 이 시기의 아이들이 서툰 것은 당연한 일이다. 옷 입는 것에서부터 식사를 하는 것, 배변을 하는 것까지 불안하더라도 아이가 하는 것을 지켜봐주고 정말 도움이 필요할 때만 도와주는 방식을 취하는 것이 이후 아이의 발달과정에서 좋다.

넷째, 역할 모델로서의 역할이다.

이 시기의 아이들은 눈에 잘 보이는 사람의 행동을 따라한다. 그래서 아이와 가장 많은 시간을 보내는 부모가 행동에서 모범을 보여야 한다.

2. 영아기에 적합한 가정환경

인류의 역사 속 그 어느 시대에도 인간의 1차적 환경으로서 가정만큼 강력한 영향력을 행사한 조직체는 없었다. 가정은 영아의 출산과 양육을 포함해 사회화 및 교육기능을 가장 중요한 역할과 임무로 여기고 있다.

그 속에서 초기 영아기 가정환경은 아이의 지능발달에도 큰 영향을 미치는 것으로 알려져 있다. 시기별로 적합한 가정환경에 대해 알아보도록 하자.

1) 신생아기

신생아는 출생과 동시에 양수로 둘러싸여 있던 피부가 공기 중에 노출되면서 피부가 거칠게 느껴진다. 또한 이 시기에는 태내에서 산모에 의해 조절되던 체온을 아기 스스로가 조절 할 수 있어야 한다.

따라서 신생아의 주변 환경은 늘 위생적이고 편안한 분위기여야 한다. 방 안 온도는 너무 더워도 추워도 안 된다. 신생아가 자신의 체온을 조절할 수 있을 정도로 적당히 따뜻한 것이 좋다.

신생아가 사용하는 방은 청결하면서도 조용한 환경을 제공하면 된다. 커튼이나 벽을 구성하는 물질은 소리를 흡수할 수 있어야 하고, 전등은 어둡게 유지하는 것이 좋다. 바닥에는 보통 먼지가 많이 쌓이므로 신생아를 바닥에 두지 않아야 하고, 공기가 신생아의 호흡기에 영향을 미칠 수 있기에 공기 청정기는 필수이다. 단, 난방기의 필터는 자주 청소해 주어야 한다.

신생아 방에 배치할 가구는 보호자가 앉을 수 있는 의자, 뚜껑이 있는 기저귀 쓰레기통, 침구가 있는 작은 요람, 기저귀와 옷을 갈아입힐 테이블, 옷을 보관할 서랍장, 신생아 옷, 밝지 않고 밤에 커둘 수 있는 불 등이 필요하다. 테이블 가까이에는 기저귀와 관련된 용품을 둔다.

신생아가 사용하는 베게나 담요는 실크와 같이 부드러워야 하고, 옷은 피부에 직접 닿는 것이기에 솔기가 없고 너무 조이지 않는 것으로 한다.

2) 6개월~12개월

이 시기는 기고 걷는 등 영아의 활동이 왕성해질 때이다.

그러므로 영아가 움직이고 활동하기 좋은 환경을 마련해주는 것이 중요하다.

집안에서 영아가 이동하는 대부분의 공간에는 활동 카펫을 깔아두어 영아가 열린 공간에서 활동할 수 있도록 해준다.

영아가 있는 방의 벽에는 거울이나 그림, 창문이 있으면 좋다. 거울은 수평·수직을 바꿔가면서 걸어두면 영아가 자신의 모습을 수직으로도 볼 수 있고 수평으로도 볼 수 있다. 특히 창문은 밖으로 나가기 힘든 나이의 영아들에게 날씨와 계절 변화를 관찰할 수 있는 좋은 도구가 된다.

영아의 활동이 활발해지면서 집안에 있는 가구나 물건에 다치지 않도록 신경 쓰는 것도 중요하다. 이 때 몸을 아이의 눈높이에 맞추어 집안을 살펴보고 점검한다면 훨씬 효과적이다.

영아가 가구를 잡고 일어설 수 있으므로 선반에 못이 튀어나오지는 않았는지, 모서리가 뾰족해 다치지 않을지 점검한다. 영아의 손이 닿는 위치에 위험한 물건을 두어서도 안 된다. 영아의 방에 두면 좋은 가구로는 아이의 손에 잡히는 작은 공, 고무젖꼭지, 작은 쓰레기통과 바구니, 겹쳐 놓을 수 있는 똑같은 컵·그릇 여러 개, 장난감 등이다.

3) 12개월~24개월

이 시기에 영아들은 걸을 수 있게 되고 기어오르는 것도 가능해져 방에 있는 물건에 대한 접근이 용이해진다. 그러므로 더욱 안전에 유의해야 한다.

걷는 일이 많아지나 여전히 걸음이 미숙하기 때문에 바닥은 너무 딱딱하지 않는 것으로 배치한다.

특히 이 시기 영아들은 어른들의 생활에 참여하고 싶은 욕구가 강하므로 식사시간에 식탁에 함께 앉아 먹을 수 있도록 키 높이 의자를 가져다 둔다. 또한 스스로 식탁을 차릴 수 있도록 낮은 선반에 수저, 접시 등의 주방 가구들을 가져다 놓는 것도 필요하다.

4) 24~36개월

이 시기는 배변훈련이 어느 정도 안정이 되는 시기이다.

영아가 화장실 이용이 가능해지므로 화장실 영역을 안전하게 만들어준다. 바닥이 미끄럽지 않도록 해주고 휴지는 아이의 손이 닿는 곳에 둔다.

배변을 본 후 직접 손을 씻을 수 있는 공간은 아이의 눈높이에 맞추고 손 씻는 일을 즐길 수 있도록 스펀지나 향기 나는 비누를 세면기에 두면 좋다. 청결함의 의미를 심어주기 위해 목욕탕에 아이가 직접 목욕을 시킬 수 있는 인형이나 장난감을 두는 것도 좋다.

3. 부모와 영아의 의사소통

사람은 누구나 주변 환경과 의사소통을 하며 살아간다. 의사소통은 인간이 사회생활을 영위하는 데 있어 기본적인 요소 중 하나이다.

모타나로(Montanaro, 2001)는 의사소통을 어떠한 생활수준에서도 존재하고 그러한 생활을 가능하게 하는 생활의 질로서 표출되는 것이며, 의사소통을 한다는 것은 바로 살아있다는 생존을 의미하는 것이라고 얘기하였다.

의사소통 기술은 사회적 관계를 시작하고 유지시키는 데 중요한 요소가 되는 사회적 상호작용의 기초이며, 다양한 의사소통 기술은 아동기의 사회적 적응을 예견할 수 있는 기초가 된다(Dodge, Pettit, McClaskey, & Brown, 1986).

영아기 의사소통의 주 대상은 어머니이다. 어머니와 영아는 임신 과정에서부터 애착 관계를 형성해왔기 때문에 다른 어른들보다 의사소통에 더 원활하다.

이들의 가장 긴밀한 언어이자 의사소통의 수단은 서로의 얼굴을 쳐다보고, 목소리를 듣고 반응을 한다거나, 미소를 지어 보이는 행위들이다. 이러한 감각을 사용함으로써 어머니와 영아 간의 의사소통은 더욱 풍부해지게 된다.

특히 이 시기 영아들이 어머니와 의사소통을 하는 가장 일반적인 방법은 울음이다. 아이가 울음으로 어머니에게 신호를 보내면 어머니는 아이가 우는 이유를 찾기 위해 기저귀를 점검한다든지, 우유를 먹이려는 행동을 취하게 된다.

이때 어머니가 영아에게 얼마나 관심을 갖고 빨리 반응하는가 하는 것이 중요한데 영아가 울때 어머니의 반응이 늦은 영아는 빨리 반응한 영아보다 더 오래 울며, 아기의 울음에 어머니가 비교적 일관성 있고 빠르게 반응해 준 경험을 한 아기는 어머니와 신호를 주고받는 것을 경험하게 되어 결국에는 효과적인 의사소통 방법을 습득하게 된다 (한국아동학대예방협회, 2001).

따라서 아이가 의사소통을 요구할 때는 곧바로 알아듣고 호응할 수 있도록 미소, 포옹, 옹알이 등이 가진 의미를 파악하고 있어야 한다.

한편, 부모와 영아의 의사소통은 태아에 있을 때부터 시작되어, 신생아가 되면 언어를 통한 의사소통은 비록 어렵지만 다양한 몸짓을 이용해 의사소통이 이루어진다. 주로 머리, 팔, 손, 다리, 몸통의 움직임이나 주변에 있는 물체 및 사람을 응시하는 것, 미소 짓기, 울음을 터트리는 것까지 이 모두가 주변 환경과 관계를 형성하고 자기 의사를 표출하기 위한 영아의 행동이라 할 수 있다. 영아의 얼굴 표정과 다양한 신체적 행동은 어머니와 자녀 사이에 진행되는 최초의 의사소통이라 할 수 있다.

영아가 좀 더 성장해서 미숙하나마 언어 사용이 가능해지게 되면 언어 자체가 영아의 의사소통 수단이 된다.

생후 6개월에는 옹아리를 하면서 어른의 음조 변화에 따라 불쾌의 반응을 보이면서 스스로 의사소통을 한다. 8개월 된 영아는 어른이 내는 소리를 따라하며 주변에서 중요한 사람이나 사물에 대한 단어를 이해하게 된다.

생후 9~11개월에는 어른의 눈을 직접 바라보고 의사소통이 가능해진다. 물건을 가리키기도 하고, 빠이빠이라는 말을 듣고 손을 흔드는 표현도 할 수 있다.

영아가 태어 난지 1년이 되면 한 단어의 말을 할 수 있다. 이 때 한 단어만으로 부모와 의사소통을 하게 된다. 예를 들면 '밥'이라고 영아가 얘기하면 이 속에는 '밥을 주세요.'라는 의미가 내포되어 있다고 봐야 한다.

2세경이 되면 '아빠', '엄마' 등 쉬운 말은 두 개의 단어를 결합하여 의사소통이 가능해진다. 이 시기 영아가 사용할 수 있는 어휘 수는 급속히 늘어나고, 더욱 정교화 된다.

3세경 영아는 사회적 상호작용 범위가 확대되는 만큼 언어 능력이 급격히 발달해 부모와의 의사소통도 훨씬 원활해진다. 기존의 자기중심적인 언어에서 탈피해 사회화된 언어 사용이 늘어난다.

4. 부모교육의 필요성 및 프로그램

부모는 영아가 태어나면서 가장 먼저 만나는 사회적 환경이자 가장 많은 시간을 보내는 존재이다. 이에 따라 영아의 가치관, 행동, 성격에 부모가 미치는 영향은 실로 크다고 할 수 있다.

그러나 가족 구조의 변화와 맞벌이 부부의 증가로 현대사회에 맞는 부모의 역할과 자녀양육법을 몰라 어려움을 겪는 부모들이 많다. 현대는 민주사회로서 과거의 양육방식이나 가치관으로는 자녀를 현대에 적응하는 사람으로 양육하기가 어려운 시대이기 때문이다.

따라서 영아의 보호자이자 교육자인 부모부터 먼저 교육이 이루어져야 하며, 이를 우리는 부모교육이라고 지칭한다.

한국부모교육학회(1997)에서 정의한 부모교육은 부모교육자의 자질향상과 부모의 역할 수행에 변화를 일으키기 위하여 부모교육자와 부모와 예비부모, 그리고 자녀를 대상으로 부모교육문제와 자녀교육문제를 내용으로 모든 교육적인 방법을 동원하여 교육하는 활동을 말한다.

이러한 부모교육이 현대사회에서 반드시 필요한 것으로 여겨지는 이유는 무엇일까?

부모교육의 필요성은 다음의 5가지로 정리해볼 수 있다.

첫째, 영아 발달에서 부모는 결정적인 역할을 하기에 부모교육이 필요하다.

부모가 자신에 대한 이해가 없거나 자신에 대한 존중감을 갖지 못한다면 이는 영아를 양육하는 데서도 큰 영향을 미치게 된다. 부모 스스로가 건전한 가치관과 인격을 형성할 수 있도록 부모교육을 통해 올바른 지식을 습득해야 한다.

둘째, 가정과 교육기관과의 연계성을 통해 일관성 있는 교육을 하기 위해서도 부모교육은 필요하다.

영아기 교육은 가정에서만 담당하는 것이 아니라 가정과 교육기관이 함께 유기적으로 돌아갈 때 잘 이뤄질 수 있다. 아무리 교육기관에서 좋은 교재·교구로 아이를 지도했다 하더라도 집에 있는 부모가 제대로 양육하지 못하면 교육효과는 자연히 떨어질 수밖에 없다.

셋째, 부모교육을 통해 자신이 알지 못하는 다양한 정보를 공유할 수 있다.

부모교육은 영아 발달을 촉진하는 환경과 지식들을 습득하는데 도움을 준다. 이처럼 다양한 교육정보를 듣다보면 자녀를 어떻게 교육할 것인지가 머리 속에 그려지게 된다.

넷째, 부모교육은 영아 양육에 대한 부모의 능력과 즐거움을 향상시켜준다.

부모교육을 통해 영아의 발달에 대한 이해를 높이게 되고 양육자로서 즐거움을 느끼는데 도움을 준다.

다섯째, 비현실적인 부모상이 만연해 있는 사회에서는 반드시 부모교육이 필요하다.

대중매체를 통해 심해진 비현실적인 부모상이 악영향을 미칠 수 있기에 이를 바로잡는 부모교육이 이루어져야 한다.

제4장

이상의 부모교육의 필요성에 근거해 교육기관에서는 부모교육 프로그램을 구성하게 된다.

부모교육 프로그램은 교육기관이 부모를 교육하기 위해 계획하여 중재를 하기 위한 목적으로 구성된 프로그램을 의미한다.

부모교육 프로그램에서는 영아 발달의 특징과 지도방법, 영아의 문제행동에 따른 가정 내 지도방법, 부모와 자녀간의 효과적인 대화방법, 가정에서의 학습 환경, 교육기관의 교육활동에 참여하는 내용까지를 모두 다루고 있다.

교육기관에서 부모교육을 진행하는 방법에는 여러 가지 방법들이 있다.

부모들의 모임

여러 부모들이 한 자리에 모여 영아교육에 대한 지식과 정보를 나누고 교육기관에서 진행하는 교육을 받는 방법으로 부모회, 강연회, 토론회 등이 있다. 이러한 부모들간의 모임을 통해 정기적으로 주제를 정해 강연을 듣는다든지 자녀 교육에 대한 토론회를 진행하기도 하고 영아 발달에 대한 다양한 정보들을 공유할 수 있도록 해준다.

부모들의 모임을 진행할 때는 편안한 시간과 장소를 선택하고, 미리 공문을 보내 최대한 많은 부모들이 참석할 수 있도록 한다. 부모들이 한 자리에 모였을 때는 다과회를 통해 서로 친해지는 시간을 가지며, 일정이 끝난 후에도 서로간의 관계가 지속될 수 있도록 돕는다.

수업참관

부모와 교육기관이 협력관계를 맺는데 있어 가장 효율적인 방법이 바로 부모가 수업에 참관하는 방법이다.

단, 수업참관을 할 때는 교육기관에서 미리 부모에게 유의할 점을 인지해 주어야 한다.

우선 영아들의 교육활동에 방해가 되지 않도록 조용히 참관할 것을 요구한다.

그리고 부모가 수업을 참관하다보면 수업 중에 영아가 잘 놀지 못하거나 실수를 하는 등 행동의 변화가 올 수 있다. 이를 부모가 옆에 가서 일일이 돕고 관여하지 않도록 주의시킨다. 수업참관일을 정하는 데 있어 부모들을 배려해 교육기관 위주로 날짜를 잡지 않도록 한다.

가정통신문

가정통신문을 통해 부모와 교육기관은 영아에 대해 정보를 일상적으로 교환할 수 있다. 가정통신문에는 주로 소풍이나 큰 행사가 있을 때 일정을 알리는 내용이 되기도 하며, 교육기관에서 필요한 준비물을 적어 보내기도 한다.

또한 가정통신문은 교육기관과 가정의 연계성을 높이는 역할을 하기도 한다.

교육기관에서 부모가 가정에서 영아와 할 수 있는 놀이와 학습내용을 보내면 이를 바탕으로 가정에서는 영아 교육을 실시하는 것이다.

0-3세 영아기 교육의 이론과 실제

116

아예 하루생활노트를 제작해 영아가 교육기관에서 일어나는 사소한 특징과 일을 부모가 볼 수 있도록 적어 보내고, 부모는 영아가 집에서 있었던 일이나 교사에게 부탁하고 싶은 내용을 적어 보내 서로 교환하며 영아의 발달상태를 체크하는 방법도 있다.

부모상담

부모상담은 교육기관들이 연 2회 정도 실시한다. 부모와의 상담을 통해 교사는 영아의 현재 발달상태, 문제행동에 대한 논의, 가정환경의 점검, 가정과 교육기관의 연계성을 높이는 문제, 교수 방법 전달 등에 대해 논의하게 된다.

부모 상담을 더 효율적으로 가져가기 위해서는 미리 가정환경과 교육기관에서 관찰한 영아의 특징과 행동을 파악한 후에 부모를 만나야 한다. 또한 부모 앞에서는 영아에 대한 장점을 중심으로 얘기하는 것이 좋다. 직접적인 충고보다는 문제에 대한 여러 가지 방법을 제시해 부모 스스로가 판단하고 선택할 수 있도록 해준다.

부모 봉사

부모가 교육기관에서 구체적인 봉사를 하는 방법이다.

부모가 직접 보조교사로 나서 간식시간이나 자유놀이 시간, 소풍 등의 여러 일정들 속에서 교사를 돕는 역할을 하는 것이다. 청소를 돕는다거나 영아들이 먹을 김치를 담아주는 방법도 있다.

제5장

영·유아기 영성교육

제5장

영 · 유아기 영성교육

1. 영성 교육의 필요성

"여호와를 경외하는 것이 지식의 근본이다...(잠 1: 7)"

가장 성공적이고 행복한 삶의 기초는 어렸을때 자신을 지으신 분을 알고 그 계획 속에서 삶을 시작하는 것이다. 이 시작은 훗날 자신의 삶 속에서 찾아오는 갈등과 어려움을 극복하는 근원적인 능력이 된다. 그 이유는 창조주를 알고 경외하는 것이 삶을 살아가는 참된 지혜와 지식이 되기 때문이다.

그래서 성경은 "마땅히 행할 길을 아이에게 가르치라 그리하면 늙어서도 그것을 떠나지 아니하리라"(잠언 22장 6절)라고 하며 모든 부모와 교사에게 일찍부터 가르칠 것에 대해 명확하게 제시하고 있다.

이는 영아기에 형성된 사고의 틀들이 행동으로 남겨져 훗날 하나님과 이웃을 사랑하며 자신을 성장시키는 근원이 되기 때문이다.

2. 영성의 의미

영성이란 라틴어의 spiritualitas를 우리말로 번역한 것으로 어원적 의미를 고찰하면 라틴어 spiritus는 숨, 호흡, 입김, 공기 또는 바람을 의미한다. 그리스어의 pneuma도 라틴어와 마찬가지로 숨, 바람, 기운, 목숨, 생명, 영혼 등으로 사용되며 인격체의 일부분으로 사용되기도 한다. 히브리어로는 ruah가 있는데 바람, 숨, 생명력, 영, 숨결, 의지력 등을 의미한다(전달수,2003).

『성서』에서의 영성을 구약과 신약으로 구분해보면, 구약성서에서의 영성은 '하나님의 형상'을 회복하는 것으로 볼 수 있다. 이것은 신적인 존재가 되는 것을 의미하는 것이 아니라 피조물로서의 인간이 되는 것을 의미한다. 하나님의 형상을 닮은 피조물로서 인간이 성장하고 완성되어야 할 궁극적 방향은 하나님의 형상을 회복하는 것이다.

신약성서에서의 영성은 인간이 하나님을 사랑하듯 자신의 이기적인 욕심을 버리고 이웃을 섬기는 사람의 영성을 의미한다(마태 22:37~39).

"네 마음을 다하고 목숨을 다하고 뜻을 다하여 주 너희 하느님을 사랑하라. 이것이 가장 첫째 가는 계명이고, 네 이웃을 네 몸같이 사랑하라는 이 둘째 계명도 이에 못지 않게 중요하다."

바울 사도도 이와 관련하여 모든 율법을 "네 이웃을 네 몸 같이 사랑하라."(갈라5:14)는 한 마디로 함축할 수 있다고 말한다. 여기서 영성은 하나님이 '나'를 사랑한다는 것을 인식하고, 이러한 하나님의 사랑이 만물과 이웃에게도 함께 함을 깨닫는 것이다. 더 나아가 하나님에 대한 인간의 사랑이 이웃에 대한 사랑으로 실천된 것을 강조되는 것을 말한다(한영란, 2004). 신약에서의 영성의 실체는 예수님으로 완성되어진다. 예수님의 삶을 본받아 사는 것이 바로 영성 교육인 것이다. 우리는 예수님의 영성을 살펴봄으로서 영성 교육의 의미를 분명히 알 수 있다.

예수님은 다음과 같은 영성을 지니고 계셨다.

1) **뚜렷한 자기인식 / 자기 사명에 대한 확신** : 예수님은 하나님 앞에서 자신의 존재에 대한 자아인식이 분명하다. 인류를 구원하기 위해 약속된 메시야이시고, 하나님께로부터 보내심을 받은 하나님의 아들이라는 인식이 분명하셨다.

2) **전인격적인 조화로운 성품** : 예수님의 인격은 조화로운 성격이다. 인격의 내적인 요소인 지정의(知情意)가 함께 조화를 이루며, 이성과 감정, 신앙과 행위가 조화를 이루는 인격이셨다.

3) **믿음을 실천하는 삶** : 예수님의 삶은 믿음과 행위가 일치한다. 하나님의 뜻에 순종하는 삶을 사셨고, 하나님께 대한 믿음과 실천하는 삶에 있어서 변함이 없는 신실한 삶을 사셨다.

4) **분명한 삶의 목적** : 예수님은 삶의 목적이 분명하다. 사람들을 죄에서 구원하고, 하나님의 나라를 이 땅에 이루기 위해 오셨으며, 마침내 십자가 대속의 죽음에까지 이르셨다.

5) **섬김의 삶** : 예수님의 삶의 자세는 사랑이며, 그 삶의 방법은 섬김이다. 예수님은 사람들을 사랑하셔서 이 땅에 오셨고, 고난의 삶을 사셨고, 죽임을 당하셨다. 그리고 십자가에서 죽으시기까지 사람을 섬기셨다.

6) **사람을 사랑하고 존중하는 삶** : 예수님의 생각이 중심은 사람이다. 예수님은 사람들을 사랑하셨고, 사람들의 생명을 구하셨으며, 사람들 간의 관계를 회복해 주셨다. 예수님의 생각의 중심은 사람이다.

7) **긍정적인 사랑함** : 예수님은 사람을 긍정적으로 보셨다. 예수님은 소외당한 사람, 버림받은 환자, 절망상태에 있는 사람, 여성과 어린이들을 똑같이 사람다운 대우를 받아야 할 존재, 하나님 앞에서 새로 태어날 가능한 존재로 여기셨다.

8) **소외된 사람들을 사랑함** : 예수님은 사람들에게 적극적인 관심을 보이셨다. 소외된 사람들에게 먼저 찾아가셨으며, 죄인의 친구라는 오해를 받으셔서 그들과 자리를 함께 하셨다.

9) **평등하게 대한 사람관** : 예수님은 사람들을 평등하게 대하셨다. 예수님은 강한 자와 약한 자, 있는 자와 없는 자를 똑같이 하나님 사랑의 대상으로 구원을 받아야 할 자로 대하셨다. 오히려 어떤 때는 강한 자들을 심히 꾸짖으시고, 약한 자들을 위로하기도 하셨다.

이와 같이 영성교육의 근거가 되시는 예수님의 삶을 통해서 우리는 우리가 회복해야 할 영성과 영아들에게 교육시켜야 할 영성에 대해서 구체적으로 알 수 있다.

"예수님처럼 뚜렷한 자기인식으로 자기에게 주어진 삶에 충실하며, 조화롭고 전인격적인 성품을 갖추고 자신의 믿음대로 행동하는 실천의 사람이 되게 하며 사람을 사랑하고 섬기는 삶을 살 수 있도록 돕는 것이 이 시대의 영성 교육인 것이다."

3. 영아기 영성 교육의 내용

Gustavk Wiencke(1996)는 영아들을 위한 기독교 교육의 목적을 다음과 같이 기술하였다.
① 하나님께서 사랑을 나타내시는 방법을 좀더 알게 하고 하나님의 돌보심을 감사하고 즐거워하도록 한다.
② 예수님을 사랑하고 그를 특별한 친구로 생각하게 한다.
③ 다른 사람과 함께 기독교적 생활태도를 실천하게 한다.

사회과학 이론의 입장에서 기독교 영아교육의 목적은 첫째, 지적, 정서적, 정의적인 개인적 욕구를 성취시켜주는 데 있다. 둘째, 영아에게 기독교적인 성숙한 신앙 인격, 곧 믿음, 소망, 사랑의 태도를 학습하게 하는 데 있다고 보았다(송영란, 2004).

연령별 기독교 영아교육의 목적은 다음의 표와 같다.

[1-12개월 영아를 위한 영성교육]

신학적 개념	교육내용
하나님 · 하나님은 하나님의 이름이다.	· 영아들이 하나님의 이름을 듣는다. · 하나님의 이름을 들을 때 긍정적인 느낌을 갖는다. · 하나님이 선하시다는 말을 듣는다.
· 하나님은 인격이시다.	· "하나님은 너를 사랑하신다."는 말을 듣는다. · 선생님이 "하나님 감사합니다."라고 말하는 것을 듣는다.
자연적 세계 · 영아가 감각적으로 경험하는 것을 만드셨다.	· 하나님이 만드신 것을 보고, 듣고, 만진다.
· 하나님은 동물들을 만드셨다.	· 다양한 동물들을 보고 하나님이 그 동물을 만드셨다는 것을 알게 한다.
· 하나님은 내가 발견하는 것들을 만드셨다.	· 하나님이 만드신 주변 세계를 발견하고 알아간다.

예수님 · 예수님은 하나의 이름이다.	· 영아들이 예수님 이름을 듣는다. · 예수님 이름을 들을 때 긍정적인 느낌을 갖는다.
· 예수님은 인간이시다.	· 예수님이 나를 사랑한다는 것을 안다. · 어렸을 때의 예수님에 대한 그림을 보고 예수님의 어린 시절에 대한 이야기를 듣는다. · 성인이 되었을 때의 예수님에 대한 그림을 보고 예수님이 하신 일에 대한 이야기를 듣는다. · 예수님이 다른 사람들을 어떻게 도와 주었는지에 대해 안다. · 예수님은 특별한 인간이라는 인식을 갖는다.
영아 자신 · 나는 인간이다. · 나는 사랑받는 소중한 존재이다.	· 예수님이 나를 사랑한다는 것을 안다. · 영아는 하나님이 만드셨기 때문에 특별하고 중요한 사람이라는 것을 느낀다. · 하나님이 영아를 창조하시고 자라게 하시고 움직일 수 있는 신체 각 부분을 주셨다는 것을 듣는다. · 예수님이 다른 사람들을 어떻게 도와주었는지에 대해 안다. · 예수님은 특별한 인간이라는 인식을 갖는다.
가족 나에게는 가족이 있다.	· 하나님이 가족을 만드셨다는 것을 안다. · 크리스찬 가족들이 그들의 사랑을 보여주는 방법에 대해 안다. · 영아가 자신의 가족에게 따뜻한 정을 느낀다.
교회 · 교회 사람들은 나를 사랑한다. · 사람들은 교회에서 나를 돌봐 준다. · 나는 교회에서 책, 그림, 장난감, 그리고 퍼즐들을 사용한다. · 사람들은 교회에서 하나님과 예수님에 관해 이야기하고 찬양한다.	· 교회 성도들을 인식한다. · 교회의 성도들에 대해 편안하고 안정감을 느낀다. · 교회의 영아부 교실에 있을 때 안정감을 느낀다. · 교회에 있는 것이 즐겁다고 느낀다. · 교회에서 자신을 돌봐주는 사람들을 인식한다. · 교회에서 다양한 학습활동을 배우며 즐거워한다. · 선생님이 하나님과 예수님에 관해 말하고 찬양하는 것을 듣는다.
성경 · 성경은 책이다. · 성경은 특별한 책이다. · 나는 성서에 나오는 예수님에 관해 듣는다.	· 성경을 보고 만진다. · 성서를 통해 예수님에 관한 이야기를 듣는다.
다른 사람들 · 사람들은 나를 사랑한다. · 사람들은 나의 필요를 채워준다. · 나는 다른 사람들을 알고 있다.	· 사람들이 영아를 사랑한다는 것을 안다. · 사람들이 영아의 필요를 채워주는 것을 안다. · 영아가 주위의 사람들에 대해 점점 더 알게 된다. · 다른 사람들과 함께 있는 것을 즐긴다.

[2-3세 영아를 위한 영성교육]

신학적 개념	교육내용
하나님 · 하나님은 인간을 만드셨다. · 하나님은 인간을 사랑하신다. · 하나님은 인격체이다.	· 하나님이 영아와 다른 사람들을 만드셨다는 것을 안다. · 하나님의 이름을 듣는다. · 하나님이 영아를 사랑하신다는 것을 안다. · 하나님이 보여주신 모든 사람들에 대한 사랑을 안다.
· 하나님은 사람들이 하나님을 사랑하기를 원하신다. · 사람들은 하나님과 대화한다.	· 사람들이 하나님께 어떻게 사랑을 표현하는지에 대해 안다. · 하나님께 감사를 표현한다. · 선생님이 하나님과 대화하는 것을 듣는다. · 영아가 하나님과 대화한다.
· 하나님은 사람들이 서로 사랑하고 돕기를 원하신다.	· 사람들이 서로 돕는 법에 대해 듣는다. · 영아가 다른 사람들을 돕는다.
· 하나님은 동물들과 식물들을 만드셨다. · 하나님은 하늘과 땅을 만드셨다.	· 하나님이 동물들과 식물들을 만드신 것을 안다. · 하나님이 만드신 것들을 발견하고 탐색한다. · 하나님이 만드신 동물들과 식물들을 돌본다. · 하나님이 세계를 만드신 것을 안다.
자연 세계 · 하나님은 동물들과 사람들을 위해 음식을 공급하신다. · 하나님은 사람들을 만드셨다. · 하나님은 동물들과 식물들을 만드셨다. · 하나님은 하늘과 땅을 만드셨다.	· 하나님이 만드신 동물들에 대한 이야기를 듣는다. · 자연의 경이로움과 함께 하나님의 이름을 연상한다. · 하나님이 만드신 세계와 피조물들을 알아간다.
예수님 · 예수님은 이 땅에 태어나셨다.	· 예수님의 탄생에 대해 기쁨과 행복감을 느낀다. · 예수님의 탄생과 크리스마스와의 관계를 안다.
· 예수님은 사람들을 사랑하신다.	· 예수님이 영아와 다른 사람들을 사랑한다는 것을 안다. · 예수님이 어떻게 사람들을 사랑했는지에 대해 듣는다.
· 예수님은 사람들이 예수님을 사랑하기를 원하신다.	· 성서에 나타난 예수님을 사랑한 사람들에 대한 이야기를 듣는다. · 오늘날 예수님을 사랑하는 사람들에 대한 이야기를 듣는다.
· 예수님은 가족이 있다.	· 예수님도 가족이 있었다는 것을 안다.
· 예수님이 사람들을 도우셨다. · 예수님은 보통 아이들과 같이 성장하셨다. · 예수님은 사람들이 서로 돕고 사랑하기를 원하신다. · 예수님은 십자가에서 돌아가셨다. · 예수님은 다시 살아나셨다 (부활절은 특별한 날이다.)	· 예수님이 사람들을 어떻게 도와주셨는지를 안다. · 아기였던 예수님이 자랐다는 것을 인식한다. · 아기와 어린 소년으로서의 예수에 대한 이야기를 듣는다. · 사람들이 어떻게 서로 돕는지를 안다. · 영아가 다른 사람들을 돕도록 한다. · 예수님께서 인간의 죄를 사하시기 위해 돌아가신 이야기를 듣는다. · 예수님이 죽으신 후 다시 살아나셨다는 이야기를 듣는다 (부활절은 예수님에 대해 생각하는 특별한 날이라는 것을 안다).

영아 자신	
· 나는 중요한 사람이다. · 나는 사랑받는 존재이다.	· 자신이 다른 사람들에게 중요한 존재가 되는 것을 안다. · 하나님은 영아를 사랑한다는 것을 더욱 인식한다. · 주변 사람들이 영아를 사랑하고 인정한다는 것을 안다. · 하나님은 각 사람을 특별하고 각각 다르게 만드셨다는 것을 안다.
· 나는 많은 일들을 할 수 있다. · 나는 성장하고 있다.	· 하나님은 영아가 여러 가지 일들을 할 수 있는 능력을 주셨다는 것을 안다. · 하나님은 영아를 성장하게 도와주신다는 것을 안다. · 하나님은 각 사람이 성장하기를 원하신다는 것을 안다.
다른 사람들	
· 다른 사람들이 나를 돕는다. · 나는 다른 사람들을 사랑하고 도울 수 있다. · 다른 사람들은 나를 사랑하고 나를 돌본다.	· 다른 사람들이 어떻게 영아를 돕는지를 안다. · 영아가 다른 사람들을 어떻게 도울 수 있는지를 안다. · 영아가 어떻게 다른 사람들을 사랑하고, 친절을 베풀수 있는지를 발견한다. · 영아가 다른 사람에게 친절하고 사랑하는 행동을 취한다.

출처 : Zadabeth Uland, (1984)

4. 태아기의 영성 교육

영적 성장은 모태에서부터 시작된다. 임신되는 순간부터 아이들이 영적 성장의 능력을 가지고 있다. 인생의 가장 초기부터 하나님은 어린이들을 아신다.

시편 기자의 글을 한번 보자.

주께서 내 장부를 지으시며
나의 모태에서 나를 조직하셨나이다
내가 주께 감사하옴은
나를 지으심이 신묘막측하심이라
주의 행사가 기이함을 내 영혼이 잘 아나이다
내가 은밀한 데서 지음을 받고
땅의 깊은 곳에서 기이하게 지음을 받은 때에
나의 형체가 주의 앞에 숨기우지 못하였나이다
내 형질이 이루기 전에 주의 눈이 보셨으며
나를 위하여 정한 날이 하나도 되기 전에
주의 책에 다 기록이 되었나이다
(시 139:13-16)

하버드의 신학자이자 발달심리학자인 제임스 포올러(James Fowler)는 신앙 발달에 대한 10년간의 연구 끝에 기초 신앙이라고 하는 신조어를 만들어냈다. 1980년, 아이들이 겪는 신앙 발달과정에 대한 인터뷰 기사에서 그는 이렇게 말했다. "발달의 단계는 아니지만, 기초 신앙에 대해 언급하는 것이 중요합니다. 그것은 출생 전 시기와 영아기에 뿌리를 두고 있습니다. 임신기 동안의 임신부의 사고체계와 주위 사람들은 태아의 형성에 큰 영향력을 가지고 있습니다."

또한 저명한 행동주의 소아과 의사인 폴 워렌(Paul Warren)에 의하면 "각종 연구와 실험결과는 태아가 정말로 그럴 수 있다는 것을 보여준다. 당신이 태아에 대해 어떻게 느끼고 있는지 태아는 태어나기 이전에 이미 안다. 임신 때부터 당신의 태도는 중요한 의미를 갖는다."

영아의 강하고 안전한 신뢰관계를 세움으로써 바로 지금부터 영아가 하나님과 건강한 믿음관계를 경험하도록 강화할 수 있다. 그 방법에는 다음과 같은 것들이 있다.

1) 기도하라

아기가 들을 수 있도록 소리 내어 기도하라. 아기가 자궁 속에서 자랄 때 하나님께서 육적, 혼적, 영적인 자양분을 공급하시도록 기도하라. 시편에서 우리가 살펴본 바와 같이 임신한 순간부터 하나님은 아기의 태속의 삶 가운데 적극적으로 개입하신다.

2) 긍정적인 정신 태도를 유지하라

아이를 향한 하나님의 선하심과 사랑을 묵상하라. 가능한 스트레스를 야기하는 환경을 제거하도록 노력하라. 물론 불가피하게 스트레스를 받는 경우가 있다. 그러므로 그런 상황에 대해 하나님의 관점을 가질 수 있기를 구하고, 염려하거나 걱정하지 않도록 도와주시기를 기도하라. 하나님께서 모든 것을 다스리시며 당신이 겪는 상황을 극복하도록 하실 것이다. 생각과 감정을 긍정적인 방향으로 유지함으로써, 어머니에게나 아이에게 이롭지 못한 신체적 반응이 일어나는 것을 피하라.

3) 좋은 음악을 들어라

에베소서 5장 19절에 하나님께서 "시와 찬미와 신령한 노래들로 서로 화답하며 너희의 마음으로 주께 노래하며 찬송하며"라고 말씀하신 것처럼, 기독교 음악은 우리 내면의 영을 소생시킨다. 비록 당신이 태아를 보거나 만질 수 없을지라도, 태아는 목소리를 알아들으며 음악이 당신의 영혼에 가져다주는 평화와 안식을 감지한다. 태아는 살아있는 영적 존재이며 음악에 반응하는 영적 존재인 것이다.

4) 성경을 읽으라

하나님의 말씀을 읽고 아기와 당신의 삶을 향한 위로의 진리를 묵상하라. 아기가 각 단어의 뜻을 파악할 수는 없겠지만 말씀의 리듬과 운율을 느낄 수 있도록 크게 읽으라. 하나님께서 말씀을 통해 당신의 영에 일하실 때, 당신이 느끼는 신뢰감과 평안은 태아의 영에도 전달될 것이다.

5) 성령 안에서 행하라

다시 말하면 예수 그리스도를 신뢰하고, 믿고, 순종함으로 하루하루를 보내라. 생각과 감정
이 환경이나 분위기에 지배받지 않고 하나님의 성령으로 지배받도록 하라. 대부분의 임산부
들은 아기를 더럽히거나 해를 끼치는 것은 그 무엇이든 피하려고 조심한다. 임신기간 동안
우리의 생각과 영을 더럽히는 것을 피하는 것도 그 못지않게 중요하다. 고린도후서 7장 1절
에서는 주님이 말씀하신 것처럼 말이다. "우리가 하나님을 두려워하는 가운데서 거룩함을
온전히 이루어 육과 영과 온갖 더러운 것에서 자신을 깨끗케 하자."

5. 영아기의 영성 교육

부모나 교사는 하나님의 교훈에 따라 자녀를 훈계하고(신 6:6-7), 양육하여(잠 22:60) 자녀
들이 사는 동안 풍성한 삶을 살 수 있도록 그들의 영적인 발달을 꾀함으로써(엡 6:4), 어린이들
의 영혼을 구원해야 한다(요한 10:10).

1) 영아기 영성교육의 방법들

(1)감각을 통해 의사소통 하라

영아는 감각을 통해 세상을 경험하기 때문에, 영아를 많이 안아 주고 속삭여주며, 눈을 통한
의사소통을 하는 것이 중요하다.

(2) 필요를 채우라

영아의 신체적 필요는 정서적 필요로 해석된다. 따뜻함, 위로, 음식, 접촉과 같은 필요들을
채우면 영아의 정서적 필요도 채우게 된다.

(3) 일관성을 가져라

영아와 있을 때는 언제든지 말, 접촉 등을 계속해서 반복하라. 일관성은 영아에게 안정감과
친숙함을 준다.

(4) 바로 즉시 응답하라

영아가 당신을 필요로 할 때 거기에 있으라. 영아는 자아 중심적인 단계에 있다. 영아의 손
짓이나 부름에 바로 달려가는 것이 이성적이지 못한 것으로 보일 수 있다. 그러나 하나님은
영아의 필요에 얼마나 바로 응답하느냐에 따라 영아가 신뢰를 가지도록 창조하셨다.

(5) 인내심을 가져라

영아가 당신을 필요로 하는 만큼 함께 머물러라. 그의 감정과 필요를 공감하라. 영아에 대
한 당신의 필요가 아니라 영아가 당신을 얼마나 필요로 하는지에 따라 양육하는 시간을 분
배하라. 이것은 영아의 정서적, 영적 발달에 긍정적인 공헌을 하기 위해 영아를 안아주고

대화해주는 데에만 하루에 몇 시간씩 보내야 한다는 의미도 될 수 있다.

(6) 한계선을 설정하라

생후 15개월 동안 영아에게 가능한 한 많은 독립심을 키울 수 있도록 격려해야 한다. 그러나 걸음마 시기의 생후 21개월 동안 영아에게 설정한 한계선을 지키도록 가르쳐야만 한다. 올바르게 독립성을 격려하면서도 즐거움을 포기하도록 해야 한다.

(7) 함께 나누는 개념을 가르치라

이 기간 동안 중요한 또 한가지 발달은 기꺼이 함께 나누는 것이다. 만약 영아가 이기심 없이 서로 나누는 개념을 이해하게 하려면 이 개념에 대한 기본적인 윤곽이 영아기 시기에 바로 설 수 있도록 아이들이 형제들 혹은 다른 친구들과 함께 나눌 때마다 칭찬하고 격려해주어야 한다.

영아들의 영성을 효율적으로 교육하기 위해서는 먼저 영아들의 영성 발달 과정이 어떻게 이루어지는지를 살펴보아야 한다.

그중 르바르는 영적 발달의 단계가 있음을 인정하고 하나님의 속성에 근거를 두고 그 타당성을 옹호하면서 다음과 같이 말하고 있다 :

영적 성장은 종종 꾸준히 계속 전진하므로 신체적 성장과 비슷하다.……그는 중요한 단계를 건너뛰지 않고 분명히 성장 유형에서 한 단계씩 밟는다. "처음에는 싹이요 다음에는 이삭이요 다음에는 이삭에 충실한 곡식이라.(마 4:28)" 앞의 단계가 없이 익은 과일이 없고 싹이 없이 이삭이 없는 법이다. 이런 발달 단계는 하나님이 무한한 지혜로 정하신 하나님이 우주의 질서 정연함을 이룬다.

이와 같이 영아의 영적 성장은 우연히 일어나지 않는다. 그것은 어렵지 않게 확인할 수 있는 일련의 발달 단계를 거치며 일어난다.

영성 발달의 첫 단계는 태아기와 영아기부터 시작되며 시간이 지나면서 점차 성숙해지는 것이다. 그리고 이후에 신체적, 정서적, 영적 돌봄은 하나님과 맺는 믿음의 관계의 기초가 된다. 이러한 초기 과정은 교사와 영아, 부모와 영아 사이에 말로써 이루어지는 것이 아니라 교사와 영아, 부모가 영아에게 행하는 일련의 경험에 의해 영아가 자연스럽게 몸에 익히게 된다. 그러므로 이것은 경험적 믿음이라고 부를 수 있다. 예컨대 부모와 교사가 영아에게 지속적으로 즐거움을 제공해주고, 간지럼을 태우거나 재미있는 표정을 지어주면, 영아는 즐거움과 재미를 경험할 수 있게 된다. 상징적인 행위도 마찬가지다. 부모와 교사가 기도할 때 머리를 숙이거나 가족예배를 드리는 것 등은 영아의 영적 인식을 형성하는 것을 도와준다.

물론 영아들은 당연히 종교적인 믿음이나 개념들을 이해할 수 없다. 그러나 경험적으로 체득하는 종교적인 믿음과 개념은 영아들에게 틀림없이 영향을 준다. 영아들은 환경의 분위기를 느낄 수도 있고, 교사가 의식하지 못하고 행하는 행동이나 태도 역시 의식하여 이에 반응할 수도 있다.

처음에는 익숙하지 않은 경험적 믿음이 영아가 2-6개월이 될 무렵에는 의식화된 패턴이나 익숙해진 행동 방식으로 보호자와 상호 작용을 하며 관계할 수 있게 된다.

그리고 생후 15개월까지는 영적 발달에 기본이 되는 어떤 것들이 결정된다.

걸음마 시기인 15-36개월까지는 아장아장 걷는 아기가 급속하게 언어 기술을 습득하고 새로운 경험을 하게 되며 주위의 작은 세계에서 일어나는 모든 것을 관찰한다. 이때 영아와 교사와 어떠한 인간관계를 맺고 있는지의 여부는 미래에 하나님은 어떤 분인지에 대한 개념에 중요한 역할을 한다.

이처럼 영아기에 영성을 길러준다는 것은 말 그대로 영성을 주입시켜주는 것이 아니라, 영아에게 영성의 토대를 마련해준다는 것이다.

영아가 현재 어느 정도 영적으로 안정되어 있는지 다음의 영적 안정감 진단을 해보도록 하자.

영아기(출생-15개월)
- 부모가 있을 때 안정감과 안전감을 갖는다.
- 부모가 없을 때도 안정감과 안전감을 갖는다.
- 안아 주거나, 속삭이거나, 쓰다듬어 주는 것에 긍정적으로 반응한다.

유아기(15개월-만 3세)
- 부모가 있을 때 사랑받고 수용된다고 느낀다.
- 홀로 내버려둔 후에도 사랑받고 수용된다고 느낀다.
- 안돼라는 말을 듣고 난 후에도 사랑받고 수용된다고 느낀다.
- 언어적, 신체적으로 자유롭게 사랑을 줄 수 있다.
- 분리-개별화의 과정을 시작했다.
- 화낼 때보다 평화로울 때가 더 많다.

2) 부모의 영성이 주는 영향력

심리학의 연구 결과들은 한결같이 영아의 인성이나 창의성 같은 능력의 발달이 가정에서의 부모의 양육 태도나 부모가 만드는 가정 분위기와 매우 높은 상관관계가 있음을 제시하고 있다. 인간의 양심, 도덕의식, 종교적 태도 같은 인간의 심층적인 특성은 그 바탕이 가정에서 부모와 가족들의 영향으로 알게 모르게 형성 발달되는 것이다. 그리고 한번 형성된 것은 의도적인 학교 교육을 통하여 수정되고 변화되기가 대단히 어려운 것이다. 가정은 사랑을 통해서 배우는 곳이며, 가정에서 배워야 할 가장 귀한 것은 사람의 감정을 바탕으로 하는 종교적 신념이다.

창조의 법칙에 따라 모든 생명에게 하나님이 몸과 혼과 영을 주시고, 각각의 영역에서 성장할 수 있는 무한한 잠재력을 주신다. 삶 속에서 이 세 가지 차원은 점점 발전해가며 아름답게 연합된다. 아이들의 삶 속에서 이 세 가지 차원은 아이들의 총체적인 영적 성장에 점점 더 중요해진다. 이 세 가지는 한 아이의 삶 속에서 아름답게 연합된다.

이 중에서 영(Spirit)은 성령을 모실 수 있는 매개체가 된다. 이로 인해 삶과 죽음을 초월하는 보증을 받게 되는 것이다. 개개인의 영혼, 즉 인간의 영은 끊임없이 하나님의 사랑을 갈구한다. 영에는 세 가지 기능이 있다. 첫째, 영은 하나님을 아는 기능을 갖고 있다. 둘째, 영은 인간 양심이 머무는 곳이다. 셋째, 인간의 영에 내주하신 후 성령은 정신적 이성과는 다른 초자연적인 인식과 통찰력을 준다.

태아기에서부터 영아기까지 부모에게 주어진 과제는 자녀의 영을 세상의 온갖 악으로부터 차단시켜 하나님께로 안전하게 인도하는 것이다.

특히 영아기에는 초기 신앙을 개발하여 구축해야 한다. 영적 성장을 위한 최초의 시금석이 건강하고 견고하게 세워지는지, 아니면 금이 가서 부서지게 되는지는 전적으로 부모의 손에 달려 있다고 볼 수 있다.

비록 말도 못하고, 자신의 감정보다는 본능에 충실한 영아라 하더라도 부모가 하는 생각과 말, 행동뿐만 아니라 부모의 영적 성품에 큰 영향을 받게 된다. 영아는 무의식적으로 부모의 성품과 삶의 방식을 채택한다. 그러므로 영아의 영성 교육에서 가장 중요한 사람인 부모의 영적 성품은 바로 영아의 영성과 직결된다.

영아의 영적 성장을 위한 하나님의 계획은 철저히 부모를 통해서 이루어진다. 부모의 영적 성품이 어떠하느냐에 따라 자녀가 이후의 삶에 있어서 하나님과 건강한 믿음의 관계를 형성해갈 수 있는지가 결정된다.

(1) 어머니의 영적 성품

빌리 그래함의 어머니 머로우 그래함은 순종적인 영적 성품을 가지고 자녀의 영적 성장을 잘 이끌어간 사람 중의 하나다. 빌리 그래함의 전기에서 윌리엄 마틴은 다음과 같이 썼다.

'빌리 그래함의 부모가 결혼했을 때, 그들은 결혼 첫날밤을 함께 기도하고 성경을 읽으면서 그들의 연합을 하나님께 드렸고, 가정에서 날마다 "가정 제단"을 쌓았다. 이러한 것에 자극제가 되었던 사람은 빌리의 어머니였던 머로우 그래함이었다. 머로우는 빌리의 등을 씻어주면서 성경구절을 일러주었고, 그녀가 처음 알려준 구절은 전도의 위대한 황금률인 요한복음 3장 16절이었다 '(William Martin, 1991).

영적으로 성숙한 어머니로부터 성장한 많은 아이들이 역시 수많은 사람들에게 영향을 미쳤고, 역사의 흐름을 바꾸었으며, 세상에 빛을 전파하는 선구자가 되었다.

사실 완벽한 영적 성품을 가지고 자녀를 양육한 본보기로는 예수님의 어머니인 마리아만한 사람이 없을 것이다. 하나님께서는 자신의 아들이 겸손하고 신실하며 경건한 어머니의 영향 아래 자라기를 원하셨기에 온전한 믿음을 가진 마리아를 택하셨다.

예수님이 처음부터 온전한 자는 아니었다.

그는 힘없는 어린아이로 오셔서 보통 아이들이 겪는 신체적, 정신적, 정서적, 영적 성장의 전 발달 단계를 모두 거쳤다. 누가복음 2장 52절의 말씀대로 '지혜와 그 키가 자라가며 하나님과 사람에게 더 사랑스러워'지셨던 것이다. 예수님의 어린 시절은 어머니 마리아의 경건한 양육에 의한 성장과 발달로 특징 지워진다.

마리아도 인간이기에 완벽한 어머니는 아니었을 것이다. 그렇지만 마리아는 하나님을 믿었고, 그에게 완전히 순종하여 자신을 드린 사람이었고, 무엇보다도 기도하는 사람이었다. 마리아는 기도로써 모태에서부터 아이에게 하나님과의 관계를 마련해주었다.

현재 많은 어머니들이 아이를 기르는 데 있어서 많은 문제를 가지고 있는데 특히 일하는 어머니의 경우가 그렇다. 많은 가정의 어머니들이 일과 가정 사이에서 갈등하고 있다.

이때 어머니들이 가장 우선적으로 생각해야 할 것은 가족이다. 만일 탁월한 영성의 소유자라면 당연히 가족을 일보다 우선시할 것이다. 특히 영아의 경우에는 어머니가 바로 곁에서 사랑을 주어야 하고, 그 사랑을 토대로 영성을 채워주어야 한다. 만약 어쩔 수 없는 상황 때문에 영아와 떨어져 있어야 한다면 영아에게 어머니를 완벽하게 대신할 수 있는 대리자를 충족시켜 주어야 할 것이다.

(2) 아버지의 영적 성품

하나님은 아버지에게 자녀의 경건한 영적 성품의 모델이 되는 책임을 부여하셨다. 그리고 자녀들이 건강한 정서를 함양할 수 있도록 하는 책임도 지우셨다. 그러나 세상의 수많은 아버지들이 그 역할을 감내해 내지 못하고 있다.

아버지는 하나님과 정확히는 아니더라도 비슷한 이미지를 갖추도록 노력해야 한다. 하나님의 이미지를 보여주는 데 실패한 아버지는 아이에게 하나님의 왜곡된 모습을 투영하게 된다. 만일 아이와 아버지와의 관계가 안정되고, 긴밀한 사랑으로 연합되어 있으면 하나님과의 관계도 그렇게 될 것이다.

아버지는 요셉처럼 의롭고, 아브라함처럼 고결하고, 다윗처럼 순종적이고 사랑하는 것에 인색하지 않은 사람이어야 한다. 교회에서와 집에서의 삶의 모습이 이중적이거나 정직하지 못하거나 권위에만 치우쳐서는 안 된다. 경건한 삶을 통해서 아이에게 하나님의 성품을 전달해야 한다.

또한 아버지 역시 아이들을 위해 기도해야 하는 사람이어야 한다. 그리고 아이들과 함께 기도해야 한다. 아이들이 얼마나 일찍부터 기도의 의미와 중요성을 이해하는지 안다면 놀랄 것이다. 태중에 있을 때부터 기도는 아이의 영성에 큰 도움이 되겠지만, 영아와 함께 하는 지속적인 기도는 영아의 영성 발달에 초석이 된다.

자녀가 하나님을 향하여 첫 발을 내딛도록 어머니가 양 사이를 잇는 튼튼한 다리가 되어야 한다. 그렇다면 어떻게 다리가 되어야 하는가? 날마다 하나님의 말씀을 의지하고, 말씀에 순종하는 삶을 살며, 기도하는 가운데 하나님의 뜻이 무엇인지 귀를 기울여야한다.

어머니가 하나님으로부터 먼저 영성을 공급받지 않고는 영아에게 그 공급받은 것을 나누어줄 수 없다. 어머니가 채움을 받음으로서 영아와 하나님과의 관계를 이어주는 다리가 되어줄 수 있는 것이다.

영적 성품을 기르는 데 가장 중요한 것은 어떤 상황에서도 순종하는 강한 믿음의 확립이다. 순종은 수동적이지만, 모든 믿음의 성장 과정의 최상위에 있는 개념에 속한다. 무조건적인 신뢰는 많은 경험과 지식을 바탕으로 하며, 진정한 권위를 아는 자만이 할 수 있는 것이다.

갈라디아서 5장 22-23절을 보면 크리스천에게는 성령의 열매라는 것이 요구된다. 사랑, 희락, 화평, 오래참음, 자비, 양선, 충성, 온유, 절제, 이것들을 성령의 열매라고 부른다. 부모는 이 성령의 열매를 지니고 있어야 한다. 이 열매를 지니기 위해서는 순종적인 믿음을 갖추고 있어야 한다.

3) 교육학자들의 관점에서 본 영성

대표적인 영성 교육의 교육자로는 프뢰벨, 몬테소리, 코메니우스, 페스탈로찌, 프뢰벨, 몬테소리 등을 들 수 있다. 그들의 교육사상 속에서 영성교육적 의미를 고찰해보도록 하겠다.

그들은 공통적으로 아이들의 내면에 간직되어 있는 영성적인 부분을 발견하고, 그것을 일깨우려 하였으며, 교육이란 아이들 스스로 자기의 내면세계를 발달시키고 세계와의 관계성을 형성하는 데 돕는 작용이라고 보았다.

(1) F.W.A. 프뢰벨(F.W.August Frobel, 1782~1852)

프뢰벨은 "신은 만물의 근원이며 만물 중에 존재해 있으며 만물을 소생시키며 또 만물을 지배한다. 만물은 신 가운데, 또 신에 의해 존재하며 신에 의해 생명을 부여받고 또 거기에 그 본질을 간직하고 있다."고 했다. 프뢰벨의 자연주의 교육관과 인간 교육의 원리들은 코메니우스, 루소, 페스탈로찌의 교육이론과 함께 근대 교육사상의 기초를 이루고 있다. 특히 그는 대표적 저서인 『인간교육』에서 인간 교육의 방향을 인간, 자연, 신의 관계 속에서 파악하였으며, 신의 품성을 닮은 인간의 본성을 중시하였다.

그에게는 모든 만물이 신적인 성질, 즉 신성을 지니고 있으며 신성은 만물의 본질이며 만물을 움직이는 생명으로, 인간과 자연은 신성 안에서 통일된 것으로 나타난다. 신성은 만물에 내재하며 만물의 힘의 법칙으로서 만물을 형성하는 힘이다. 그러므로 교육은 만유재신론의 이념을 통해 영원히 신의 기능인 초월적 차원을 지향해야만 한다는 것이다.

프뢰벨은 인간의 도덕성 교육의 문제에도 종교적 접근을 시도하였으며, 인간의 영성이 도덕교육의 핵심이 되어야 한다고 강조하였다(이숙종,2001). 인간이 선하게 되는 것을 배우는 것은 자연법칙에 따라서 궁극적으로 인간이 하나님과 일치하는 기회를 가질 때 가능하다고 보았다. 그는 모든 만물과 하나님과의 인격적 관계를 영성교육의 출발점으로 이해하였다.

(2) M.몬테소리(Maria Montessori,1870~1952)

몬테소리는 루소의 영향을 받아 어린이를 신의 속성을 지닌 선한 존재로 보았다. 몬테소리는 어린이 개개인의 선한 천성이 정상적으로 발달하도록 돕는 데 교육목적을 두고, 정상궤도를 벗어나 일탈된 발달을 하고 있는 어린이들을 '정상화'로 이끌기 위해 '준비된 환경'의 필요성을 강조하였다(Schmutzler,2001). 여기서 '정상화'란 어린이의 건강한 정신적, 영적 그리고 육체적 발달을 의미한다.

몬테소리는, "영성은 다른 생명체에게는 나타나는 않는 인간 특징으로서의 최고의 능력"이라고 보았다(Wolf,1996). 몬테소리에게 영성이란 인간의 가장 깊은 내면과 모든 자연 그리고 우리를 둘러싸고 있는 우주에서 근원을 찾는 것이다. 몬테소리는 인간 생명은 '영적 태아'에서 시작된다고 보았으며, 어린이를 위해 평화로운 세계를 유지하기 위한 방법으로 생태학적 우주관에 관심을 가지고 우주신학과 연결하여 어린이들의 영성을 보려고 노력하였다. 몬테소리는 영성을 어린이들에게 잠재적으로 내재된 능력으로 보았기 때문에, 이러한 영적 잠재 능력은 교육을 통해서 계발해 주어야 한다고 보고 구체적인 방법을 제시하기도 하였다(이영숙,1998).

몬테소리는 어린이들의 영성이 바로 모든 생명과 자기 자신이 가지고 있는 그 어떤 신성함과 연결되는 것을 자각하는 것이라고 말하였다. 어린이의 정신 속에 깃들어 있는 거룩한 영성을 통해서 인간들은 우주에 생존하는 모든 생명체에 대한 존경과 경이로움을 배우고 느낀다고 보았다. 그리하여 어린이들이 살아 있는 모든 생명체와 관계를 가지면서 그들을 사랑하고 존중하는 자세를 가르쳤다.

몬테소리의 우주교육은 인간과 하나님과 사물의 관계를 어린이들에게 인식시키는 교육이다. 그리고 자신을 사랑한다는 것이 바로 모든 사물과 모든 사람을 사랑할 수 있는 근원적인 요소가 된다고 보았다.

또한 몬테소리의 종교교육은 넓은 의미에서 몬테소리 교육학의 총체라고 할 수 있으며, 도덕교육과도 관계된다(조성자, 1996). 몬테소리 종교교육의 근본적인 과제는 인간 안에 현존하는 하나님을 인식하고 사랑하는 것이다.

몬테소리는 인간의 영적 잠재 능력을 바탕으로 우주교육이나 종교교육을 전개시켰다. 어린이들이 모든 생명과 자기 자신이 가지고 있는 그 어떤 신성함과 연결되는 것을 자각하고, 우주에 생존하는 모든 생명체에 대한 존경과 경이로움을 배우고 느끼도록 하였다. 이러한 교육을 통해 몬테소리는 어린이들이 자기 자신을 사랑하고, 우주 안에 생존하는 모든 것을 사랑할 수 있는 마음을 가지도록 하였다.

(3) J.A. 코메니우스(Johann Amos Comenius, 1592~1670)

코메니우스의 사상은 교육학의 역사에서 가장 최초의 체계적인 기독교적 교육철학으로 신학적 기초를 떠나서는 올바로 이해할 수 없다(오인탁, 1990). 그의 교육사상은 전체적으로 기독교적 인간 이해를 바탕으로 하고 있음을 여러 저서에서 볼 수 있다. 그는 인간을 첫째 합리적 존재, 둘째 모든 피조물의 지배자, 셋째 하나님의 형상으로 이해하였다. 그는 인간이 태어나면서부터 모든 것을 알도록, 모든 것과 자기 자신을 다스리도록, 모든 것의 근원인 하나님께 의탁하도록 요구되어 있다고 보았다(Comenius, 1996a). 그는 인간의 이 세 가지 속성을 학문, 덕성, 경건으로 정의하고, 그것은 타고난 것으로 세 가지는 조화롭게 계발하도록 돕는 것을 교육으로 보았다.

그는 교육을 통해 모든 사람들이 세 가지 속성을 조화롭게 계발하여 자기완성에 도달해야 함을 『범교육학』에서도 다음과 같이 강조하였다(Comenius, 1996b).

범교육학은 전 인간 세대의 각 개인에 관련된 돌봄을 생각한 것이다. 그것은 전체를 표준으로 삼아, 인간을 그의 본질의 온전성에로 인도하는 일이다.······ 모든 사람들은 그들 각자의 인간 본성의 완성에로 이끌어져야 한다.

즉 코메르니우스는, 인간에게 교육은 인간 본성의 완성으로 이끄는 역할을 하기 때문에, 인간은 교육에 의하여 하나님의 뜻을 깨닫고 그것을 위해 살아갈 힘을 길러야 한다고 보았다. 그렇게 때문에 모든 사람이 다 교육을 받아야 하며, 철저하게 받아야 하고, 모든 것을 다 배워야 한다는 것이다.

코메르니우스는 모든 사람이 교육을 받아야 하고, 또 받을 수 있다고 주장하였으며, 학문·덕성·경건을 교육의 중요한 내용으로 제시하면서, 인간의 세 가지 영역이 조화롭게 발달하여 온전한 인격 형성이 가능하도록 하였다. 그는 이러한 교육을 통해 개인의 통전적 인격 형성을 추구하였으며, 궁극적으로 인간의 하나님 형상의 회복을 지향하였다. 그의 교육사상은 이후에 루소나 페스탈로찌 등에 영향을 주었다.

(4) J.H.페스탈로찌(Johann Heinrich Pestalozzi, 1746~1827)

페스탈로찌는 인간의 본성 안에 있는 여러 힘을 순수한 인간의 지혜로까지 두루 높여 길러주는 것, 이것이 가장 미천한 계층의 사람들에게도 교육의 일반목표가 되어야 한다고 강조하였다. 그는 모든 아이들에게 하나님이 주신 성스러운 인간성의 힘이 깃들어 있으며, 우리가 항상 교육에서 추구해야 할 점은 인간성 회복임을 강조했다.

인간성의 선천적인 힘과 소질을 자연스러운 교육방법을 통하여 조화롭게 계발하자는 것이 그의 교육방법의 핵심으로 '합자연의 원리'이다.

페스탈로찌는 인간성 안에 내재하고 있는 여러 소질을 조화롭게 발전시킬 것을 강조하였다. 특히 어린이는 누구나 하느님이 주신 성스러운 인간성을 지니고 있다는 믿음을 갖고 교육실천을 펼쳐나갔다. 그는 교사는 가르침과 배움을 함께 하는 자세와 애정 있는 마음과 진실성이 담긴 교육을 해야 한다고 강조하였다.

교육이란 하나의 영혼과 다른 영혼이 인격적 관계 속에서 대화를 통하여 진리를 함께 추구해나가는 과정이다.

그는 교육에서 삼육론을 펼치는데 핵심은 사랑으로, 특히 '신뢰·순종·감사·사랑'의 네 덕목의 훈련이 필요하다고 보았다. 그는 "하나님을 사랑하고 신뢰하고 따르고 그에게 감사할 수 있게 되려면, 먼저 인간을 사랑하고 신뢰하고 따르고 인간에게 감사드리지 않으면 안 된다."고 생각하고, 이러한 능력은 주로 갓난아이와 어머니 사이의 자연스러운 관계로부터 생긴다고 말했다. 사랑과 감사와 신뢰의 싹은 어머니와 아기 사이의 본능적 감정의 만남에 의해 생긴 단순한 결과인 반면, 이렇게 싹튼 감정은 그후 인간적인 교육방법에 의해 지속된다는 것이다.

0~3세, 영아기 교육의 실제

- 사회놀이
- 동작놀이
- 인지놀이
- 일상생활놀이들
- 감각놀이
- 언어 놀이들
- 수놀이
- 영성놀이

사회 놀이들
SOCIAL ACTIVITIES

사회 놀이들에 대해 기억해야할 일반적인 점들

- 아기의 이름을 부르며 맞이 한다.
- 사회 활동을 아기가 다른 사람의 감정을 인식하는 것을 돕는데 사용한다.
- 문제나 갈등을 해결하는 평화로운 방법을 장려한다.
- 몸을 쉬면서 풀어주는 방법과 노래에 맞추어 리듬을 타는 방법을 개발한다.
- 보다 공개적인 사회적 교류뿐 아니라 조용하게 나누는 기회를 포함한다.

아기를 위한 사회 놀이에 관한 요점

- 특정한 소리와 얼굴의 표정을 연습
- 모방하기
- 기대하기
- 협동하기
- 다른 아기들에게 주의를 기울이기
- 순서를 기다리는 법을 발달 시키기
- 나누는 경험의 기쁨 알기
- 긍정적인 자아인식 개발하기

사회 놀이

SOCIAL ACTIVITIES

얼굴의 표정이나 입으로 내는 소리 따라 하기
(Imitating Facial Expressions and Mouth Sounds)

교 구
아기와 교사

시 범
① 아기와 마주보고 앉는다.
② 미소를 지으며 아기의 이름을 부르며 인사를 한다.
③ 만일 아기가 이미 소리를 내거나 표정을 짓는다면 아기를 흉내 내는 것으로 시작한다.
　아기가 "모 모 모"하고 소리를 내거나 혀를 내밀고 있을 수 있다.
　아기가 반대로 어른을 따라 하기 시작하면 몇 초 동안 계속 반복하다가 멈춰서 웃어 준다.
④ 아기가 관심을 가질 때까지 반복한다.
⑤ 만일 아기가 소리를 내지 못하거나 표정을 짓고 있지 않다면 입으로 소리를 내며 시작한다.
　(예 : 입술 오므리기, 혀로 똑똑 소리내기)
⑥ 아기가 관심을 가질 때까지 계속 반복한다.

잘못의 정정
교사에 의해

연 령
3~6개월

흥미점
다양한 표정과 입으로 소리내기

목 적
• 직접 목적 : 사회성 연습하기
• 간접 목적 : 집중력, 시각적 예민성(언어와 몸을 지각하는 기초) 훈련

변형 및 응용
• 간단한 몸동작(손 흔들기, 머리를 좌우나 위아래로 움직이기, 코 만지기,
• 손가락으로 한쪽 귀 후비기, 자신의 머리 쓰다듬기, 손뼉 치기, 발 만지기

예상하기
(Anticipating)

교 구
아기와 교사

시 범
〔1단계〕
① 미소를 지으며 아기의 이름을 조용히 부르며 인사한다.
② 교사가 손이나 팔 동작으로 아기를 향해 움직이며 노래를 시작한다.
   노래의 마지막 부분은 아기를 만지거나 안아준다.
③ 노래를 몇 번 반복하고 나면 아기가 노래가 끝나는 것을 기다리다가 선생님을 향해
   움직이는 것을 알게 된다.
④ 아기가 관심을 보이는 한 계속 반복한다.

〔2단계〕
① 미소를 지으며 아기의 이름을 조용히 부르며 인사한다.
② 노래를 부를때마다 손가락이나 발가락을 만져준다.
   새로운 구절마다 손가락이나 발가락을 만져주며, 왼쪽에서 오른쪽으로 움직인다.
③ 노래를 몇 번 반복하고 나면 아기가 예상하고 교사를 향해 움직인다.
④ 아기가 관심을 보이는 한 계속 반복한다.

잘못의 정정
교사에 의해

연 령
3~6개월

흥미점
노래를 듣고 몸 움직이기

목 적
• 직접 목적 : 순서를 기다리는 기초 훈련
• 간접 목적 : 사회성, 집중력, 신체 지각 능력 발달

변형 및 응용
• 노래와 함께 아기의 손가락이나 발가락을 잡고 살짝 흔들기
• 매소절마다 아기의 손가락이나 발가락 한 개씩만 잡고 흔들기

사회놀이

143

손을 뻗어 만지기
(Reaching Out and Touching)

교 구

깔개, 바구니, 스카프(아기의 주의를 끌기 위해서 스카프에는 2~3가지의 색깔 정도가 있는
것으로 고른다. 아주 어린 아기 조차도 인상적인 디자인을 구분하고 그런 것에 흥미를 끈다.)

시 범

① 깔개를 깔고 교구를 가져온다.

② 스카프를 바구니에서 꺼내어 깔개 위에 놓고 바구니는 옆에 놓는다.

③ 스카프를 집어 들고 교사의 목에 느슨하게 두른다.

④ 천천히 스카프의 한쪽 끝부분을 흔든다.

⑤ 만일 아기가 스카프로 손을 뻗치면 잡도록 한다.

　아기가 스카프를 잡으려 하지 않는다면 스카프를 가까이 드리워 흔들어 본다.

⑥ 아기가 스카프를 잡으면 미소를 지으면서 말로 격려한다.

　"네가 스카프를 잡고 있어." 하고 말한다.

0-3세 영아기 교육의 이론과 실제

⑦ 아기가 스카프를 잡아당기게 해준다.

⑧ 아기가 스카프를 놓으면 놀이를 반복하고 스카프의 다른쪽 끝을 흔들며 활동을 반복 한다.

잘못의 정정

교사에 의해

연 령

3~6개월

흥미점

스카프를 잡아 당기는 것

목 적

- 직접 목적 : 신뢰감, 자신감
- 간접 목적 : 눈과 손의 협응력, 기하학적 도형들에 익숙해지기

변형 및 응용

견고한 구슬 목걸이, 소리 나는 물건

침묵게임 하기
(Learning Quiet-time Exercises)

교 구

카펫, 아기와 교사

시 범

① 아주 조용히 2-3 구절 노래를 부르거나 휘파람을 분다.

　노래를 하면서 몸동작을 보여준다.

　(예: '높이 뻗는다. 마치 집처럼' 하면서 팔을 뻗어 머리위로 편다.)

② 말과 동작을 천천히 하면서 반복한다. 눈을 감고 조용하고 편안히 쉬면서 마친다.

③ 아기의 동작을 도와주면서 아기가 관심을 보이는 동안 계속 반복한다.

잘못의 정정

교사에 의해

연 령

6~9 개월

흥미점

인내하며 침묵하기

목 적

• 직접 목적 : 조용히 몸을 편하게 풀 수 있는 법 연습하기

• 간접 목적 : 집중력, 동작 연습

변형 및 응용

모래시계 사용하여 침묵하기 연습

간단한 노래 인식하기
(Recognizing Simple Songs)

교 구
아기와 교사

시 범
① 아기와 마주보며 앉는다.
② 미소를 지으며 아기의 이름을 조용히 부르며 인사한다.
③ 간단한 노래를 시작한다.
④ 아기가 관심을 보이는 한 계속 반복하되 매번 소리와 톤을 바꾼다.

잘못의 정정
교사에 의해

연 령
6~12개월

흥미점
다양한 소리와 톤의 노래

목 적
• 직접 목적 : 간단하고 반복적인 노래들과 친숙해지기
• 간접 목적 : 집중력, 신체지각능력

변형 및 응용
여러 아기들과 어른들이 원을 그려 모여 앉아 놀이

물건을 앞뒤로 당기기
(Pulling an Object Back and Forth)

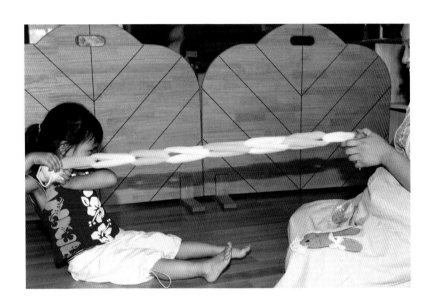

교 구

바구니, 길고 신축력이 있는 스카프나 양말

시 범

① 깔개를 펴고 교구를 소개한다.

② 미소를 지으며 아기의 이름을 조용히 부르며 인사한다.

③ 스카프를 바구니에서 꺼내어 매트 위에 놓고 바구니는 옆에 놓는다.

④ 스카프를 들고 두 손으로 천천히 잡아 늘린다.

⑤ 잠시 멈추고 아기를 향해 미소 짓는다.

⑥ 아기에게 스카프의 끝부분을 주어 아기가 스카프를 잡을 수 있도록 충분한 시간을 준다.

⑦ 아기가 스카프를 잡아당기면 교사가 자기쪽으로 부드럽게 잡아당긴다.
   만약 스카프를 놓치면 다시 잡을 수 있도록 한다.

⑧ 천천히 톱질하는 동작을 만든다.(아기가 잡아당기면 아기 쪽으로 따라 가주어 물건의
   팽창감을 완화시킨다. 그리고 다시 당긴다.)

⑨ 아기가 관심을 보일 때까지 계속 반복한다. 만일 스카프를 살펴보기 시작하면 방해 하지
   않는다.

사
회
놀
이

⑩ 아기가 놀이를 마치면 스카프를 바구니 안에 넣고 정리한다.

잘못의 정정
교사에 의해서

연 령
6~9개월

흥미점
스카프 잡아 밀고 당기기

목 적
• 직접 목적 : 협동심 기르기
• 간접 목적 : 균형과 조화 개발

변형 및 응용
• 활동을 하면서 노래하기,
• "밀어", "당겨" 라는 단어를 배울 수 있도록 언어를 활동에 도입시키기

리듬에 맞춰 놀이하기
(Joining arhythm)

교 구

쟁반, 금속판, 혹은 나무 블록 등 작은 드럼 같이 두드렸을 때 흥미있는 소리 나는 물건, 두드릴 때 사용하는 물건 (숟가락)

시 범

① 깔개를 펴고 교구를 가져온다.

② 숟가락과 판을 쟁반에서 꺼내어 깔개 위에 놓고 쟁반은 옆에 놓는다.

③ 숟가락을 들고 조용히 일정한 리듬에 맞춰 판을 두드린다.

④ 몇 분 동안 두드린 후에 간단한 노래를 부르기 시작한다.

⑤ 멈추고 아기를 향해 미소를 짓는다.

⑥ 아기에게 숟가락과 판을 준다.

⑦ 아기가 판을 두드리기 시작하면 조용히 노래하기 시작한다.

(교사가 부르는 노래와 아기가 두드리는 소리를 맞추려고 시도한다.)

⑧ 반복하고 난 뒤 아기가 판과 숟가락을 관찰하게 한다. 아기가 물건에 집중하면 조용히 물러나온다.

사회놀이

⑨ 놀이를 마치면 판과 숟가락을 쟁반에 놓고 교구들을 제자리에 정리한다.

잘못의 정정
교사에 의해

연 령
6~12개월

흥미점
판을 두드릴 때 나는 소리

목 적
- 직접 목적 : 외부 자극에 반응하기
- 간접 목적 : 음악과 리듬 경험하기, 듣기와 청각능력 발달

변형 및 응용
- 아기가 익숙해지면 다른 노래에 맞춰 아기가 판을 두드리게 한다.
- 노래와 리듬을 다양하게 변화시킨다.(예 : 행진곡, 왈츠, 느린 음악, 빠른 음악, 쾌활한 음악)

노래 속에 단어 넣기
(Filling In Words to a Song)

교 구

아기들이 좋아하는 간단한 리듬의 노래 (예: 반짝 반짝 작은 별)

시 범

① 앉거나 누워 아기와 마주보고 서로 만질 수 있게 한다.

② 아기를 보며 천천히 노래를 부른다.

③ 노래의 마지막 구절에 마지막 단어를 말하기 전 잠시 멈춘다.

④ 매번 노래할 때마다 조금씩 더 길게 멈추어 다음 가사를 아기가 말할 수 있도록 격려한다.

⑤ 흥미가 있는 동안 계속 반복한다.

잘못의 정정

교사에 의해

연 령

9~12개월

흥미점

노래의 템포 차이

목 적

- 직접 목적 : 사회 적응 연습하기
- 간접 목적 : 집중력과 단어발달

변형 및 응용

- 몇 명이 함께 원을 만들어 놀이하기
- 아기가 노래를 익히면 매번 다른 장소에서 시도

모자 써 보기

(Trying On Hats)

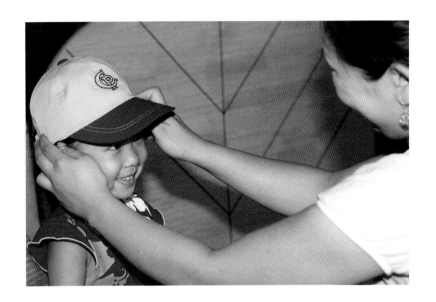

교 구

깔개 , 바구니, 3~4개의 모자

시 범

① 깔개를 펴고 교구를 가져온다.

② 모자를 하나씩 바구니에서 꺼내어 깔개위에 놓고 바구니는 옆으로 치운다.

③ 한 개의 모자를 들고 머리에 쓴다.

④ 잠시 멈추고 아기를 향해 미소를 짓는다.

⑤ 아기에게 모자를 주고 써 보게 한다. 이때 간단히 말한다.

　(예 :" 자, 모자를 써봐.")

⑥ 아기가 모자를 들고 써볼 때 까지 조용히 기다린다.

⑦ 교사와 아기가 둘 다 모자를 썼을 때 아기에게 미소를 짓는다.

⑧ 잠시 후 모자를 벗어 바구니에 넣는다.

⑨ 아기도 스스로 바구니에 넣도록 격려한다.

0-3세　영아기 교육의 이론과 실제

⑩ 다른 모자를 가지고 반복하고, 흥미가 있는 동안 계속 반복한다.

⑪ 활동을 마치면 바구니에 넣고 제자리에 정리한다.

⑫ 깔개를 제자리에 정리한다.

잘못의 정정

교사에 의해

연　령

9~12개월

흥미점

다양한 모자 쓰기

목　적

- 직접 목적 : 옷 입기와 일상생활 능력 기초
- 간접 목적 : 신체조절능력

변형 및 응용

스카프 ,양말, 머리띠, 장갑 사용해서 놀이하기

사회놀이

보물바구니 나누기
(Exploring the Treasure Basket)

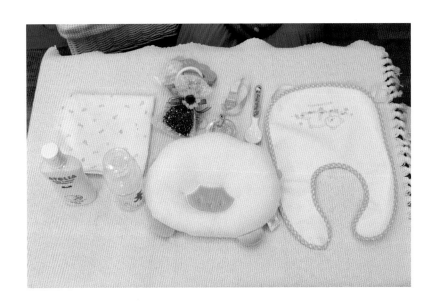

교 구

깔개, 바구니(자연적 재료를 사용하고 손잡이가 없는 바구니 또는 종이상자),
다양한사물(모양스펀지, 부드러운 솔빗, 부드러운 천, 테니스공, 구슬목걸이, 향주머니, 털실
공, 가죽지갑, 소리나는 물건 등...),아이가 혼자 앉을 수 있도록 도와 주는 쿠션,

시 범

[1단계]

① 깔개를 펴고 교구를 옮겨 온다.

② 아기와 마주보고 앉은 뒤 물건을 하나씩 꺼내어 천천히 주의 깊게 살핀다.

③ 물건을 아기가 잘 볼 수 있도록 쥐고 있다. 이때 아기의 다른 감각을 자극하여도 좋다.
   (예: 스카프 흔들기, 사물의 소리 들려주기, 향주머니의 냄새 맡기 등..)

④ 물건을 다시 바구니에 집어넣고 아기를 향해 미소를 지어준다.

⑤ 말하지 않고 앉아서 아기가 바구니의 물건을 탐색할 시간을 준다.

⑥ 새로운 상황에서 신뢰감을 갖도록 감정적 의지를 할 수 있는 양육자가 근처에 있다고 느낄
   수 있도록 도우며 꼭 필요한 경우가 아니면 방해하거나 간섭하지 않는다.

⑦ 탐색활동이 끝나면 교구를 제자리에 정리한다.

[2단계]

① 놀이 매트위에 아기가 충분히 닿을 수 있는 곳에 교구를 놓는다.

② 아기가 내용물을 탐색하기 시작하면 교사는 아기의 시선이 닿는 범위 안에서 자리를 옮겨 아기를 주의 깊게 관찰한다.

③ 아기의 탐색활동이 끝나면 교구를 제자리에 정리한다.

잘못의 정정

교사의 행동 수정

연 령

6~12개월

흥미점

사물에 따른 촉감의 차이, 사물의 다양한 모양

목 적

• 직접 목적 : 시도와 실수를 통한 새로운 경험 형성
• 간접 목적 : 호기심 향상, 탐구심과 자립심 향상, 집중력과 자신감 증진

변형 및 응용

두 아기가 함께 놀이하기

동작 놀이들

MOTOR ACTIVITIES

동작 놀이들에 대해 기억해야할 일반적인 점들

■ 동작놀이를 3세 미만 아이들과 하면서 대상연속성, 즉 물건이 상자안에
  들어 가도 다시 꺼낼 수 있고 사라지는 것이 아니라는 개념을 알려준다.
■ 대·소 근육의 균형잡힌 발달을 위한 놀이를 제공한다.
■ 눈과 손의 협응력, 시각적 정확도를 훈련할 수 있는 놀이를 제공한다.
■ 가능하면 실질적인 생활 동작들을 가르친다.

아기를 위한 동작 놀이에 관한 요점

■ 뒤집어 물건잡기
■ 협응력의 발달과 연습
■ 적성과 독립심 발견
■ '안'과 '밖'의 개념 알기
■ 시각적 정확도 발달
■ 손근육과 근육 운동의 상호작용 발견

동작 놀이
MOTOR ACTIVITIES

1. 뒤집기
2. 물건잡기
3. 물건 잡어올리기
4. '안과 밖'의 개념
5. 물건을 용기안으로 떨어뜨리기
6. 사물을 구멍에 맞추어 넣기
7. '안'과 '밖' 연습
8. 다른 종류의 물건 쌓아올리기
9. 마른 것 따르기
10. 숨겨진 물건 꺼내기

11. 수직으로 끼우기
12. 수평으로 끼우기
13. 나무 못과 망치
14. 공 넣기
15. 공 밀어 넣기
16. 탁구공 넣기
17. 링 넣기
18. 링 밀어 넣기
19. 미로 쟁반

뒤집기
(Rolling Over)

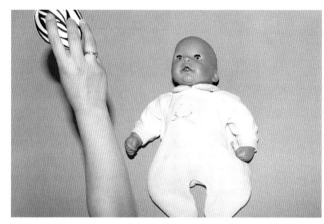

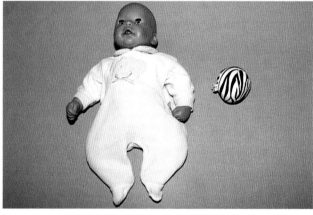

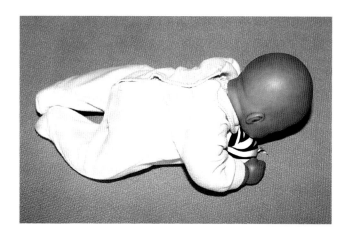

교 구

깔개, 바구니 간단하고 손에 쉽게 잡히는 크기의 물건(부드러운 공, 소리나는 공)

시 범

① 깔개를 깔고 교구를 옮겨 온다.

② 아기가 교사를 바라보고 누워있는 시간을 이용하여 놀이한다.

③ 교사는 아기와 눈맞춤을 하며 아기의 머리쪽으로 가서 앉는다.

④ 물건을 바구니에서 꺼내 아기에게 보여준다.

⑤ 아기가 물건을 보고 있는지 살피며 물건을 아기의 왼쪽으로 움직인다.

⑥ 아기의 눈이 물건을 따라 가는지 살피며 아기가 몸을 돌려 물건을 잡을 수 있는 위치의 매트에 천천히 물건을 놓는다.

⑦ 아기가 뒤집기를 하려고 노력하지만 완전히 뒤집지 못하면 가볍게 아기를 밀어 도와준다.

⑧ 아기가 스스로 또는 도움을 받아 뒤집기를 했을 경우 꼭 물건을 잡도록 한다.

⑨ 아기가 물건을 바닥에 내려 놓으면 방향을 바꾸어 놀이할 수 있도록 한다.

⑩ 놀이를 마친 뒤 물건을 바구니에 담는다.

⑪ 깔개와 교구를 제자리에 정리한다.

잘못의 정정

교사의 행동수정

연 령

3~6개월

흥미점

공의 색과 모양, 공의 움직임, 신체의 방향 전환

목 적

• 직접 목적 : 의도적인 움직임 발달과 연습
• 간접 목적 : 집중력향상, 근육 운동의 공동 작용기능 발달

변형 및 응용

물건을 대신하여 아기에게 친숙한 교사의 손을 사용

물건 잡기
(Grasping Objects)

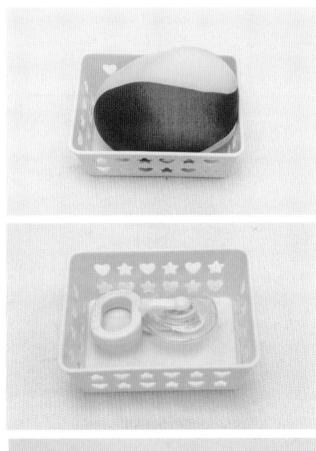

교 구
깔개, 바구니, 아기가 좋아하는 물건(인형, 공, 딸랑이 등)

시 범
① 깔개를 펴고 교구를 옮겨 온다.
② 물건을 꺼내어 들고 아기가 관심을 갖도록 한다.
③ 아기가 물건에 관심을 가지면 물건을 아기 쪽으로 천천히 움직인다.
④ 아기가 손을 뻗어 물건을 잡으려고 하면 물건을 아기가 쥐도록 돕는다.
⑤ 아기가 물건을 떨어트리면 물건을 주워 다시 활동한다. 그러나 반복할 때에는 물건을 아기 앞에서 멈추어 아기가 손을 뻗어 물건을 잡도록 한다.
⑥ 놀이를 마친 뒤 사물을 바구니에 담는다.
⑦ 깔개와 교구를 제자리에 정리한다.

잘못의 정정
교사의 행동수정

연 령
3~6개월

흥미점
물건의 모양과 색, 물건을 잡았을 때의 촉감, 사물의 움직임

목 적
• 직접 목적 : 손으로 물건을 쥐는 능력 발달
• 간접 목적 : 시각능력과 관찰 능력의 향상, 집중력과 문제해결 능력 발달,

변형 및 응용
• 물건의 크기와 촉감이 다른 물건을 제시
• 양말벗기(양말에 다양한 사물을 달아주어 아기가 관심을 갖고 양말을 벗을 수 있도록 함)
• 장갑벗기

물건 집어 올리기
(Developing the Pincer Grasp)

교 구

깔개, 쟁반, 아기가 좋아하는 음식, 음식을 담을 그릇, 깨끗한 음식 매트

시 범

① 깔개를 펴고 교구를 옮겨 온다.

② 음식이 담긴 그릇과 깨끗한 음식 매트를 깔개 위에 꺼내 놓는다.

③ 음식을 꺼내 아기가 볼 수 있도록 든다.

④ 아기가 쳐다보고 있는지 확인한 후 음식을 깔개위의 깨끗한 음식매트위에 놓는다.

⑤ 처음 사용했던 손으로 음식을 다시 집어 그릇에 넣는다.

⑥ 다른 손으로 반복한다.

⑦ 음식이 담긴 그릇을 아기의 손이 닿는 곳으로 옮겨놓고 아기가 활동에 집중하도록 돕는다.

  (아기가 음식을 먹어도 괜찮음)

⑧ 활동을 마친 뒤 음식을 그릇에 담는다.

⑨ 교구를 제자리에 정리한다.

잘못의 정정

교사와 아기의 시각에 의한 변별, 교사의 행동수정

연 령

6~9개월

흥미점

제시된 음식, 음식을 그릇에 넣을때 들리는 소리

목 적

• 직접 목적 : 눈과 손의 협응력 발달, 소근육 발달
• 간접 목적 : 집중력과 문제풀이 해결 능력 발달, 시각적 민감함 훈련, 촉각훈련

변형 및 응용

음식에서 물건으로 바꾸어 제시(입에 넣는 것을 고려하여 큰 물건부터 제시)

'안'과 '밖'의 개념
(Introducing 'In' and 'Out')

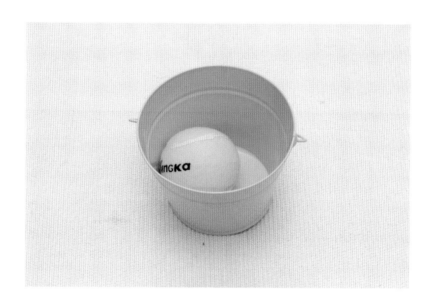

교 구

깔개, 작은 양동이나 상자, 준비된 용기 안에 들어갈 물건(공, 블록, 방울)

시 범

① 깔개를 펴고 교구를 옮겨 온다.

② 물건의 이름을 부르며 양동이에서 물건을 꺼낸다.

   (예 : '공을 밖으로 꺼내자.' -'밖으로'를 강조)

③ 물건을 들어 양동이에 집어넣는다.

   (예 : '이번엔 공을 안으로 넣을게.'-'안으로'를 강조)

④ 양동이 안쪽을 들여다보며 아기가 안쪽의 물건을 볼 수 있도록 한다.

⑤ 물건을 양동이에서 다시 꺼내 매트위에 올려놓는다.

⑥ 아기가 양동이에 물건을 넣도록 유도한다. (예 : '자, 이 공을 양동이 안에 넣어보렴')

⑦ 아기가 놀이할 수 있는 시간을 충분히 주고 만일 스스로 활동하려 들지 않으면 다시한번
   교사가 동작을 보여준다.

⑧ 활동을 마친 뒤 사물을 바구니에 담는다.

⑨ 깔개와 교구를 제자리에 정리한다.

잘못의 정정

교사와 아기의 시각에 의한 변별

연 령

9~12개월

흥미점

공의 움직임, 위치에 따른 언어적 표현

목 적

- 직접 목적 : 눈과 손의 협응력 발달
- 간접 목적 : 안과 밖의 개념 소개, 집중력과 문제해결 능력 발달,
  원인과 결과에 대한 인식, 어휘력 향상

변형 및 응용

- 다양한 크기와 재질의 용기와 사물을 제시
- 머핀 판에 머핀 컵 끼우기
- 달걀판에 탁구공 끼우기

물건을 용기 안으로 떨어뜨리기
(Dropping an Object into a Container)

교 구
깔개, 작은 통이나 바구니, 종이를 구겨 만든 공 (준비된 용기의 입구보다 지름이 2인치 정도 작게 만든다. – 집중력 향상)

시 범
① 깔개를 펴고 교구를 옮겨 온다.
② 종이 공을 꺼내서 아기에게 보여준다.
③ 공을 바구니 위에서 잡고 있는다.
④ 아기가 공을 바라보고 있을 때 공을 바구니 속으로 떨어뜨린다.
⑤ 공을 바구니 밖으로 꺼내어 매트 위에 놓는다.
⑥ 아기에게 공을 집어 들고 공을 살펴보게 한다.
⑦ 아기가 공을 살펴본 후에 공을 바구니 안으로 떨어뜨리도록 유도한다.
  (예 : '공을 바구니 안에 떨어 뜨려볼까?')
⑧ 아기가 공을 넣었다 빼는 활동을 시작하면 활동에 관여하지 말고 관찰한다.
⑨ 활동을 마친 뒤 공을 바구니에 담는다.
⑩ 깔개와 교구를 제자리에 정리한다.

잘못의 정정

교사와 아기의 시각에 의한 변별

연 령

9~12개월

흥미점

종이 공의 모양과 촉감, 공의 움직임

목 적

- 직접 목적 : 손의 움직임 훈련
- 간접 목적 : 집중력과 시각적 정확성 훈련, 원인과 결과에 대한 인식,
　　　　　　눈과 손의 협응력 향상

변형 및 응용

다양한 용기와 공을 제시(청각적 자극을 주는 것도 좋은 방법)

사물을 구멍에 맞추어 넣기
(Putting Shapes into Holes)

173

교 구

깔개, 쟁반, 기하학적 구멍이 있는 상자, 기하학적 모양과 동일한 사물, 사물담을 바구니

시 범

① 깔개를 펴고 교구를 옮겨 온다.

② 구멍 뚫린 상자와 준비된 사물을 깔개위에 꺼내 놓는다.

③ 사물을 아기의 왼쪽에서 오른쪽으로 한 줄로 놓는다.

④ 왼쪽 첫 번째 사물을 집어서 관찰한 뒤 첫 번째 구멍부터 물체의 모양과 구멍이 맞는지 확인한다.

⑤ 사물과 구멍이 맞으면 상자 안으로 넣는다.

⑥ 나머지 사물도 순서대로 맞는 구멍을 찾아 넣는다.

⑦ 상자를 흔들어 사물을 섞은 뒤 다시 꺼내어 한 줄로 놓는다.

⑧ 아기가 사물을 맞는 곳에 끼우도록 돕는다.

⑨ 활동을 마친 뒤 상자와 사물을 쟁반에 담는다.

⑩ 깔개와 교구를 제자리에 정리한다.

잘못의 정정

교사와 아기의 시각에 의한 변별, 사물과 상자의 구멍 뚫린 모양의 일치

연 령

2세 이상

흥미점

상자의 뚜껑에 뚫린 기하학적 모양, 사물의 모양, 사물이 상자에 들어가는 모습

목 적

- 직접 목적 : 손의 섬세한 움직임 발달
- 간접 목적 : 인내력과 문제풀이 능력 향상, 기하학적 모양 인식의 기초, 눈과 손의 협응력 향상

변형 및 응용

- 뚜껑의 모양을 바꿔서 제시
- 상자의 구멍 수를 3개 이상으로 확장
- 입체 도형 큐브

'안'과 '밝' 연습
(Practicing 'In' and 'Out')

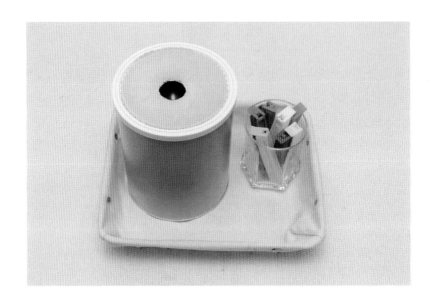

교 구

깔개, 바구니, 뚜껑에 구멍이 뚫린 원통, 원통의 구멍에 들어갈 굵기의 나무막대, 막대를 담을 바구니

시 범

① 깔개를 펴고 교구를 옮겨 온다.

② 준비된 교구를 깔개위에 꺼내 놓는다.

③ 나무막대를 하나 들어 살펴본 뒤 원통의 구멍에 넣고 원통을 흔들어 들어본다.

④ 교사가 2~3개의 나무막대를 원통에 더 넣은 시범을 보인뒤 나머지 나무막대를 아기가 넣을수 있도록 기회를 준다.

⑤ 아기 스스로 할 수 있도록 충분한 시간을 준다.

⑥ 아기가 나무막대를 모두 넣으면 "내가 도와줄까?"라고 이야기하고 뚜껑을 열어 나무 막대를 꺼내어 준다.

⑦ 충분히 활동한 후 교구를 바구니에 담는다.

⑧ 깔개와 교구를 제자리에 정리한다.

잘못의 정정

교사와 아기의 시각에 의한 변별

연 령

2세 이상

흥미점

나무막대의 촉감, 나무막대가 원통에 들어가는 모습, 원통을 흔들었을 때의 소리

목 적

- 직접 목적 : 안과 밖의 경험
- 간접 목적 : 집중력과 문제해결 능력 발달, 눈과 손의 협응력 향상, 물건영속성 인식

변형 및 응용

- 나무막대와 원통의 재질을 바꿔서 제시.
- 여러 가지 모양스틱 끼우기

다른 종류의 물건 쌓아 올리기
(Stacking Assorted Objects)

교 구

깔개, 바구니, 쌓을 수 있는 여러 가지 물건(빈 휴지곽, 상자, 나무블럭, 달걀판 등)

시 범

① 깔개를 펴고 교구를 옮겨 온다.

② 준비된 물건 하나를 깔개 위에 꺼내 놓는다.

③ 물건을 하나씩 꺼내어 처음 물건위에 올려 놓기를 반복한다.

④ 쌓은 것을 넘어뜨리고 아기를 향해 미소를 지어 넘어뜨리는 것도 놀이임을 보여준다.

⑤ 흩어진 물건을 모아서 깔개 위에 놓는다.

⑥ 물건을 이용해 다른 모양으로 쌓기를 한다.

⑦ 다시 쌓은 물건을 아기가 넘어뜨리게 한다.

⑧ 아기에게 '자, 네가 쌓아보렴.'하고 활동을 안내한다.

⑨ 아기가 활동을 마치고 나면 물건들을 바구니에 넣는다.

⑨ 교구와 깔개를 제자리에 정리한다.

잘못의 정정

교사와 아기의 시각에 의한 변별, 물건을 쌓은 모양

연 령

9~12개월

흥미점

- 다양한 쌓기 물건, 물건을 쌓았을 때의 모양,
- 쌓은 물건을 쓰러트릴 때의 소리와 기분

목 적

- 직접 목적 : 균형감각 훈련
- 간접 목적 : 집중력과 문제해결 능력 발달, 눈과 손의 협응력 향상

변형 및 응용

- 터널 또는 다리 만들기(아기가 다리나 터널 밑을 들여다보거나 장난감자동차를 그 밑에 넣어보는 활동)
- 언어적 자극을 준다 ('쌓아 올리기', '넘어뜨리기' 등의 언어 소개)

마른 것 따르기
(Pouring Dry Material from One Container Another)

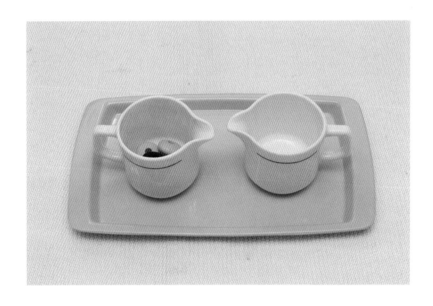

교 구

깔개, 쟁반, 두 개의 컵, 물기가 없는 음식

시 범

① 깔개를 펴고 교구를 가져온다.

② 컵을 깔개 위에 꺼내 놓는다.

③ 음식이 담긴 컵을 들어 빈 컵에 옮겨 붓는다.

④ 다시 빈 컵에 음식 옮겨 붓기를 반복한다.

⑤ '이제 네가 옮겨보렴.'하며 아기를 놀이에 초대한다.

⑥ 아기가 충분히 활동한 후 교구를 바구니에 담는다.

⑦ 깔개와 교구를 제자리에 정리한다.

잘못의 정정

교사와 아기의 시각에 의한 변별, 깔개에 떨어진 음식

연 령

2세 이상

흥미점

제시된 음식, 음식을 컵에 따를 때 나는 소리

목 적

• 직접 목적 : 눈과 손의 협응력 향상

• 간접 목적 : 집중력과 문제해결 능력 발달, 독립심 향상

변형 및 응용

• 컵의 수를 늘려주기

• 음식을 다양하게 준비하기

숨겨진 물건 꺼내기

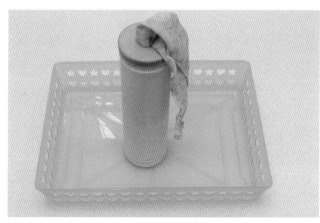

교 구

깔개, 바구니, 뚜껑에 구멍이 뚫린 원통, 가볍고 부드러운 스카프나 타이

시 범

① 깔개를 펴고 교구를 옮겨 온다.

② 준비된 교구를 깔개위에 꺼내 놓는다.

③ 원통을 들어 천천히 관찰한다.

④ 원통의 구멍을 통해 스카프의 끝을 조심히 잡아당긴다.

⑤ 원통 밖으로 스카프가 전부 나올때까지 천천히 잡아당긴다.

⑥ 스카프를 흔들어 아기의 관심을 끌고 난 뒤 스카프를 깔개위에 놓는다.

⑦ 원통의 뚜껑을 열어 스카프 뭉치를 넣고 뚜껑을 덮은 뒤 스카프 끝자락이 구멍으로 조금 나오게하고 원통을 깔개위에 놓는다.

⑧ '이제 네가 스카프를 꺼내보렴'하고 말하며 아기를 놀이에 참여시킨다.

⑨ 아기에게 도움이 필요할 때에만 도움을 줄수있도록 잘 관찰한다.

  (아기가 관심을 보이나 스카프를 잡아당기기 어려워 할 때, 스카프를 원통에 넣기 힘들어 할 때 등)

⑩ 아기가 충분히 활동한 후 교구를 바구니에 담는다.

⑪ 깔개와 교구를 제자리에 정리한다.

잘못의 정정

교사와 아기의 시각에 의한 변별, 교구자체

연 령

2세 이상

흥미점

스카프의 무늬와 색, 스카프의 길이, 스카프를 당길 때의 느낌

목 적

• 직접 목적 : 소근육 발달

• 간접 목적 : 집중력과 문제해결 능력 발달, 눈과 손의 협응력 향상

변형 및 응용

• 언어놀이로 확장('꺼내보자', '찾아보자', '감춘다' 등의 언어사용)

• 원통안의 사물을 바꿔서 제시

• 끈에 물체를 달아 잡아당기기

동작놀이

수직으로 끼우기

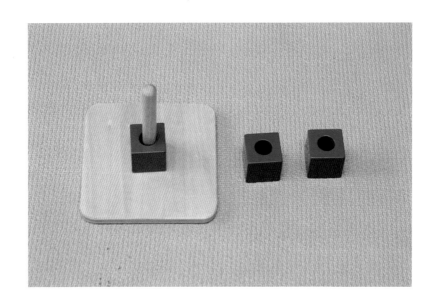

교 구

깔개, 수직 끼우기 막대, 구멍이 있는 원 3개, 쟁반

시 범

① 깔개를 펴고 교구를 가져온다.

② 수직 막대에 끼워져 있는 3개의 원을 하나씩 꺼내서 왼쪽에서 오른쪽으로 나열한다.

③ 하나의 원을 관찰한 후 수직 막대에 끼운 후 나머지 원은 아기가 넣도록 기회를 준다.

④ 스스로 원을 끼우지 않으면 "선생님이 도와줄까?"라고 이야기하고 아기의 손을 잡고 함께
   끼울수 있도록 도와준다.

⑤ 아기가 흥미를 가지면 충분히 활동하도록 옆에서 지켜본다.

⑥ 깔개와 교구를 제자리에 정리한다.

잘못의 정정

시각에 의한 변별

연 령

2세 이상

흥미점

구멍이 있는 원을 수직 막대에 끼우는 것

목 적

• 직접 목적 : 균형 감각 발달
• 간접 목적 : 집중력, 눈과 손의 협응력

변형 및 응용

여러가지 모양의 도형 끼우기

수평으로 끼우기

교 구

깔개, 수평 끼우기 막대, 구멍이 있는 원 3개, 쟁반

시 범

① 깔개를 펴고 교구를 가져온다.

② 수평 막대에 끼워져 있는 3개의 원을 하나씩 꺼내서 왼쪽에서 오른쪽으로 나열한다.

③ 하나의 원을 관찰한 후 수평 막대에 끼운 후 나머지 원은 아기가 넣도록 기회를 준다.

④ 스스로 원을 끼우지 않으면 "선생님이 도와줄까?"라고 이야기하고 아기의 손을 잡고 함께
　끼울수 있도록 도와준다.

⑤ 아기가 흥미를 가지면 충분히 활동하도록 옆에서 지켜본다.

⑥ 깔개와 교구를 제자리에 정리한다.

잘못의 정정

시각에 의한 변별

연 령

2세 이상

흥미점

구멍이 있는 원을 수평 막대에 끼우는 것

목　적

• 직접 목적 : 균형 감각 발달

• 간접 목적 : 집중력, 눈과 손의 협응력

변형 및 응용

여러가지 모양의 도형 끼우기

나무 못과 망치

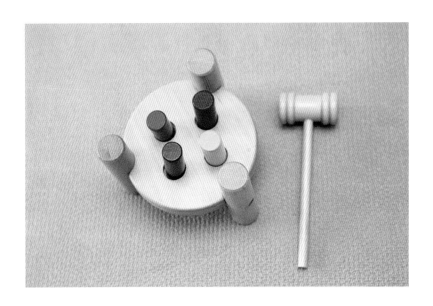

교 구
깔개, 나무 못이 있는 원판(다리가 있어 못이 내려가도 바닥에 닿지 않는것) 나무망치, 쟁반

시 범
① 깔개를 펴고 교구를 가져온다.
② 나무 못이 있는 원판의 오른쪽에 나무망치를 놓는다.
③ 나무 망치를 들고 "망치로 못을 두드려 볼께." 이야기한 후 나무 못을 두드린다.
④ 못이 아래로 내려 더 이상 내려가지 않으면 다른 못을 두드린다.
⑤ 나머지는 아기가 해 보도록 기회를 준다.
⑥ 스스로 망치를 사용하지 못하면 " 선생님이 도와줄까?"라고 이야기하고 아기의 손을 잡고
   함께 두드린다.
⑦ 아기가 흥미를 가지면 충분히 활동하도록 옆에서 지켜본다.
⑧ 깔개와 교구를 제자리에 정리한다.

잘못의 정정
나무 못이 내려가지 않는 것

연 령

2세 이상

흥미점

망치로 두드릴 때 마다 나무 못이 내려 가는 소리와 모양

목 적

• 직접 목적 : 균형 감각 훈련
• 간접 목적 : 집중력, 눈과 손의 협응력

변형 및 응용

나무 막대 재질을 바꾸어 제시하기

공 넣기

교 구

깔개, 둥근 구멍과 서랍이 있는 상자, 부드러운 공(구멍보다 크지만 구멍에 넣으면 들어가는 공), 쟁반

시 범

① 깔개를 펴고 교구를 가져온다.

② 공을 들어 모양을 관찰하고 만질 때의 느낌을 아기에게 말한다.

"둥글고 부드러운 이 공을 구멍 속에 넣어 볼께."

③ 공을 넣은 후 "공이 어디갔을까?"라고 이야기한다.

④ 아기가 직접 해 보도록 기회를 준다.

⑤ 아기가 흥미를 가지면 충분히 활동하도록 하고 도움이 필요할 때만 도와주도록 잘 관찰한다.

⑥ 깔개와 교구를 제자리에 정리한다.

잘못의 정정

공이 들어가지 않는 것

연 령

2세 이상

흥미점

• 공을 만졌을 때의 느낌

• 큰 공이 작은 구멍속으로 들어가는 것

• 서랍을 열면 공이 들어있는 것

목 적

• 직접 목적 : 손의 힘 조절

• 간접 목적 : 집중력, 눈과 손의 협응력

변형 및 응용

다른재질의 공 넣기

동작놀이

공 밀어 넣기

교 구

깔개, 팜팜 공 여러개, 바구니, 다리가 있는 15cm정도의 긴 원통 1개

시 범

① 깔개를 펴고 교구를 가져온다.

② 팜팜 공을 들어 부드러운 느낌을 아기와 함께 관찰한다.

　　"부드러운 공이 있어요. 여기 원통 속에 넣어볼께요."

③ 하나의 팜팜 공을 잡고 가로로 된 원통 속에 넣어본다.

　　공이 보이지 않으면 "어? 공이 어디있을까?" 하고 아기와 함께 찾아본다.

④ 하나의 팜팜 공을 더 넣어본다. 보이지 않으면 또 함께 찾아본다.

　　(원통안에 있는 것을 아기가 보면 "아~ 여기에 있구나."하고 이야기한다.)

⑤ 아기가 흥미를 보이면 넣어보도록 기회를 준다.

⑥ 세 개를 넣으면 반대쪽에서 공이 나오는 것이 보인다.

　　"공이 나왔어요."하며 나온 것은 바구니에 담는다.

⑦ 아기가 흥미를 보이면 충분히 활동하도록 옆에서 지켜본다.

⑧ 깔개와 교구를 제자리에 정리한다.

잘못의 정정
공을 밀지 않는 것

연　령
2세 이상

흥미점
원통에 공이 많이 들어가면서 반대쪽으로 공이 빠져 나오는 것

목　적
- 직접 목적 : 안과 밖의 경험
- 간접 목적 : 집중력, 눈과 손의 협응력

변형 및 응용
세로로 된 원통으로 공 밀기

탁구공 넣기

교 구

깔개, 둥근 구멍이 있는 긴 서랍, 탁구공, 쟁반

시 범

① 깔개를 펴고 교구를 가져온다.

② 탁구공을 들어 관찰하고 만질 때의 느낌을 아기에게 말한다.

"둥글고 매끄러운 이 공을 구멍 속에 넣어 볼께."

③ 공을 넣은 후 "공이 어디갔을까? 라고 이야기한다.

　　아기가 공을 찾을수 있도록 잠시 기다린 후 서랍을 열어 공을 확인하고 꺼낸다.

④ 아기가 직접 해 보도록 기회를 준다.

⑤ 아기가 흥미를 가지면 충분히 활동하도록 하고 도움이 필요할 때만 도와주도록 잘
　　관찰한다.

⑥ 깔개와 교구를 제자리에 정리한다.

잘못의 정정

공이 들어가지 않는 것

연 령

2세 이상

흥미점

• 탁구공이 서랍안에 들어갈 때 나는 소리
• 서랍을 열면 공이 들어있는 것

목 적

• 직접 목적 : 손의 힘 조절
• 간접 목적 : 집중력, 눈과 손의 협응력

변형 및 응용

• 다른 재질의 공 넣기
• 한꺼번에 여러개의 탁구공 넣기

링 넣기

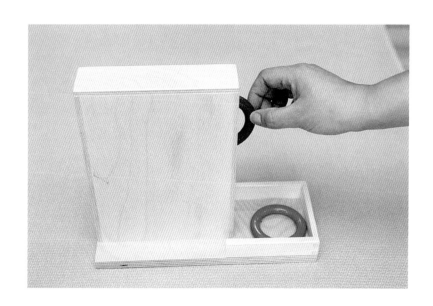

교 구

깔개 위와 아래 구멍이 연결된 상자, 링, 쟁반

시 범

① 깔개를 펴고 교구를 가져온다.

② 링을 들고 모양과 느낌을 아기와 함께 관찰한다.

  "둥글고 딱딱한 링이 있어요. 여기 원통 속에 넣어볼께요."

③ 링을 잡고 세로로 된 상자 속에 넣어본다.

④ 위에서 넣었던 링이 아래의 구멍으로 나오는 것을 확인한다.

  "링이 나왔어요."

⑤ 아기가 흥미를 보이면 넣을수 있도록 기회를 주어 충분히 활동하도록 옆에서 지켜본다.

⑥ 깔개와 교구를 제자리에 정리한다.

잘못의 정정

링을 구멍 속에 넣지 않는 것

연 령

2세 이상

흥미점

링이 들어가서 아래로 빠져 나오는 것

목 적

· 직접 목적 : 안과 밖의 경험, 물체의 영구성
· 간접 목적 : 집중력, 눈과 손의 협응력

변형 및 응용

링 밀어 넣기

교 구

깔개, 링을 넣을 수 있도록 안이 비어있는 상자(밑 판에는 양쪽에 가는 막대가 붙어있다.)

시 범

① 깔개를 펴고 교구를 가져온다.

② 링을 들고 모양과 느낌을 아기와 함께 관찰하고 이야기 한다.

　"둥글고 딱딱한 링이 있어요. 여기 상자 속에 넣어볼께요."

③ 하나의 링을 들고 가로로 된 상자 속에 넣어본다.

　링이 보이지 않으면 "링이 어디있을까?" 하고 아기와 함께 찾아본다.

④ 하나의 링을 더 넣어본다. 보이지 않으면 또 함께 찾아본다.

⑤ 아기가 흥미를 가지면 넣어보도록 기회를 준다.

⑥ 세 개를 넣으면 반대쪽에서 링이 나오는 것이 보인다.

⑦ 링이 나오면서 가는 막대에 끼워진낟.

⑧ 아기가 흥미를 가지면 충분히 활동하도록 옆에서 지켜본다.

⑨ 깔개와 교구를 제자리에 정리한다.

잘못의 정정

- 링을 상자 속에 넣지 않는 것
- 링을 적게 넣는것

연 령

2세 이상

흥미점

- 상자에 링이 많이 들어가면서 반대쪽에 링이 빠져 나오는 것
- 링이 나오면서 고리가 막대에 끼워지는 것

목 적

- 직접 목적 : 안과 밖의 경험
- 간접 목적 : 집중력, 눈과 손의 협응력

변형 및 응용

다른 모양과 다른 재질의 교구 사용

미로 쟁반

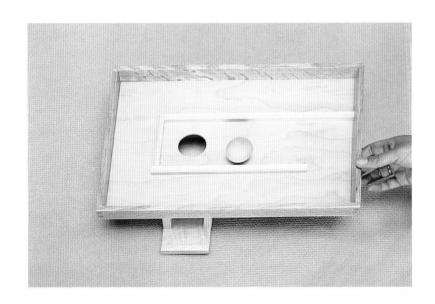

교 구

깔개, 미로 쟁반, 공

시 범

① 깔개를 펴고 교구를 가져온다.

② 공을 들고 아기와 함께 모양과 느낌을 관찰하고 이야기한다.

　"둥글고 딱딱한 공이 있어요. 여기 쟁반 안에는 길이 있어요. 쟁반 위에 놓아 볼께요."

③ 공을 쟁반 위에 올려놓고 공이 미로를 따라 굴러가도록 손으로 쟁반을 움직인다.

④ 공이 구멍 안으로 들어가면 "공이 없어졌어요. 어디로 갔을까?"하고 찾은후 공이 나오면 "공이 나왔어요."하고 이야기 한다.

⑤ 아기가 흥미를 가지면 충분히 활동하도록 옆에서 지켜본다.

⑥ 깔개와 교구를 제자리에 정리한다.

잘못의 정정

공을 떨어뜨리는 것

연 령

2세 이상

흥미점
- 공이 굴러가면서 나는 소리
- 구멍안에 들어간 후 밖으로 빠져 나오는 것

목 적
- 직접 목적 : 안과 밖의 경험, 물체의 영구성 확인
- 간접 목적 : 집중력, 눈과 손의 협응력

변형 및 응용

인지놀이 영역
COGNITIVE ACTIVITIES

인지놀이들에 대해 기억해야할 일반적인 점들

■ 되도록이면 간단하고 매일 볼 수 있는 물건을 사용한다.
■ 아이에게 생각하고 놀이에 집중할 수 있는 기회를 제공한다.
■ 아이의 자연적 궁금증을 자극해내고 독려하는 놀이를 첨가한다.
■ 대·소 근육에 발달을 위한 움직임 놀이들을 첨가한다.

아기를 위한 인지적 놀이에 관한 요점

■ 한 물건에 집중을 하는 것
■ 물건을 알아보고 같은 물건을 찾아 대응시켜 보는 것
■ 도구를 만드는 것
■ 움직이는 사물을 따라 가는 것
■ 싸이즈와 모양의 개념을 갖는 것
■ 문제 해결

인지 놀이

COGNITIVE ACTIVITIES

1. 한 물건에 집중하기

2. 물건의 위치 기억하기

3. 뚜껑과 그릇 맞추기

4. 장난감 고리 끼우기

5. 지정한 물건을 구분하여 찾아내기

6. 감추어진 물건 찾기

7. 신발짝 맞추기

8. 움직이는 물건 따라오기

9. 컵 속에 컵 넣기

10. 장갑끼기

한 물건에 집중하기
(Focusing On an Object)

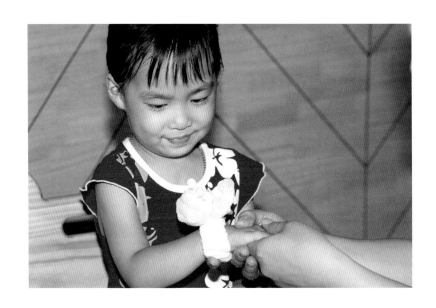

교 구
깔개, 바구니, 아기의 시각과 청각을 자극할 수 있는 사물 (예쁜 양말, 소리나는 사물, 인형)

시 범
 ① 깔개를 펴고 교구를 옮겨온다.
 ② 아기가 집중하면 사물을 꺼내어 아이에게 보여준다.
 ③ 사물을 아이에게 가까이 가져가 아기가 혼자서 잡을 수 있는 위치에 놓아준다.
   (배밀이를 시작한 아기는 기어가 잡을 수 있는 위치에 놓아준다.)
 ④ 교사는 놀이매트 밖으로 이동하여 아기가 물건에 집중하도록 돕는다.
 ⑤ 아기가 물건을 다 가지고 놀면 사물을 바구니에 넣는다.
 ⑥ 교구와 깔개를 제자리에 정리한다.

잘못의 정정
교사의 행동 수정

연 령
3~6개월

흥미점

사물을 만졌을 때의 촉감

목 적

- 직접 목적 : 집중력 발달
- 간접 목적 : 색깔과 모양의 인식발달, 대근육 발달, 눈과 손의 협응력 향상

변형 및 응용

- 물건을 놓아주는 위치의 변경
- 사물이 그려진 종이를 코팅하여 위치를 바꿔가며 벽에 걸어 놓기

인지놀이

물건의 위치 기억하기
(Remembering an Object's Location)

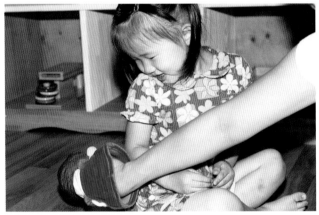

교 구

깔개, 바구니, 아이에게 익숙한 물건(아기가 좋아하는 인형, 장난감)

시 범

① 깔개를 펴고 교구를 옮겨온다.

② 바구니에서 사물을 꺼내고 바구니를 옆으로 치운다.

③ 사물을 들고 아이에게 물건에 대해서 이야기해준다.

   (예: '여기에 작은 토끼가 있어. 얼마나 부드러운지 느껴보렴')

④ 아기가 물건을 잡고 관찰하도록 한다.

⑤ 아기가 물건을 놓으면 아기의 등 뒤로 옮겨 놓는다.

⑥ 아기를 안아 교사를 바라보도록 하고 아기가 몸을 돌려 물건을 찾기 시작하면 아기가 물건을 잡을 수 있도록 자세를 취해준다.(자신감 발달을 위해 중요)

⑦ 사물을 다양한 위치로 바꾸어 옮겨 놓는다.

⑧ 아기가 충분히 활동한 후 교구를 바구니에 담는다.

⑨ 깔개와 교구를 제자리에 정리한다.

잘못의 정정

연 령

6~9개월

흥미점

바구니 안의 사물, 이동한 사물을 찾아내는 성취감

목 적

• 직접 목적 : 기억력의 향상

• 간접 목적 : 자신감 향상, 대근육 발달

변형 및 응용

• 다양한 물건 찾아보기

• 교사의 손가락을 접어 숨겨진 손가락 찾아보기

인지놀이

뚜껑과 그릇 맞추기
(Matching Lids to Location)

교 구
깔개, 바구니, 뚜껑에 손잡이가 달린 쇠 냄비

시 범
  ① 깔개를 펴고 교구를 옮겨온다.
  ② 아기와 마주앉아 아기가 냄비에 관심을 갖도록 유도한다.
  ③ 뚜껑의 손잡이를 잡고 뚜껑을 깔개위에 놓는다.
  ④ 뚜껑의 손잡이를 잡고 다시 냄비를 덮는다.

⑤ 아기에게 '이제 네가 뚜껑을 맞추어보렴'하면서 아기를 놀이에 초대한다.

⑥ 아기가 충분히 활동한 후 교구를 바구니에 담는다.

⑦ 깔개와 교구를 제자리에 정리한다.

잘못의 정정

짝이 맞는 냄비와 뚜껑, 교사와 유아의 시각적 변별력

연 령

6~9개월

흥미점

냄비와 뚜껑이 부딪칠 때의 소리, 크기가 일치되는 냄비와 뚜껑

목 적

- 직접 목적 : 문제해결 능력 향상
- 간접 목적 : 소근육 발달, 공간지각 능력 향상

변형 및 응용

뚜껑이 있는 다양한 사물제시

장난감 고리 끼우기

교 구
깔개, 바구니, 끝이 둥근 나무막대 기둥, 가운데 구멍이 뚫린 인형

시 범
① 깔개를 펴고 교구를 옮겨온다.
② 아기와 마주앉아 나무막대기둥과 가운데 구멍이 뚫린 인형을 꺼내어 나무막대기둥을 한손으로 잡는다.
③ 원판 하나를 들어 중간에 난 구멍에 나무막대를 끼워 넣는다.
④ 나머지 인형들도 나무막대에 끼워 넣는다.
⑤ 천천히 인형을 나무막대기둥에서 뺀 다음 놀이 매트위에 올려놓는다.
⑥ 위의 활동을 반복하되 인형을 하나만 빼고 나머지 인형을 아기가 빼도록 초대한다. '네가 한번 해보렴.(끼우기 활동 전에 빼기활동을 먼저 함)
⑦ 아기가 충분히 활동한 후 물건을 바구니에 담는다.
⑧ 깔개와 교구를 제자리에 정리한다.

잘못의 정정
인형은 나무막대기둥에 끼웠을 때의 모양

연 령

9~12개월

흥미점

두 개의 사물을 이용하여 하나의 사물로 변형되는 과정

목 적

• 직접 목적 : 집중력과 기억력 향상

• 간접 목적 : 소근육발달, 눈과 손의 협응력 향상

변형 및 응용

막대기둥에 고리 끼우기

지정한 물건을 구분하여 찾아내기
(Identifying and Finding Specific Objects When Asked)

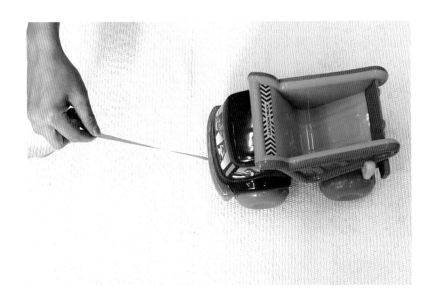

교 구

깔개, 물건을 묶을 수 있는 리본 끈,
  아기가 좋아하는 사물(인형, 자동차, 다양한 장난감)

시 범

① 깔개를 펴고 교구를 옮겨 온다.
② 사물을 꺼내 놓고, 리본 끈의 끝이 교사 쪽으로 오도록 놓는다.
③ 리본 끈을 천천히 잡아당겨 사물이 교사의 앞까지 오도록 한다.
④ 사물을 들어 주의 깊게 관찰한다.
⑤ 사물을 매트 위 다른 부분에 놓고 리본 끈 끝이 아기 앞으로 오게 놓는다.
⑥ 아기가 리본을 끌어보도록 초대한다. (예: '리본을 끌어 트럭을 오게 할 수 있겠니?')
⑦ 아기가 사물을 끌어오면 탐색하도록 시간을 둔다.
⑧ 사물의 위치를 바꾸어 가며 반복하여 활동한다.
⑨ 활동을 마친 뒤 사물을 바구니에 담는다.
⑩ 깔개와 교구를 제자리에 정리한다.

잘못의 정정

교사와 아기의 시각에 의한 변별

연 령

6~9개월

흥미점

끈을 당길 때 사물이 이동하는 모습, 제시된 사물

목 적

• 직접 목적 : 지시 듣고 따르기의 훈련
• 간접 목적 : 집중력과 문제해결 능력 발달, 원인과 결과에 대한 인식, 눈과 손의 협응력 향상

변형 및 응용

• 사물의 수를 점차 3~4개로 늘려서 제시.
• 사물을 점차 쉽게 접해보지 못한 것으로 바꿔주기
• s물건의 모양은 동일하나 색을 다르게 제시한 뒤 리본의 색을 사물의 색과 동일하게 제시(시각적 변별력 향상)

인지놀이

215

감추어진 물건 찾기
(Finding Covered Objects)

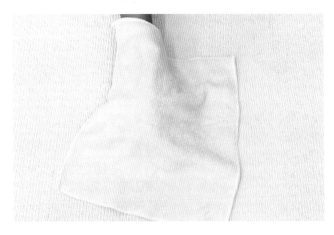

교 구

깔개, 바구니, 아기에게 익숙한 물건(인형, 자동차, 다양한 장난감), 물건을 충분히 덮을 수 있는 천

시 범

① 깔개를 펴고 교구를 옮겨 온다.

② 물건을 바구니에서 꺼내고 아기에게 소개한다. (예: '여기에 작은 인형이 있구나')하고
   말한다

③ 아기가 물건을 관찰한 뒤 물건을 깔개위에 놓도록 한다.

④ 천을 들어 천천히 물건위로 덮는다.

⑤ 잠시 후 천을 천천히 잡아당긴다.

⑥ 물건을 다시 천으로 덮고 아기에게 물건을 찾아보도록 안내한다.

　　(예 : '~가 인형을 찾아보렴.')

⑦ 아기의 흥미가 지속될 때까지 계속 반복한다.

⑧ 사물의 위치를 바꾸어 가며 반복하여 활동한다.

⑨ 활동을 마친 뒤 물건과 천을 바구니에 담는다.

⑩ 깔개와 교구를 제자리에 정리한다.

잘못의 정정

교사와 아기의 시각에 의한 변별

연　령

9~12개월

흥미점

제시된 사물, 천으로 가려졌던 물건을 다시 찾는 것.

목　적

• 직접 목적 : 물건이 시야에서 사라지더라도 계속 존재한다는 것을 알기(사물의 지속성 인지)

• 간접 목적 : 인식력 · 집중력과 문제해결 능력 발달, 눈과 손의 협응력 향상

변형 및 응용

• 사물을 점차 쉽게 접해보지 못한 것으로 바꿔주기

• 덮개를 천에서 다른 것으로 사용하기(예: 상자, 그릇, 컵 등)

• 사물을 이름을 명명하는 등 언어를 첨가하기

인지놀이

신발 짝 맞추기
(Matching Shoes)

교 구

깔개, 신발 담을 상자, 유아용 신발 3컬레

시 범

① 깔개를 펴고 교구를 옮겨 온다.

② 신발 한 짝을 상자에서 꺼내 깔개위에 올려놓는다.

   (상자를 옆으로 치워 아기가 신발에 집중하도록 돕는다.)

③ 신발을 들고 신발을 꼼꼼히 관찰한다.

(예: 신발모양, 바닥의 모양, 무늬를 따라 그려보기 등)

④ 아기에게 신발을 탐색하도록 돕고 탐색이 끝나면 신발을 매트위에 놓도록 한다.

⑤ 상자 안에서 다른 신발 한 짝을 꺼낸다. 처음 신발과 짝이 맞는지 관찰해 보고 맞지 않을 경우 다시 상자 안에 넣는다.

⑥ 신발의 짝이 맞으면 매트 한쪽에 나란히 놓고 다른 신발의 짝을 모두 맞춘다.

⑦ 3켤레의 신발을 모두 맞추면 신발을 다시 상자 안에 넣는다.

⑧ 잠시 시간의 여유를 두고 다른 짝의 신발을 상자 속에서 꺼내 살펴보고 아기에게 살피도록 한다.

⑨ 상자를 아기가 닿을 수 있는 거리에 놓아주고 아기가 신발을 꺼내 짝을 맞추도록 한다.

⑩ 아기가 도움을 요청할 경우 신발의 특성을 이야기하여 도움을 준다.

(예 : '노란끈이 묶여있는 신발을 찾아보자.')

⑪ 아기가 신발의 짝을 모두 맞추면 신발을 상자에 정리한다.

⑫ 깔개와 교구를 제자리에 정리한다.

잘못의 정정

교사와 아기의 시각에 의한 변별

연 령

9~12개월

흥미점

다양한 신발의 모양과 색, 신발이 두 개씩 짝지어진 모습

목 적

• 직접 목적 : 짝 맞추기 능력의 기본형성
• 간접 목적 : 시각적 변별력 향상, 지시 따르기 훈련, 집중력 향상, 눈과 손의 협응력 향상

변형 및 응용

• 신발이 들어있는 상자와 아기의 거리를 멀리두기
• 신발장 정리하기
• 신발과 같은 그림이 그려진 상자 안에 신발정리하기

움직이는 물건 따라오기
(Tracking Objects Being Moved)

교 구
깔개, 쟁반, 똑같은 투명 컵 2개, 컵에 들어가는 크기의 음식(수분이 없는 것), 음식을 담을 그릇

시 범
① 깔개를 펴고 교구를 옮겨 온다.
② 쟁반의 물건을 깔개위에 하나씩 꺼낸다. 이때 컵은 뒤집어 놓는다.
③ 아기에게 준비된 음식을 살펴보고 먹어보도록 한다.
④ 아기가 다시 교사에게 집중하면 음식을 꺼내 컵 안에 놓는다.
⑤ 아기에게 음식을 찾아보도록 한다.(예: '크랙커가 어디 있을까? 찾아보렴.')
⑥ 아기의 흥미가 유지될 때까지 반복하여 활동한다.
⑦ 아기가 활동을 멈추면 깔개와 교구를 제자리에 정리한다.

잘못의 정정
교사와 아기의 시각에 의한 변별

연 령
9~12개월

흥미점

준비된 음식의 모양과 맛, 움직인 음식을 찾아내는 것

목 적
- 직접 목적 : 집중력 향상
- 간접 목적 : 시각적 변별력 향상, 눈과 손의 협응력 발달, 초점 맞추기 훈련

변형 및 응용
- 컵의 수를 점차 3~4개로 늘려서 제시
- 다양한 모양의 컵을 사용

컵 속에 컵 넣기
(Fitting Nesting Cups)

교 구

깔개, 쟁반, 같은 색의 겹쳐쌓을 수 있는 메탈 컵

시 범

① 깔개를 펴고 교구를 옮겨 온다.

② 컵을 큰것부터 작은것까지 순서대로 깔개에 놓는다.

③ 작은컵을 천천이 들어 큰컵안에 끼워 넣는다.

④ 큰컵 안에 들어간 작은컵을 아기에게 보여주고 동작을 크게하여 컵을 천천히 뺀다.

⑤ 나머지 컵도 순서대로 넣어본다.

⑥ 컵을 꺼내 다시 순서대로 정리해 두고 아기에게 컵을 가지고 해보도록 한다.

　　(예: '컵을 끼워보렴.') 컵을 잘못 끼우더라도 정정하지 말고 아기가 컵을 관찰하도록 한다.

⑦ 아기가 어느 정도 기술을 익히게 되면 방해 받지 않고 놀이를 진행하도록 한다.

⑧ 활동을 마친 뒤 컵을 쟁반에 놓는다.

⑨ 깔개와 교구를 제자리에 정리한다.

잘못의 정정

교사와 아기의 시각에 의한 변별, 컵의 크기

연 령

9~12개월

흥미점

순서대로 쌓이는 컵의 모습,

인지놀이

목 적

• 직접 목적 : 크기 개념 형성
• 간접 목적 : 소근육 발달, 시각적 변별력 향상, 집중력향상

변형 및 응용

• 컵의 수를 점차 늘려서 제시.
• 다양한 모양의 사물로 제시(종이상자, 네델란드 민속 인형 등)

장갑끼기
(Putting On a Glove)

교 구

깔개, 손가락 장갑 1짝(손가락을 자유롭게 움직일 수 있는 크기와 제질)

시 범

① 깔개를 펴고 교구를 옮겨 온다.

② 장갑을 꺼내 아기에게 보여주며 흥미를 유발한다.

③ 장갑을 한손에 낀다.

④ 손가락을 움직여 교사의 손가락이 어디에 있는지 아기가 알 수 있도록 돕는다.

⑤ 장갑 낀 손을 아기의 손쪽으로 움직여 아기가 장갑을 빼도록 한다.

⑥ 아기에게 장갑을 받아 아기의 손에 장갑을 끼워주고 손가락을 움직여 보도록 한 뒤 장갑을
   벗긴다.

⑦ 아기가 스스로 장갑을 끼도록 안내하고 집중할 수 있도록 꼭 필요한 도움만을 준다.

⑧ 활동을 마친 뒤 장갑을 바구니에 담는다.

⑨ 깔개와 교구를 제자리에 정리한다.

잘못의 정정

교사와 아기의 시각에 의한 변별, 장갑을 꼈을 때 모양

인지놀이

연 령

9~12개월

흥미점

장갑의 모양과 촉감, 손에 장갑이 끼워진 모습

목 적

• 직접 목적 : 문제해결 능력 향상

• 간접 목적 : 집중력, 눈과 손의 협응력 향상

변형 및 응용

• 다양한 모양과 촉감의 장갑 제시

• 교사와 아기가 장갑을 한쪽씩 끼고 손의 움직임 따라하기

일상 생활 놀이들
PRACTICAL LIFE ACTIVITIES

일상 생활 놀이들에 대해 기억해야할 일반적인 점들

- 실제로 작동하는 것을 교구로 준다.
- 아기들이 가지고 놀 수 있는 크기의 교구를 사용한다.
- 아기들은 대부분의 사람들이 생각하는 것보다 훨씬 더 유능하다는 것을 기억한다.
- 일상적인 활동을 통하여 아이들이 가치있고 필요한 존재임을 알게한다.

아기를 위한 일상 생활 놀이에 관한 요점

- 기본적인 식사도구를 식별하고 사용하는 법을 배운다.
- 손을 사용하는 법을 발달시킨다.
- 쏟은 것들을 닦는다.
- 독립심과 아기들의 잠재능력을 발달 시킨다.

일상 놀이

PRACTICAL LIFE ACTIVITIES

자신 돌보기와 관련된 활동
1. 숟가락으로 먹기
2. 식사도구 익히기
3. 숟가락으로 사용하기
4. 컵으로 물 마시기
5. 물 쏟아 붓기
6. 단추 끼우기
7. 코 닦기
8. 헝겊접기
9. 손씻기
10. 코트 벗기
11. 코트 입기

생활 지도와 관련된 활동
1. 라인 위에 앉기
2. 깔개 펴기
3. 쟁반 운반하기
4. 물건을 책상위에 올려놓기

기본적 운동과 관련된 활동
1. 호두 옮기기
2. 큰 콩 옮기기
3. 마른것 따르기
4. 스펀지 짜기
5. 스포이드로 물 옮기기
6. 집게로 옮기기
7. 빨래집게 사용하기
8. 옷과 빨래집게
9. 나사 끼우기
10. 작은 매트 말기
11. 종이 구기기
12. 종이 찢기
13. 종이 자르기

사회능력을 기르기 위한 활동들
1. 인사하기
2. 놀이를 하고 있는 친구에게 말걸기
3. 놀이를 하고 있는 친구에게 부탁하기

숟가락으로 먹기
(Introducing Eating Utensils)

교 구

비닐 깔개, 쟁반, 아기가 좋아하는 음식이 담긴 접시, 작은 숟가락, 스펀지

시 범

① 아이의 손을 씻긴다.

② 깔개를 깔고 교구를 가져온다.

③ 아기와 마주보고 앉아 깔개 위에 접시와 숟가락을 내려 놓는다.
   쟁반과 스펀지는 깔개 옆에 둔다.

④ 숟가락을 들고 음식을 조금 떠서 아기의 입 가까이 가져간다.

⑤ 아기가 다가와 음식을 먹으려 할 때까지 기다린다.

⑥ 반복하되 스스로 음식 곁으로 다가오게 한다.

⑦ 아기가 숟가락을 잡으려할 때 숟가락을 주고, 잘못 잡거나 손으로 음식을 먹으려 해도
   제지하지 않는다.

⑧ 놀이를 마치고 나면 스펀지로 흘린 것을 닦고 교구를 제자리에 정리한다.

잘못의 정정

교사에 의해

연 령
3~6개월

흥미점
숟가락을 사용하여 음식을 떠 먹는 것

목 적
• 직접 목적 : 숟가락 사용하기
• 간접 목적 : 자신감, 판단력, 인지력발달

변형 및 응용
다양한 숟가락을 사용하여 먹기

일상놀이

식사도구 익히기
(Handling Eating Utensils)

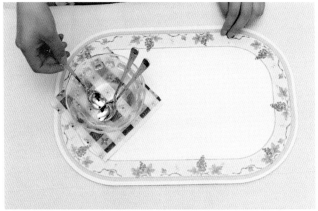

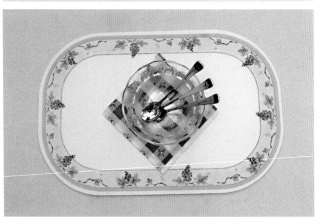

교 구

비닐 깔개, 쟁반, 4개의 숟가락 또는 식기도구(예: 접시, 컵, 수건, 냅킨)

시 범

① 깔개를 깔고 교구를 가져온다.

② 접시와 숟가락을 꺼내어 깔개 위에 가지런히 한 줄로 놓는다.

③ 아기의 왼쪽에서부터 숟가락을 들어 올려 접시 위에 놓는다.

④ 나머지 3개의 숟가락도 같은 방법으로 한다.

⑤ 멈추고 아기를 향해 미소를 짓는다.

⑥ 천천히 숟가락을 하나씩 꺼내 깔개 위에 다시 올린다.

⑦ 아기에게 숟가락을 주고 접시에 놓아보도록 한다.

"자, 네가 숟가락을 접시에 놓아 보렴."

⑧ 아기에게 충분히 놀이할 수 있는 시간을 준다.

⑨ 아기가 잘 움직이지 못하면 "도와줄까?"하고 아기의 손을 잡고 접시에 숟가락을 놓게 한다.

⑩ 나머지 숟가락도 아기가 할 수 있도록 격려한다.

⑪ 아기가 놀이에 집중하면 조용히 물러나 방해하지 않는다.

⑫ 놀이를 마친후 제자리에서 교구를 정리한다.

잘못의 정정

교사에 의해

연 령

6-9개월

흥미점

숟가락을 접시에 넣기

목 적

• 직접 목적 : 식사도구 쥐는 연습
• 간접 목적 : 소 근육 발달, 숫자 세기 기초

변형 및 응용

아기에게 익숙하고 쥐기 쉬운 물건을 들고 바구니에 넣기

숟가락 사용하기
(Using a spoon)

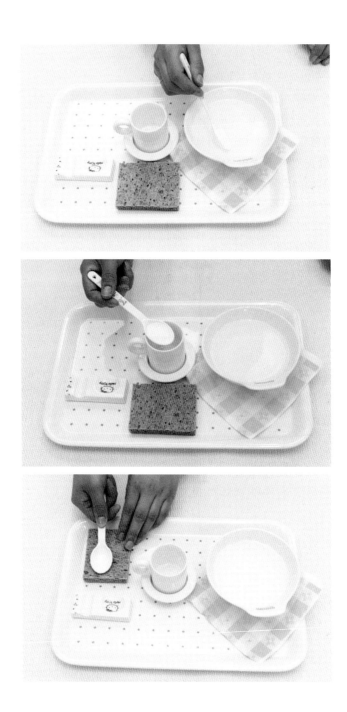

교 구
비닐 깔개, 쟁반, 넓고 얕은 그릇에 반 정도의 물, 스푼, 빈 컵, 스펀지

시 범
① 깔개를 깔고 교구를 가져온다.
② 물이 담겨 있는 그릇을 아기의 왼편에 놓는다.
③ 숟가락을 들어 올린 후 천천히 물이 들어있는 그릇에 넣는다.
④ 숟가락으로 물을 떠서 빈 컵에 담는다.
⑤ 같은 방법으로 반복한다.
⑥ 아기에게 숟가락을 주면서 놀이를 하도록 한다.
  "자 네가 한번 물을 컵으로 옮겨보렴."
⑦ 아기에게 놀이할 수 있는 충분한 시간을 준다.
⑧ 아기가 움직이지 않으면 부드럽게 아기의 손을 잡아 숟가락으로 물을 컵에 옮기게 한다.
  아기의 손이 움직이는 느낌이 들면 서서히 손을 떼고 아기가 계속하도록 한다.
⑨ 아기가 놀이에 집중하면 방해하지 않는다.
⑩ 놀이를 마치고 나면 스펀지를 사용하여 물을 닦는다.
⑪ 제자리에서 교구를 정리한다.

잘못의 정정
교사에 의해

연 령
9-12개월

흥미점
숟가락으로 물 옮기기

목 적
• 직접 목적 : 숟가락 사용하기
• 간접 목적 : 식사에 필요한 기술 경험, 조절하는 힘 기르기

변형 및 응용
모래나 얼음 또는 마른 씨리얼 사용하기

컵으로 물 마시기
(Drinking out of a cup)

교 구

비닐깔개, 쟁반, 한 두 스푼 정도의 액체를 담을 수 있는 작은 컵, 물 (아기가 익숙해지면 쥬스나 우유 사용), 작은 주전자나 물을 담을 수 있는 용기, 스펀지

시 범

① 깔개를 펴고 교구를 가져 온다.

② 물병을 들고 약간의 물을 컵에 따른다.

③ 양 손을 사용하여 컵을 들어 올린다. 컵에 들어 있는 물을 보고 아기에게도 보여준다.

④ 컵을 아기의 입술에 부드럽게 갖다 댄다.
- 아기가 물을 마시기 시작하면 컵을 살짝 기울이고 아기가 물을 쏟거나 컵을 떨어뜨려도 가르치려 하지 않는다.
- 만일 컵을 잡으려 하면 교사는 컵에서 손을 떼고 아기가 혼자 물을 마시도록 한다.
- 마시지 않으려 하면 컵을 쟁반에 다시 놓는다.
⑤ 아기가 흥미를 느끼면 간섭하지 않도록 한다. 스스로 놀이하도록 한다.
⑥ 아기가 놀이를 마치면 스펀지로 흘린 물을 닦는다.
⑦ 제자리에서 교구를 정리한다.

잘못의 정정
교사에 의해

연 령
9-12개월

흥미점
물 마실 때의 느낌

목 적
- 직접 목적 : 컵으로 물 마시기
- 간접 목적 : 독립심, 도구 사용 능력 발달

변형 및 응용
다양한 컵 사용하기

일상놀이

물 쏟아 붓기
(Pouring Water)

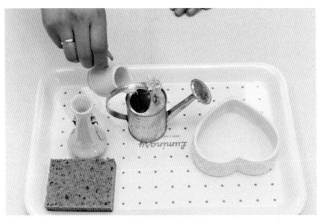

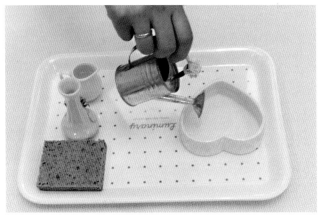

교 구

쟁반, 작은물병, 작은 물조리개, 넓은 그릇, 물컵, 스펀지

시 범

① 깔개를 깔고 교구를 가져온다.

② 쟁반위에 놓여있는 물병과 컵을 아기에게 주고 관찰할수 있게 한다.

③ "이건 물병이야. 여기에 물을 넣을거야" 이야기 하여 이때 아기가 물병에 물을 채우는 것을 볼 수 있게 한다.

④ 천천히 물병에서 컵으로 물을 따른다.

⑤ 컵에 있는 물을 다시 물조리개에 넣는다.

⑥ 물이 담겨 있는 물조리개를 들어 올리고 기울여 물이 그릇에 '비'처럼 떨어지도록 한다.

⑦ 멈추고 아기를 향해 미소를 짓는다.

⑧ 아기에게 물병을 주고 물을 채우게 한 후, 물병에 있는 물을 다시 컵에 따르고, 물조리개에 넣을수 있게 돕는다.

"비를 만들어 보세요." 아기가 놀이할 수 있도록 충분한 시간을 주고 도움이 필요할 때만 도와준다.

⑨ 아기가 흥미를 느끼면 방해하지 않도록 한다.

⑩ 아기가 놀이를 마치면 스펀지로 교구를 닦는다.

⑪ 제자리에서 교구를 정리한다.

잘못의 정정

교사에 의해

연 령

9-12개월

흥미점

물을 따를때 나는 소리

목 적

• 직접 목적 : 물 닦기 연습

• 간접 목적 : 신체조절능력, 감각 발달

변형 및 응용

• 다양한 물 컵 사용하기, 물병 바닥에 구멍을 뚫어 물을 담는 동시에 비처럼 물이 쏟아지도록 하기

• 넓은 그릇 대신 싱크대에서 물을 쏟아 붓기

단추 끼우기

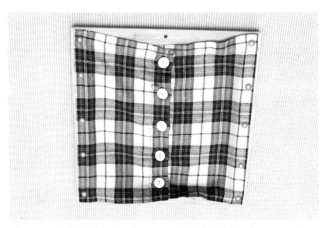

교 구

큰 단추가 붙여진 나무 프레임

시 범

단추풀기

① 재료를 책상에 가져온다.

② 왼쪽(오른쪽)의 엄지손가락은 위에 두손가락을 밑에 놓고 깃을 든다.

③ 오른손의 세 손가락으로 단추를 잡아 구멍에 끼운다.

④ 검지손가락으로 단추를 누른다.

⑤ 모든 단추를 같은 방법으로 한다.

⑥ 오른손의 세손가락으로 깃의 상단을 잡고 왼손가락으로 모서리를 타고 내려온다.

⑦ 양손으로 깃을 열고 단추틀을 검지와 중지손가락으로 (↓ ㄱ→) trace 를 한다.

단추 끼우기

① 왼쪽과 오른쪽 깃을 닫는다.

② 오른손 세손가락으로 깃을 잡는다.

③ 왼쪽 세 손가락으로 단추를 잡아 구멍에 끼운다.

④ 검지 손가락으로 밀어 넣는다.

⑤ 모든 단추를 끼운다.

잘못의 정정

단추를 맞지않는 구멍에 끼우는것

연 령

2세 이상

흥미점

구멍에 단추가 들어가는 것

목 적

- 직접 목적 : 손과 눈의 협응력, 소근육 발달, 자연스러운 활동의 연속성 발달
- 간접 목적 : 집중력 향상, 독립심 발달

변형 및 응용

옷입기

코 닦기

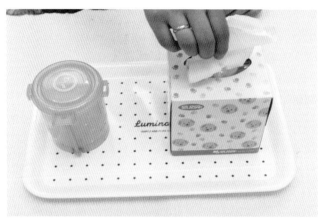

교 구

쟁반, 휴지통

시 범

① 아이를 제리고 거울앞으로 간 다음 흐르는 것을 거울을 통해 볼수 있게한다.

② 콧물을 관찰 하게 한다.

③ "코를 어떻게 닦아야 하는지 보여줄께요" 라고 말한다.

④ 티슈가 있는 곳으로 걸어간다.

⑤ "여기에 있는 티슈박스를 이용해서 코를 닦아요" 라고 말한다.

⑥ 왼손으로 티슈왼쪽 모서리를 잡는다.

⑦ 오른손으로 티슈 오른쪽 모서리를 잡는다.

⑧ 천천히 티슈를 잡은 양손을 위로 올리면서 티슈를 뽑는다.

⑨ 거울 앞으로 간다. 거울속의 얼굴을 본다.

⑩ 티슈를 코 밑으로 가져간다.

⑪ 오른손 손가락으로 티슈를 왼쪽으로 움직여 오른쪽 코를 닦는다.

⑫ 티슈를 반으로 접는다.

⑬ 왼손으로 접힌 티슈 왼쪽을 잡는다.

⑭ 오른손으로 접힌 티슈 오른쪽을 잡는다.

⑮ 티슈를 코 밑으로 가져간다.

⑯ 왼손 손가락으로 티슈를 오른쪽으로 움직여 왼쪽 코를 닦는다.

⑰ 반으로 티슈를 다시 접는다.

⑱ 양손으로 티슈를 들고 휴지통 앞으로 걸어간다.

⑲ 티슈를 휴지통 위로 올린다.

⑳ 티슈를 놓는다.

㉑ 세면대로 가서 손을 닦는다.

㉒ 아기가 선생님과 똑같이 코를 닦도록 한다.

잘못의 정정

코가 얼굴에 묻는것, 휴지를 접지 못하는것

연 령

2세~3세

흥미점

콧물이 코에서 없어지는 것, 코속에 콧물이 없는 것, 숨을 쉽게 쉴수 있는 것, 코를 통해 숨을 쉴수 있는것

목 적

• 직접 목적 : 집중력 발달, 일처리 순서 훈련, 독립심 발달, 능력발달과 자신감 발달

• 간접 목적 : 혼자 코를 풀수 있는 능력발달

언 어

• 티슈, 코, 손, 거울, 쓰레기통, 세면대 • 콧물을 관찰 하게 한다.

• 닦다, 걷다, 잡다, 놓다, 내린다, 왼쪽, 오른쪽, 반, 놓다, 닦다, 콧물

• 코를 닦고 손을 씻는 이유 이야기 하기, 청결, 코를 닦는 방법

변형 및 응용

코풀기

헝겊 접기

교 구

바구니 속에 있는 선이 중간을 지나는 24cmX24cm의 헝겊

바구니 속에 있는 선이 대각선으로 지나는 24cmX24cm의 헝겊

시 범

① 양손으로 바구니를 책상으로 가져온다.

② 바구니를 책상 중앙에 둔다.

③ 아기를 안고 교사의 왼쪽 무릎에 앉힌다.

④ "여기에 있는 헝겊을 어떻게 접는지 보여줄께요." 라고 말한다.

⑤ 바구니에서 헝겊을 꺼낸다 : 왼쪽손으로 헝겊의 왼쪽 모서리를 잡고 오른손으로 오른쪽 모서리를 잡는다.

⑥ 접힌 것이 왼쪽으로 가도록 한다음 바구니 밖으로 꺼낸다.

⑦ 헝겊 위, 오른쪽 코너를 오른손으로 잡는다.

⑧ 헝겊 아래, 오른쪽 코너를 왼손으로 잡는다.

⑨ 왼쪽으로 펼친다.

⑩ 오른손 검지와 중지를 이용해 펼쳐진 헝겊위에 수직으로 그려진 선을 긋는다.

⑪ 헝겊 위, 왼쪽 코너를 오른손으로 잡는다.

⑫ 헝겊 아래, 왼쪽 코너를 왼손으로 잡는다.

⑬ 오른쪽으로 접는다.

⑭ 헝겊오른쪽을 줄을 맞춘다.

⑮ 양손으로 판판하게 만든다.

⑯ 끝나면 "반으로 접혔다" 라고 말한다.

⑰ 헝겊을 바구니에 넣는다.

⑱ 바구니를 선반에 가져다 놓는다.

잘못의 정정

모서리가 맞지않음

연 령

2세 이상

흥미점

그어진 선, 옷의 촉감

목 적

- 직접 목적 : 집중력 향상, 일처리 순서 훈련, 독립심 발달, self-esteem 과 자신감 발달
                    협응력 발달, 소근육 발달
- 간접 목적 : 옷을 접을수 있는 능력발달

언 어

- 헝겊, 줄, 바구니, 반, 중간, 헝겊과 바구니와 줄의 색깔
- 바구니를 책상 중앙에 둔다.
- 접다, 놓다, 잡다, 오른쪽, 왼쪽, 위, 아래, 줄을 맞추다, 판판하다, 되돌려 놓는다.
- 헝겊과 줄의 색깔과 모양과 촉감 이야기 하기, 헝겊을 접는 동기, 헝겊을 접는 방법, 반으로 그어진 줄이 헝겊을 반으로 나눔

변형 및 응용

대각선으로 접기, 반으로 접기

손 씻기

교 구

앞치마, 주전자, 중간크기의 그릇, 물비누, 종이 타올, 양동이, 스폰지와 스폰지 놓는 그릇

시 범

① 아기를 안고 교사의 왼쪽 무릎에 앉힌다.

② 아기를 손씻기 놀이로 초대한다.

③ "손을 어떻게 씻는지 보여줄게요" 라고 말한다.

④ 앞치마를 두른다.

⑤ 자주 사용하는 손으로 주전자의 손잡이를 잡고 자주 사용하지 않는 손은 주전자 밑으로 가져간다.

⑥ 주전자를 든다.

⑦ 씽크대로 걸어간다.

⑧ 주전자에 물을 담는다.

⑨ 그릇이 있는 곳으로 다시 걸어간다.

⑩ 주전자 꼭지가 그릇 중심부에 가도록 한다음 물을 붓는다.

⑪ 원래 있던 자리인 그릇 왼쪽에 주전자를 놓는다.

⑫ 오른손을 물비누 손잡이에 올려놓는다.

⑬ 왼손은 물비누가 나오는 곳에 가져간다.

⑭ 오른손으로 물비누 손잡이를 누른다.

⑮ 오른손을 그릇위로 가져간다.

⑯ 왼손을 그릇위로 가져간다.

⑰ 오른손을 손바닥이 밑으로 가도록 한다음 물에 담근다.

⑱ 오른손을 올린다.

⑲ 손바닥을 맞대고 비빈다.

⑳ 왼손 손끝으로 오른손등을 문지른다.

㉑ 오른손 손끝으로 왼손등을 문지른다.

㉒ 손바닥을 맞대고 비빈다.

㉓ 손가락사이를 문지른다. (15초정도)

㉔ 손바닥이 밑으로 가도록 하고 양손을 물에 넣는다.

㉕ 손을 돌려 손바닦이 위로 가도록한다.

㉖ 왼손 손끝으로 오른손등과 바닦을 문지른다.

㉗ 오른손 손끝으로 왼손등과 바닦을 문지른다.

㉘ 비눗물이 없어지면 손을 물에서 꺼낸다.

㉙ 물방울이 떨어지도록 잠시 그릇위에서 멈춘다.

㉚ 자주사용하는 손으로 종이타올을 집는다.

㉛ 타올을 이용해 손을 닦는다.

㉜ 사용한 타올을 쓰레기통에 버린다.

㉝ 양손으로 책상밑에 있는 양동이를 잡는다.

㉞ 양동이를 꺼낸다.

㉟ 양손으로 그릇을 잡는다.

주의 : 이 시점에서는 아이가 물을 앞으로 쏟는데 그릇을 들어 양동이 모서리에 그릇을 두고 쏟을수 있도록 위치 잡는것을 도와준다.

㊱ 그릇을 들어 올린다.

㊲ 그릇모서리가 양동이 앞 모서리에 가도록 중심을 잡는다.

㊳ 몸 앞쪽 양동이속으로 그릇을 올린다.

㊴ 그릇을 원위치에 되돌려 놓는다.

㊵ 양동이를 원위치에 되돌려 놓는다.

㊶ 오른손으로 스폰지를 잡는다.

㊷ 그릇을 스폰지로 닦아 말린다.

㊸ 스폰지를 양동이에 짠다.

㊹ 주위에 떨어진 물을 스폰지로 닦는다.

㊺ 스폰지를 양동이에 짠다.

㊻ 스폰지를 원위치에 둔다.

㊼ 양손으로 양동이의 손잡이를 잡는다.

㊽ 양동이를 씽크대나 사용한 물을 넣는 컨테이너로 가져간다.

㊾ 양동이 안에 있는 내용물을 비운다.
㊿ 양동이를 원위치에 둔다.
(51) 앞치마를 푼다.
(52) 앞치마를 원위치에 둔다.
(53) 놀이가 끝이 나면 "손을 깨끗이 닦았다" 라고 말한다

잘못의 정정

깨끗하지 않은 손, 주위에 물이 떨어짐

연 령

2세~3세

흥미점

거품물의 느낌, 비누가 내는 거품느낌

목 적

• 직접 목적 : 자립심발달, 일처리 순서 훈련, 독립심 발달과 자신감 발달, 협응력 발달, 특히 대근육 발달, 차례를 통해 몸 전체의 움직임의 순서 발달
• 간접 목적 : 손을 닦을수 있는 능력발달

언 어

• 앞치마, 물주전자, 손잡이, 주둥이, 손, 물, 씽크대, 그릇, 물비누 펌프, 물비누, 손바닥, 손끝, 동이 타올, 쓰레기통, 양동이, 바닥, 스폰지, 물건들의 색깔
• "손을 어떻게 씻는지 보여줄게요"
• 올려놓는다, 든다, 놓는다, 올린다, 왼쪽, 오른쪽, 쏟는다, 걷다, 누른다, 넣는다, 문질르다, 위, 올리다, 멈추다, 떨어지다, 잡는다, 말린다, 중심, 닦는다, 짜다, 원위치, 옮기다, 비우다, 옮기다, 저쪽으로 옮기다.
• 물건의 색깔과 느낌 논의, 앞치마의 무늬패턴, 앞치마, 주전자, 물비누통, 양동이의 부위, 손을 닦는 이유, 손을 닦는 방법

변형 및 응용

손톱닦는 솔 추가 , 로션 추가

코트 벗기

교 구

코트

시 범

① 벗기놀이에 아기를 초대한다.

② "어떻게 코트를 벗는지 보여줄께요" 라고 말한다.

③ 엄지는 위로 나머지 손가락은 밑으로 가도록 한다음 왼손으로 왼쪽을 잡고 오른손으로
   오른쪽을 잡는다.

④ 양손으로 코트를 올린다음 어깨에서 내린다. 팔꿈치까지 내려오게 한다.

⑤ 양손을 등뒤로 가져가 소매끼리 닿도록 한다. 뒤를 돌아 아이들이 볼 수 있도록 한다.

⑥ 왼손으로 오른손 소매를 잡는다. 오른팔을 소매에서 뺀다.

⑦ 뒤로 다시 돌아 왼손을 앞으로 가져온다.

⑧ 양쪽 소매를 오른손으로 잡는다.

⑨ 왼팔을 소매에서 뺀다.

⑩ 코트를 칼라가 위로 가도록 테이블위에 올려 놓는다.

⑪ 다음에 나오는 코트 걸기로 넘어간다.

⑫ 아기들이 코트를 벗도록 한다.

잘못의 정정
코트가 벗겨지지 않음

연 령
2세~3세

흥미점
코트가 벗겨지는것

목 적
- 직접 목적 : 집중력향상, 일처리 순서 훈련, 독립심 발달, 자신감 발달, 대근육 발달, 소근육
  발달
- 간접 목적 : 코트를 벗을수 있는 능력 발달

언 어
- 코트, 어깨, 팔꿈치, 손, 소매, 손목소매, 칼라, 왼쪽 오른쪽, 잡다, 당기다.
- "코트를 어떻게 벗는지 보여줄께요"

변형 및 응용
스웨타 벗기, 인형 옷 벗기기, 다른아이의 코트나 스웨타 벗기기

코트 입기

교 구
코트, 아이들 옷싸이즈의 옷걸이

시 범
① 아기들을 놀이에 초대한다.
② "코트를 어떻게 입는지 보여줄께요" 라고 말한다.
③ 코트를 칼라가 몸쪽으로 한다음 땅에 펼친다.
④ 왼손을 코트위로 오른손을 코트 아래로 가도록 하고 코트의 왼쪽을 양손으로 잡는다. 코트 왼편을 펼친다.
⑤ 왼손을 코트위로 오른손을 코트 아래로 가도록 하고 코트의 오른쪽을 양손으로 잡는다. 코트 오른편을 펼친다.
⑥ 왼팔을 소매에 놓는다. 오른손을 소매에 놓는다.
⑦ 손을 소매에 밀어 넣는다.
⑧ 양팔로 코트를 머리위로 올려 코트의 소매가 팔을 타고 내려 오도록한다.
⑨ 코트를 머리위로 올려 등까지 내려오게 한다. 팔을 코트소매에 계속 넣는다.
⑩ 팔을 내린다. 손이 나올때까지 소매에서 손을 뺀다.

⑪ 양손으로 코트의 맵시를 잡는다.

⑫ 코트를 채운다.

⑬ 끝이 나면 "코트를 입었다" 라고 한다.

⑭ 아기들을 놀이에 초대한다.

잘못의 정정

소매를 반대로 넣음

연　령

2세~3세

흥미점

옷을 거꾸로 놓고 바로 입는 것

목　적

- 직접 목적 : 집중력 향상, 일처리 순서 훈련, 독립심 발달과 자신감 발달, 대근육 발달, 소근육 발달
- 간접 목적 : 코트를 입을수 있는 능력발달

언　어

- 코트, 칼라, 바닥, 잡다, 왼쪽 오른쪽, 위, 버튼, 구부리다, 무릎을 구부리다, 소매, 손, 팔, 머리, 뒤, 슬라이드, 밑으로, 양쪽, 지퍼, 버튼,
- "코트를 어떻게 입는지 보여줄께요"

변형 및 응용

스웨터나 잠바 입기, 다른종류의 옷 입기

일상놀이

라인위에 앉기

교 구
테이프를 붙인 카페트

시 범
① 아기를 라인으로 불러온다
② "여기에 있는 라인에 어떻게 앉는지 보여줄께요" 라고 말한다.
③ 라인의 바깥끝에 발가락이 가도록 하고 선다.
④ 천천히 신중하게 라인뒤에 엉덩이가 가도록 하고 앉는다.
⑤ 양반다리를 하고 라이 뒤에 앉는다.
⑥ 손은 허벅지위에 올려 놓는다.
⑦ "라인위에 앉았다" 하고 하면서 앉은 모습을 보여준다.

비고 : 많은 아기들은 양반다리를 하고 앉지를 못한다.
다리를 쭉펴되 엉덩이는 라인 바깥으로 가도록 한다. 필요하면 이렇게 앉는 방법도
보여준다.

0-3세 영아기 교육의 이론과 실제

⑧ "누가 라인에 앉고 싶니?" 라고 물어본다.

⑨ 아기를 선택하여 라인에 앉힌다.

⑩ 필요하면 다시 라인에 앉는 방법을 보여주거나 다른아이를 앉힌다.

⑪ 모든아이들이 라인에 앉도록 초대한다.

잘못의 정정

라인에 맞추지 않고 앉는 것, 라인과 아이의 넓은 간격

연 령

2세~3세

흥미점

라인의 끝부분, 양반다리

목 적

- 직접 목적 : 집중력 향상, 일처리 순서 훈련, 독립심 발달과 자신감 발달, self-esteem 과 자신감 발달, 사회인식 발달, 동기적인 움직임발달, 대근육 발달
- 간접 목적 : 라인에 앉는 능력발달

언 어

- 라인, 앉다, 발가락, 꼬다, 다리, 양반다리, 손, 허벅지
- "여기에 있는 라인에 어떻게 앉는지 보여줄께요"

변형 및 응용

라인위를 걷기, 물건을 들고 걷기

깔개 펴기

교 구

카페트, 카페트를 넣을수 있는 선반

시 범

① 아기를 초록선으로 앉힌다.
② 깔개가 있는 선반으로 걸어간다.
③ 양손으로 말려진 깔개를 잡는다.
④ 깔개를 양손으로 꺼낸다.
⑤ 깔개를 수직으로 하고 양손으로 잡는다.
⑥ 놀이공간으로 걸어온다.
⑦ 깔개를 바닥에 놓고 열리는 부분을 앞으로 가도록한다. 무릎을 꿇는다.
⑧ "여기에 있는 말린 깔개를 어떻게 푸는지 보여줄께요" 라고 말한다.
⑨ 양손으로 조심스럽게 자기앞쪽으로 깔개를 푼다. 필요하면 뒤로 물러난다.
⑩ 깔개를 본다. 양손으로 깔개모서리를 반듯하게 한다.

비고 : 만약 깔개에 앞뒤가 있으면 깔개를 뒤집어야 할수도 있다. 양손으로 깔개를
반듯하게 한다.

0-3세 영아기 교육의 이론과 실제

⑪ "깔개가 풀렸다" 라고 한다.

⑫ "깔개를 어떻게 감는지 보여줄께요" 라고 말한다.

⑬ 왼손은 깔개 왼쪽끝에 두고 오른손은 깔개 오른쪽 끝으로 가져다 둔다.

⑭ 양손을 같이 사용해서 깔개를 감기 시작한다.

⑮ 깔개를 조심스럽게 감는다. 깔개를 앞쪽으로 당기면서 감는다.

⑯ 1/3정도 감다가 잠시 멈춘다. 왼손으로 깔개를 잡고 오른손으로는 끝은 쳐서 줄을 맞춘다.

⑰ 오른손으로 깔개를 잡는다. 왼손으로 왼쪽 끝을 쳐서 줄을 맞춘다.

⑱ 이방법으로 깔개가 다 말릴때까지 한다.

⑲ 깔개가 다 말리면 "깔개가 말렸다" 라고 한다.

⑳ 조심스럽게 양손으로 깔개를 집어 올린다. 깔개를 수직으로 들고 선반쪽으로 가져간다.

㉑ 선반중앙위로 깔개를 가져간다.

㉒ 조심스럽게 깔개를 내린다.

㉓ 아이가 깔개를 말고 감고를 하도록 초대한다.

잘못의 정정
깔개가 풀리는 것을 보는 것, 감긴 깔개 끝이 매끄럽지 못한것을 보는 것, 깔개가 선반에 들어가기에 너무 큰 것을 보는 것

연 령
2세~3세

흥미점
깔개의 모서리를 보고 느끼는 것, 깔개의 패턴, 깔개선반에 깔개를 맞추어 넣는 것

목 적
• 직접 목적 : 집중력 발달, 일처리 순서 훈련, 독립심 발달과 자신감 발달, 사회인식 발달,
 동기적인 움직임발달, 대근육 발달
• 간접 목적 : 깔개를 감고 푸는 능력 발달, 주위 환경을 가꾸는 능력 장려, 바운드리와
 놀이공간의 정의 소통

언 어
• 깔개, 깔개 선반, 걷다, 말다, 툭툭치다, 끝 부분, 수직, 중앙.
• "깔개를 풀렸다" "깔개를 어떻게 감는지 보여줄께요" "깔개가 말렸다"

변형 및 응용
냅킨을 감는 것, 깔개를 감으며 노래를 부르기

쟁반 운반하기

교 구
쟁반

시 범
① 아기들을 라인 위에 앉게끔 초대한다.
② "어떻게 쟁반을 운반할 수 있는지 보여 줄께요" 라고 말한다.
③ 케비넷으로 걸어간다.
④ 쟁반앞에 선다.
⑤ 천천히 왼쪽 쟁반끝 중앙으로 왼손을 내린다.
⑥ 왼손으로 왼쪽 쟁반 끝 중앙을 잡고 엄지손가락은 위로 다른손가락은 쟁반 밑으로
　가게한다.
⑦ 천천히 오른쪽 쟁반 끝 중앙으로 왼손을 내린다.

⑧ 오른손으로 오른쪽 쟁반 끝 중앙을 잡고 엄지손가락은 위로 다른손가락은 쟁반 밑으로 가게한다.

⑨ 쟁반을 허리높이로 들고 쟁반을 몸쪽으로 든다.

⑩ 쟁반을 들고 천천히 걷는다.

⑪ 쟁반이 원래 있던 자리로 돌아가 쟁반을 놓는다.

⑫ 왼손을 놓는다. 오른손을 놓는다.

⑬ 아기를 불러 쟁반을 운반하게 한다.

잘못의 정정

쟁반이 선반위에 올려지지 않는것

연 령

2~3 세

흥미점

조용함과 조용한 발자국 소리, 쟁반을 운반하는것

목 적

• 직접 목적 : 집중력 발달, 일처리 순서 훈련, 독립심 발달과 자신감 발달, 사회인식 발달,
　　　　　　 동기적인 움직임발달, 대근육 발달

• 간접 목적 : 쟁반을 운반하는 능력발달

언 어

쟁반, 선반, 운반, 왼손, 오른손, "어떻게 쟁반을 운반할 수 있는지 보여 줄께요"

변형 및 응용

다른 쟁반 운반하기, 물건이 올려진 쟁반 운반하기

일상놀이

물건을 책상 위에 올려 놓기

교 구

케비넷, 다양한 물건, 책상

시 범

① 아이들을 라인 위에 앉게 한다.

② "물건을 어떻게 올려 놓는지 보여줄께요" 라고 말한다.

③ 케비넷 앞으로 걸어간다.

④ 물건을 고른다. 물건을 왼손으로 왼쪽중간을 잡고 오른손으로 오른쪽 중간을 잡는다.

⑤ 물건을 양손으로 잡고 천천히 신중하게 책상쪽으로 걸어 온다.

⑥ 조용히 물건을 책상위에 올린다. (잠시 멈춤)

⑦ 물건을 양손을 다시 든다. ⑧ 케비넷 쪽으로 걸어간다.

⑨ 원래 물건이 있었던 자리에 올려 놓는다. ⑩ "누가 책상 위에 물건을 올려 놓을래" 하고 묻는다.

⑪ 아기를 선택한다.

⑫ 필요하면 다시 놓는 방법을 보여거나 다른아기가 할수 있도록 한다.

잘못의 정정

물건이 책상 위에 올려 놓지 못한것

연 령

2~3 세

흥미점

조용함과 조용한 발자국 소리, 물건이 책상위에 놓여진것

목 적

- 직접 목적 : 집중력 발달, 일처리 순서 훈련, 독립심 발달과 자신감 발달, 사회인식 발달,
  동기적인 움직임발달, 대근육 발달
- 간접 목적 : 물건을 책상 위에 올려 놓는 기능발달

언 어

- 걷는다, 케비넷, 책상, 물건, 조심스럽게, 조용히, 선반
- "물건을 어떻게 올려 놓는지 보여줄께요"

변형 및 응용

물건을 카펫 위에 놓기

호두 옮기기

교 구

크기와 모양이 똑같은 두개의 플라스틱 그릇이나 연결된 그릇, 호두 3개를 왼쪽 그릇에 둔다, 쟁반

시 범

① 양손으로 쟁반을 들고와 책상 위에 둔다.

② 호두가 들어있는 그릇이 왼쪽에 있도록 하고 쟁반을 책상 한가운데에 올려 놓는다.

③ 아기를 불러 왼쪽에 앉힌다.

④ "여기에 호두를 어떻게 옮기는지 보여줄께요" 라고 말한다.

⑤ 왼손으로 왼쪽그릇이 움직이지 않도록 잡는다.

⑥ 오른손으로 호두를 잡는다.

⑦ 그릇위로 호두를 잡은 손을 올린다. 잠시멈춘다.

⑧ 오른쪽 그릇 가운데 위로 오른손을 가져간다.

⑨ 오른손을 그릇 밑바닥까지 내린다.

⑩ 오른손을 펴 호두를 놓는다.

⑪ 왼쪽 그릇에 남아있는 호두 2개를 위의 방법과 똑같이 하여 오른쪽 그릇에 옮긴다.

⑫ 왼쪽그릇이 비었는지 확인한다.

⑬ 왼쪽 그릇을 내려놓는다.

⑭ 른손으로 오른쪽 그릇을 잡고 왼손을 사용하여 오른쪽 그릇에서 왼쪽그릇으로 호두를 옮긴다.

⑮ 떨어진 호두가 있는지 쟁반위와 놀이주변을 살펴본다.

⑯ 만약 떨어진 호두가 있으면 자주 사용하는 손의 엄지, 검지, 중지 손가락을 사용해 호두를 그릇위에 올려놓는다.

⑰ 양손으로 쟁반을 들어 선반에 가져다 놓는다.

잘못의 정정

호두를 떨어뜨림, 호두가 떨어져서 나는 소리

연 령

2세 이상

언 어

• 호두, 그릇 색깔, 그릇, 쟁반

• "여기에 호두를 어떻게 옮기는지 보여줄께요"

• 옮기다, 쥐다, 놓다, 올리다, 내리다, 비었다, 가득차다. 떨어뜨리다, 소리

• 호두의 겉모습, 색깔, 촉감

흥미점

호두가 떨어지면서 내는 소리, 그릇이 찼다 비었다 하는것을 보는것

목 적

• 직접 목적 :집중력 발달, 일처리 순서 훈련, 독립심 발달과 자신감 발달, 사회인식 발달, 동기적인 움직임발달, 대근육 발달

• 간접 목적 : 손을 이용하여 물건을 쥐고 옮기는 능력발달

변형 및 응용

여러종류의 그릇 사용, 호두의 개수 조절

큰 콩 옮기기

교 구

크기와 모양이 똑같은 두개의 연결된 그릇, 큰 콩 3개를 왼쪽 그릇에 둔다, 쟁반

시 범

① 양손으로 쟁반을 들고와 책상 위에 둔다.

② 콩이 들어있는 그릇이 왼쪽에 있도록 하고 쟁반을 책상 한가운데에 올려 놓는다.

③ 아기를 안아 교사의 왼쪽 무릎에 앉힌다.

④ "여기에 있는 콩을 어떻게 옮기는지 보여줄께요" 라고 말한다.

⑤ 왼손으로 왼쪽그릇을 움직이지 않도록 잡는다.

⑥ 오른손으로 콩을 한움큼 잡는다.

⑦ 그릇위로 콩을 잡은 손을 올린다. 옆으로 빠지는 콩이 그릇에 다 떨어질때까지 그대로 있는다.

⑧ 오른쪽 그릇 가운데 위로 오른손을 가져간다.

⑨ 오른손을 그릇 밑바닥까지 내린다.

⑩ 오른손을 펴 콩을 놓는다.

⑪ 위의 방법과 똑같이 남은 콩을 위의 방법과 똑같이 하여 오른쪽 그릇에 옮긴다.

⑫ 왼쪽그릇이 비었는지 확인한다.

⑬ 왼쪽 그릇을 내려놓는다.

⑭ 오른손으로 오른쪽 그릇을 잡고 왼손을 사용하여 오른쪽 그릇에서 왼쪽그릇으로 콩을 옮긴다.

⑮ 떨어진 콩이 있는지 쟁반위와 놀이주변을 살펴본다.

⑯ 만약 떨어진 콩이 있으면 자주 사용하는 손의 엄지, 검지, 중지 손가락을 사용해 콩을 그릇위에 올려놓는다.

⑰ 양손으로 쟁반을 들어 선반에 가져다 놓는다.

일상놀이

잘못의 정정

콩을 떨어뜨림, 콩이 떨어져서 나는 소리

연 령

2세 이상

흥미점

콩이 떨어지면서 내는 소리, 그릇이 찼다 비었다 하는것을 보는것

목 적

- 직접 목적 : 집중력 향상, 일처리 순서 훈련, 독립심 발달과 자신감 발달, 협응력 발달, 소근육 발달
- 간접 목적 : 손을 이용하여 물건을 쥐고 옮기는 능력발달

언 어

- 콩, 콩과 그릇 색깔, 그릇, 쟁반, 한움큼
- "여기에 있는 콩을 어떻게 옮기는지 보여줄께요"
- 옮기다, 쥐다, 놓다, 올리다, 내리다, 비었다, 가득차다, 떨어뜨리다, 소리
- 콩의 겉모습, 색깔, 촉감

변형 및 응용

여러종류의 그릇 사용, 내용물의 변경

마른 것 따르기

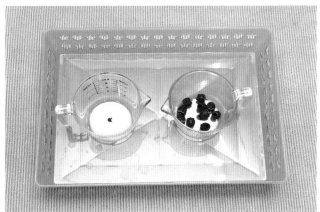

교 구

크기와 모양이 똑같은 투명한컵 두개 (컵의 2/3가 아이에 손에 감싸쥘수 있는 크기)

콩 (5개~10개), 쟁반

시 범

① 양손으로 쟁반을 들고와 책상 위에 둔다.

② 물건이 들어있는 컵이 왼쪽에 있도록 하고 쟁반을 책상 한가운데에 올려 놓는다.

③ 아기를 안아 교사의 왼쪽 무릎에 앉힌다.

④ "여기에 있는 콩을 어떻게 옮기는지 보여줄께요" 라고 말한다.

⑤ 왼손으로 콩이 들어 있는 왼쪽컵을 잡는다.

⑥ 오른손으로 비어 있는 컵을 잡는다.

⑦ 콩이 들어있는 컵을 들어 올린다.

⑧ 콩이 들어있는 컵을 비어 있는 컵쪽으로 가져간다.

⑨ 두개의 컵 사이에 공간을 둔다.

⑩ 컵을 기울여 컵의 모서리가 빈컵 중간에 위치하도록 한다.

⑪ 컵을 계속 기울여 콩을 쏟는다.

⑫ 콩이 다 쏟아졌는지 컵안을 확인한다.

⑬ 컵을 쟁반위 제자리로 가져다 둔다.

⑭ 왼손을 놓는다.　⑮ 오른손을 놓는다.

⑯ 위의 방법으로 똑같이 오른쪽 컵에서 왼쪽컵으로 콩을 쏟는다

⑰ 컵을 쟁반 위 제자리로 가져다 둔다.

⑱ 왼손을 놓는다.　⑲ 오른손을 놓는다.

⑳ 떨어진 콩이 있는지 쟁반위와 놀이주변을 살펴본다.

㉑ 만약 떨어진 콩이 있으면 자주 사용하는 손의 엄지,검지, 중지를 사용해 콩을 컵에 넣는다.

㉒ 양손으로 쟁반을 들어 선반에 가져다 놓는다.

잘못의 정정

콩을 떨어뜨림, 컵과 컵이 닿으면서 내는 소리

연 령

2세 이상

흥미점

콩이 떨어지면서 내는 소리, 콩을 쏟으면서의 무게변화를 느끼는것, 컵이 비었다 찼다 하는것을 보는것

목 적

• 직접 목적 : 집중력 향상, 일처리 순서 훈련, 독립심 발달과 자신감 발달, 협응력 발달, 소근육 발달

• 간접 목적 : 손을 사용하여 콩을 쏟는기술 발달

언 어

• 콩과 컵의 색깔, 컵, 쟁반

• "여기에 있는 콩을 어떻게 옮기는지 보여줄께요"

• 쏟는다, 쥐다, 올리다, 비었다, 가득차다, 기울이다, 놓는다, 떨어뜨리다, 소리

변형 및 응용

여러종류의 그릇 사용, 내용물의 변경

스폰지 짜기

교 구

크기와 똑같은 2개의 그릇 (어려움 증가) 이나 연결된 그릇, 물을 왼쪽그릇에 3/4까지
채워놓는다, 스폰지, 쟁반

시 범

① 양손으로 쟁반을 들고와 책상 위에 둔다.

② 물이 들어있는 그릇이 왼쪽에 있도록 하고 스폰지는 쟁반 앞쪽 중간에 두고 쟁반을 책상
한가운데에 올려 놓는다.

③ 아기를 안아 교사의 무릎에 앉힌다.

④ "여기에 있는 스폰지를 어떻게 짜는지 보여줄께요" 라고 말한다.

⑤ 양손 손가락으로 스폰지를 잡는다.

⑥ 스폰지를 왼쪽 물이 들어있는 그릇에 넣는다.

⑦ 스폰지를 놓는다.

⑧ 스폰지가 물을 빨아드리는 것을 본다.

⑨ 양쪽 손가락으로 스폰지를 잡는다.

⑩ 스폰지를 들어올려 물이 그릇에 떨어지도록 한다.

⑪ 스폰지를 비어있는 옆그릇으로 가져온다. 스폰지를 내린다.

⑫ 스폰지에서 물을 짜낸다.

⑬ 스폰지에서 힘을 뺀다.

⑭ 나머지 물도 위의 방법으로 옮긴다.

⑮ 그릇안이 비었는지 확인한다.

⑯ 스폰지를 사용해 왼쪽 그릇으로 다시 물을 옮긴다.

⑰ 스폰지를 원래있었던 자리에 놓는다.

⑱ 쟁반 주위와 놀이주변을 살펴본다.

⑲ 자주 사용하는 손을 사용하여 물을 스폰지로 닦는다.

⑳ 스폰지를 왼쪽 물이 있는 그릇에 짠다.

㉑ 스폰지를 원래있었던 자리에 놓는다. ㉒ 선반에 쟁반을 가져다 놓는다

잘못의 정정

물을 흘린다, 스폰지의 물을 충분히 짜지않는것

연 령

2세이상

흥미점

스폰지가 물을 빨아 드리는것, 스폰지에서 물이 떨어지는 것 ③ 물의 느낌

목 적

• 직접 목적 : 집중력 향상, 일처리 순서 훈련, 독립심 발달 과 자신감 발달, 협응력 발달,
　　　　　　소근육 발달

• 간접 목적 : 스폰지의 사용능력 발달

언 어

• 스폰지, 물, 그릇, 스폰지 색깔, 물 과 그릇

• "여기에 있는 스폰지를 어떻게 짜는지 보여줄께요"

• 짜다, 잡다, 놓다. 빨아 드리다, 접추다, 떨어지다, 들다, 내린다, 차다, 비었다.

변형 및 응용

- 큰 그릇에서 작은 그릇 2개로 물을 옮기는것,
- 컨테이너 : 다른종류의 그릇
- 준비물 : 다른 색의 물,
- 기구 : 다른색의 스폰지(물과 스폰지 색은 같아야한다.)
- 다른종류의 스포이드 사용하기
- 색있는 물 사용하기

스포이드로 물 옮기기

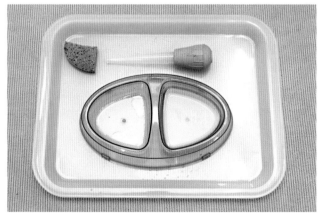

교 구

크기와 모양이 똑같은 두개의 그릇이나 연결되어 있는 그릇, 스포이드, 스폰지, 쟁반

시 범

① 양손으로 쟁반을 들고와 책상 위에 둔다.

② 물이 들어있는 그릇이 왼쪽에 있도록 하고 스포이드는 쟁반 앞쪽 중간에 두고 스폰지는 오른쪽 멀리 둔다. 쟁반을 책상 한가운데에 올려 놓는다.

③ 아기를 안아 교사의 왼쪽 무릎에 앉힌다.

④ "여기에 있는 큰 스포이드를 어떻게 짜는지 보여 줄께요" 라고 말한다.

⑤ 자주 사용하는 손으로 큰 스포이드의 머리를 잡고 들어올린다.

⑥ 반대편 손으로 큰 스포이드의 머리를 잡고 있는 손을 감싼다.

⑦ 스포이드 머리를 누른다.

⑧ 스포이드의 입을 왼쪽 물이 있는 그릇에 넣다.

⑨ 스포이드의 머리를 놓아 물을 빨아 드리도록 한다.

⑩ 스포이드를 그릇위로 올린다.

⑪ 물이 다 떨어질 때 까지 기다린다.

⑫ 비어있는 오른쪽 그릇위로 스포이드를 가져간다.

⑬ 스포이드를 비어있는 그릇에 내린다.

⑭ 스포이드의 머리를 짜 물을 내보낸다

⑮ 스포이드 머리를 놓는다.

⑯ 스포이드를 컨테이너 위로 올리고 물이 다 떨어질때까지 기다린다.

⑰ 남은 물을 위와 같은 방법으로 옮긴다.

⑱ 그릇안이 비었는지 확인한다.

일상놀이

273

⑲ 스포이드를 사용해 왼쪽 그릇으로 다시 물을 옮긴다.

⑳ 스포이드를 원래 있었던 자리에놓는다. ㉑ 쟁반 주위와 놀이주변을 살펴본다.

㉒ 자주 사용하는 손을 사용하여 물을 스폰지로 닦는다.

㉓ 스폰지를 원래있었던 자리에 놓는다. ㉔ 쟁반을 선반에 가져다 놓는다

언 어

- 스포이드, 스포이드 머리, 물, 그릇, 쟁반, 스포이드 색깔, 스폰지 색깔, 물 색깔, 그릇색깔
- "여기에 있는 큰 스포이드를 어떻게 짜는지 보여 줄께요"
- 옮기다, 잡다, 짜다, 놓다, 올리다, 떨어지다, 차다, 비엇다, 흘리다, 소리
- 스포이드의 모양, 색깔, 촉감, 스포이드의 머리를 쥐었다 놓는것, 스포이드안으로 물이 들어왔다 나갔다 하는것, 물의 색깔, 스폰지의 모양과 색깔 촉감,

잘못의 정정

물을 흘린다.

연 령

2세 이상

흥미점

- 스포이드를 짤 때 스포이드가 비는 것
- 스포이드 머리를 놓을때 물이 들어가는 것
- 스포이드 머리를 짜는 것

목 적

- 직접 목적 : 집중력 향상, 일처리 순서 훈련, 독립심 발달과 자신감 발달, 협응력 발달, 소근육 발달
- 간접 목적 : 스포이드의 사용 능력 발달

언 어

- 스포이드, 스포이드 머리, 물, 그릇, 쟁반, 스포이드 색깔, 스폰지 색깔, 물 색깔, 그릇색깔
- "여기에 있는 큰 스포이드를 어떻게 짜는지 보여 줄께요"
- 옮기다, 잡다, 짜다, 놓다, 올리다, 떨어지다, 차다, 비엇다, 흘리다, 소리
- 스포이드의 모양, 색깔, 촉감, 스포이드의 머리를 쥐었다 놓는것, 스포이드안으로 물이 들어왔다 나갔다 하는것, 물의 색깔, 스폰지의 모양과 색깔 촉감,

변형 및 응용

- 다른종류의 그릇
- 준비물 : 다른 색의 물
- 기구 : 다른 종류의 스포이드(물과 스폰지 색은 같아야 한다.)

집게로 옮기기

교 구

크기와 모양이 두개의 플라스틱 그릇이나 연결된 그릇, 팜팜 3개, 딸기집는 집게, 쟁반

시 범

① 양손으로 쟁반을 들고와 책상 위에 둔다.

② 쟁반을 책상 중앙에 놓고 팜팜이 든 그릇을 왼쪽에 둔다.

③ 아기를 안아 교사의 왼쪽 무릎에 앉힌다.

④ "여기에 있는 딸기집는 집게를 어떻게 사용하는지 보여줄께요" 라고 말한다.

⑤ 자주 사용하는 손의 엄지, 중지, 검지로 딸기 집는 집게를 집어 올린다.

일상놀이

275

⑥ 아기앞에 딸기 집는 집게를 보이고 집게를 열어다 닫았다 한다.
⑦ 팜팜이 들어있는 그릇으로 딸기집는 집게를 내린다.
⑧ 딸기집는 집게로 팜팜 하나를 집는다. ⑨ 집게를 왼쪽그릇위로 올린다.
⑩ 집게를 오른쪽 그릇 중앙 위에 가도록 한다.
⑪ 집게를 내려 그릇 밑바닥까지 가도록 한다.
⑫ 집게를 펴 팜팜을 내려 놓는다. ⑬ 집게가 그릇 중앙에 가도록 올린다 .
⑭ 위의 방법으로 남아있는 팜팜을 옮긴다.
⑮ 왼쪽 그릇이 비었는지 확인한다.
⑯ 위의 방법으로 팜팜을 원래의 왼쪽그릇으로 다시 옮긴다.
⑰ 쟁반과 놀이 주변을 살펴보아 떨어진 팜팜이 있는지 확인한다.
⑱ 집게를 쟁반위 원래 위치에 놓는다
⑲ 양손으로 쟁반을 들어 선반에 가져다 놓는다.

잘못의 정정
팜팜이 그릇에 있지 않는 것, 집게를 놓치는것

연 령
2세 이상

흥미점
팜팜의 색깔, 팜팜의 크기

목 적
• 직접 목적 : 집중력 향상, 일처리 순서 훈련, 독립심 발달과 자신감 발달, 협응력 발달, 소근육
　　　　　　　발달
• 간접 목적 : 도구(집게) 사용 익히기

언 어
• 딸기집는 집게, 팜팜, 그릇, 쟁반, 집게와 그릇과 팜팜의 색깔
• "여기에 있는 딸기집는 집게를 어떻게 사용하는지 보여줄께요"
• 옮긴다, 집는다, 열다, 닫다, 내린다, 죄다, 올린다, 놓는다, 찼다, 비었다, 떨어트린다, 소리
• 집게의 색깔과 느낌과 모양, 딸기 집는 집게의 사용 용도, 팜팜의 색깔 모양 촉감; 집게를
　오무렸다 폈다 하는 것

변형 및 응용
• 컨테이너 : 2번째 컨테이너에 계란 컵처럼 생긴 공간을 만든다
• 준비물 : 다른크기의 팜팜, 다른 색깔의 팜팜.
• 기구 : 다른 종류의 집게

빨래집게 사용하기

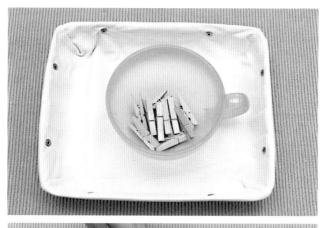

교 구

빨래 집게 3개, 빨래 집게 3개를 넣을 플라스틱 그릇 1개, 쟁반

시 범

① 양손으로 쟁반을 들고와 책상 위에 둔다.

② 쟁반을 책상 중앙에 둔다.

③ 아기를 안고 교사의 왼쪽 무릎에 앉힌다.

④ "여기에 있는 빨래 집게를 어떻게 사용하는지 보여줄께요" 라고 말한다.

⑤ 자주 사용하는 손의 엄지, 중지, 검지로 빨래 집게의 손잡이를 잡고 집어 올린다.

일상놀이

⑥ 엄지, 검지, 중지를 사용하여 빨래집게를 벌린다.

⑦ 힘을 빼어 빨래집게가 닫히도록 한다.

⑧ 벌렸다 닫는 것을 반복한다. ⑨ 그릇의 모서리로 빨래집게를 가져간다.

⑩ 빨래집게를 벌린다. ⑪ 빨래집게로 그릇 모서리를 집는다.

⑫ 빨래집게에서 손을 뗀다

⑬ 남아있는 빨래 집게를 위와 같은 방법으로 집는다.

⑭ 그릇이 비었는지 본다.

⑮ 같은 방법으로 빨래집게를 빼어 제자리에 놓는다. (방법은 뒤에 설명)

⑯ 그릇에 붙어있는 빨래집게의 손잡이를 잡는다.

⑰ 빨래집게의 손잡이를 눌러 집게를 벌린다음 빨래집게를 올린다.

⑱ 힘을 빼어 빨래집게를 닫는다. ⑲ 빨래집게를 그릇 밑바닥으로 가져가 놓는다.

⑳ 빨래집게에서 손을 뗀다 ㉑ 위의 방법으로 남아있는 빨래집게 2개를 뗀다.

㉒ 양손으로 쟁반을 들어 선반에 가져다 놓는다.

잘못의 정정

빨래집게를 그릇에 넣는 것

연 령

2세 이상

흥미점

손가락을 오무려 빨래집게를 벌리는 것, 손가락을 펴 빨래집게를 닫는 것

목 적

• 직접 목적 : 집중력 향상, 일처리 순서 훈련, 독립심 발달과 자신감 발달, 협응력 발달 ④ 소근육 발달

• 간접 목적 : 도구(빨래 집게) 사용 익히기

언 어

• 빨래집게, 손잡이, 그릇, 쟁반, 빨래집게와 그릇의 색깔

• "여기에 있는 빨래 집게를 어떻게 사용하는지 보여줄께요"

• 집는다, 쥐다, 놓는다, 뗀다, 내린다, 모서리, 소리

• 빨래집게의 색깔과 느낌과 모양, 빨래집게의 사용 방법, 빨래집게를 닫았다 벌렸다 하는 것

변형 및 응용

• 큰 그릇 1개, 작은 그릇 3개 나누어져 있는 그릇, 큰 그릇 1개에 빨래 집게를 넣어 놓음, 큰 그릇 1개에 작은 천을 넣어 놓음

• 기구 : 다른 색의 집게, 나무 빨래 집게, 다른 크기의 집게

옷과 빨래 집게

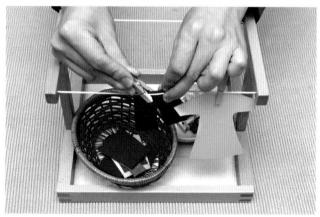

교 구

빨래 집게와 옷이 든 바구니, 처음에는 빨래 집게 2개와 옷 한가지를 둔다.

시 범

① 양손으로 쟁반을 들고와 책상 위에 둔다.

② 쟁반을 책상 중앙에 두고 옷이 든 바구니는 왼쪽으로 둔다.

③ 아기를 안고 교사의 무릎 왼쪽에 앉힌다.

④ "여기에 있는 빨래 집게를 어떻게 사용하는지 보여줄께요" 라고 말한다.

⑤ 양손으로 쟁반위의 옷을 집어 위쪽 빨래줄과 평행하도록 잡는다. 빨랫줄에 옷을 걸친다

⑥ 자주 사용하지 않는 손을 이용하여 옷의 윗부분을 잡는다.
⑦ 빨래집게를 쟁반에서 집어 자주 사용하는 손의 엄지, 중지, 검지로 손잡이를 잡고 집어
　올린다.
⑧ 빨래집게를 엄지, 검지, 중지를 사용하여 벌린다.
⑨ 빨래 집게의 열린 부분을 옷 위로 가져간다.
⑩ 힘을 빼어 빨래집게가 닫히도록 하고 옷이 잘 매달려 있는지 본다.
⑪ 다른 집게를 잡고 위의 방법으로 나머지 한쪽을 집는다.
⑫ 쟁반을 보아 쟁반이 비었는지 확인한다.
⑬ 자주 사용하지 않는 손을 이용하여 옷의 윗부분을 잡는다.
⑭ 빨래집게를 자주 사용하는 손의 엄지, 중지, 검지로 손잡이를 잡는다.
⑮ 빨래집게를 엄지, 검지, 중지를 사용하여 벌린다.
⑯ 열린 집게를 올려 빨래집게를 옷에서 빼낸다.
⑰ 힘을 빼어 빨래집게가 닫히도록 한다.
⑱ 빨래집게를 쟁반위에 놓는다.
⑲ 나머지 집게를 위의 방법으로 빼낸다.
⑳ 자주사용 하지 않는 손으로 옷을 잡는다.
㉑ 자주사용 하는 손은 다른 끝을 잡는다.
㉒ 양손으로 옷을 잡고 쟁반위에 옷을 놓는다..
㉓ 양손으로 쟁반을 들어 선반에 가져다 놓는다.

잘못의 정정
빨래집게를 잘못 사용하여 옷을 걸지 못하는것

연 령
2세 이상

흥미점
• 손가락을 오무려 빨래집게를 벌리는 것
• 손가락을 펴 빨래집게를 닫는 것
• 빨랫줄에 옷을 거는 것

목 적
• 직접 목적 : 집중력 향상, 일처리 순서 훈련 독립심 발달 과 자신감 발달, 협응력 발달, 소근육
　　　　　　발달
• 간접 목적 : 빨래집게를 사용 하여 빨랫줄에 빨래를 거는 것

언 어
• 빨래집게, 옷, 빨랫줄, 손잡이, 빨래집게와 빨랫줄의 색깔, 그릇

- "여기에 있는 빨래 집게를 어떻게 사용하는지 보여줄께요
- 집는다, 놓다, 걸친다, 쥐다, 벌린다, 놓는다, 고르다, 단단히 메다, 올린다, 제거한다, 집는다.

변형 및 응용
기구 : 하나씩 옷을 늘려간다. 다른 색의 집게, 나무 빨래 집게

나사 끼우기

교 구

크기가 같은 볼트 3개를 바구니에 넣어 준비 , 볼트에 맞는 너트 3개를 바구니에 넣어 준비,
쟁반

시 범

　① 양손으로 쟁반을 들고와 책상 위에 둔다.

　② 쟁반을 책상 중앙에 둔다.

　③ 아기를 안아 교사의 왼쪽 무릎에 앉힌다.

　④ "여기에 있는 너트와 볼트를 어떻게 끼우는지 보여줄께요" 라고 말한다.

⑤ 자주사용하지 않는 손으로 볼트를 바구니에서 꺼낸다.

⑥ 자주사용하는 손으로 너트를 바구니에서 꺼낸다.

⑦ 너트를 볼트 위에 놓는다.

⑧ 자주사용하는 손으로 너트를 시계 방향으로 돌려 볼트를 끝까지 돌린다.

⑨ 다 끼어진 너트와 볼트를 책상 위에 둔다.

⑩ 위의 방법으로 나머지 너트와 볼트를 낀다.

⑪ 오른쪽에서부터 끼워진 너트와 볼트를 자주사용하지 않는 손으로 집는다.

⑫ 자주사용하는 손으로 너트을 잡는다.

⑬ 자주사용하는 손으로 너트을 시계 반대방향으로 돌린다.

⑭ 너트와 볼트가 분리 될 때까지 돌린다

⑮ 분리된 너트는 오른쪽 바구니에 볼트는 왼쪽 바구니에 넣는다.

⑯ 나머지 2개도 위의 방법으로 한다.

⑰ 쟁반을 선반에 가져다 놓는다.

잘못의 정정
두개의 너트를 한 볼트에 끼우는 것, 볼트와 너트가 끼워지지 않는것

연 령
2세 이상

흥미점
손목으로 돌리는 동작 느낌, 너트를 볼트에 끼는 것

목 적
• 직접 목적 : 집중력 향상, 일처리 순서 훈련, 독립심 발달과 자신감 발달, 협응력 발달, 소근육
　　　　　　 발달
• 간접 목적 : 너트를 볼트에 끼는 기능 발달, 일대일 조화의 수학적 개념 발달

언 어
① 너트, 볼트, 쟁반. 너트와 볼트의 색깔, 바구니
② "여기에 있는 너트와 볼트를 어떻게 끼우는지 보여줄께요"
③ 맞춘다, 놓는다, 돌린다, 시계방향, 시계 반대 방향, 돌려끼운다, 돌려 뺀다. 고른다, 집는다.
④ 너트와 볼트의 색깔, 느낌, 모양, 너트와 볼트의 사용방법, 너트를 볼트에 끼는 방법;
　 너트를 볼트에 끼울때 시계 방향으로 돌리는 것, 시계 반대 방향으로 돌려 너트를 볼트에서
　 빼는 것

변형 및 응용
• 컨테이너 : 다른 컨테이너
• 기구 : 다르지만 같은 크기의 너트와 볼트, 크기가 각각 다른 3개의 너트와 볼트

일상놀이

283

작은 매트 말기

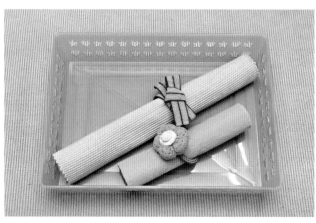

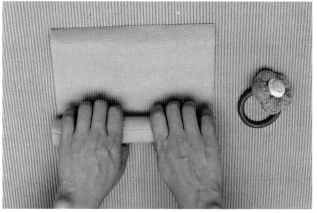

교 구

작은 매트, 냅킨링, 쟁반

시 범

① 양손으로 쟁반을 들고와 책상 위에 둔다.

② 쟁반을 책상 왼쪽 위에 둔다.

③ 아기를 안아 교사의 왼쪽 무릎에 앉힌다.

④ "여기에 있는 매트를 어떻게 말 수 있는지 보여줄께요" 라고 말한다.

⑤ 양손을 사용하여 쟁반위에서 냅킨링으로 감긴 매트를 꺼낸다

⑥ 책상 중앙 앞쪽에 냅킨링으로 감긴 매트를 놓는다

⑦ 매트 왼쪽을 왼손으로 잡는다.

⑧ 냅킨 링을 오른손으로 잡는다.

⑨ 오른손으로 오른쪽으로 잡아당겨 냅킨링을 뺀다.

⑩ 냅킨링을 쟁반위에 올려 놓는다.

⑪ 매트 오른쪽을 오른손으로 왼쪽을 왼손으로 잡는다.

⑫ 매트를 왼쪽방향으로 돌려 책상과 수직으로 만든다.

⑬ 왼쪽손을 매트의 왼쪽끝을 잡는다.

⑭ 오른손으로는 매트를 굴린다.

⑮ 매트를 돌려 매트가 위쪽으로 굴릴수 있도록한다.

⑯ 양손을 사용하여 매트가 위쪽으로 굴러가면서 감겨지도록한다.

⑰ 오른손을 놓는다.

⑱ 자주사용하는 손으로 쟁반위에서 고무밴드를 가져온다.

⑲ 자주사용하는 쪽으로 냅킨링을 끼운다

⑳ 자주사용하지 않는손으로 매트 중간을 잡는다

㉑ 자주사용하는 손으로 냅킨링을 매트 중간까지 민다.

㉒ 양손으로 말아진 매트를 쟁반위에 놓는다.

㉓ 쟁반을 선반에 가져다 놓는다.

잘못의 정정

매트끝이 줄이 안맞는 것

연 령

2세 이상

흥미점

손목으로 돌리는 동작 느낌, 냅킨링을 매트에 끼는 것.

목 적

• 직접 목적 : 집중력 향상, 일처리 순서 훈련, 독립심 발달과 자신감 발달, 협응력 발달, 소근육
발달

• 간접 목적 : 매트를 감는 능력발달, 손목의 유연성과 힘 발달

언 어

• 매트, 냅킨 링, 쟁반, 냅킨 링과 매트 색깔

• "여기에 있는 매트를 어떻게 말 수 있는지 보여줄께요"

• 제거한다, 둔다, 잡는다, 돌린다, 직각, 풀다, 감다, 돌린다, 놓는다, 가이드한다, 중간,
제자리에 가져다 놓는다.

• 매트와 냅킨링의 모양 색깔, 촉감; 매트와 냅킨링의 사용용도; 매트를 펼쳤다 말았다 하는 방법, 감긴 매트에 냅킨링을 끼는 방법

변형 및 응용
• 준비물 : 다른 종류의 냅킨링
• 기구 : 다른 종류의 매트

종이 구기기
(Crushing Paper)

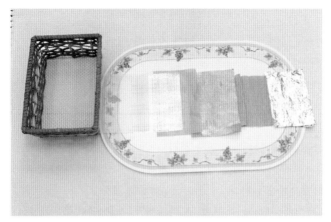

교 구

깔개, 쟁반, 바구니, 5장의 티슈나 다양한 종이(포장지,알루미늄 호일, 신문...)

*책의 소중함을 알려주기 위해 잡지, 책은 사용하지 않는다.

시 범

① 깔개를 깔고 교구를 가져온다.

② 아기와 마주보고 앉는다.

③ 종이를 차례대로 나열한 후 바구니는 깔개 오른쪽 옆에 둔다.

④ 아기의 왼쪽에서부터 첫 번째 종이를 집는다.

⑤ 양 손을 사용하여 천천히 종이를 구겨 공 모양으로 만든 후 바구니에 넣는다.

⑥ 멈추고 아기를 향해 미소를 짓는다.

⑦ 놀이를 반복한다.

⑧ 아기에게 종이를 주고 놀이할 수 있게 한다.

"자, 종이를 구겨 바구니에 넣어보렴."

⑨ 아기가 충분히 놀 수 있게 한다.

⑩ 만약 아기가 종이를 구기지 못하면 "도와줄까?" 라고 말한 후 아기의 손을 잡고 종이를 구겨서 바구니에 넣는다.

아기가 흥미를 느끼면 조용히 물러나 방해하지 않는다.

⑪ 놀이가 끝나면 교구를 제자리에 정리한다.

잘못의 정정

교사에 의해

연 령

9-12개월

흥미점

종이 구길 때의 느낌과 소리

목 적

• 직접 목적 : 종이를 쓰레기통에 넣는 습관 기르기

• 간접 목적 : 운동능력과 듣기 능력, 시각적 예민함 발달

변형 및 응용

• 간단한 노래를 부르며 종이 구기기,

• 서로 다른 종이를 사용하여 다양한 소리 만들기

• 구겨진 종이를 공처럼 만들어 바구니에 넣기

종이 찢기

교 구

작은 바구니 2개, 바구니에 담긴 길게 잘린 종이 (3cm X 12cm), 쟁반

시 범

① 자주사용하는 손으로 선반 위에 있는 길게 잘린 종이 한 장을 엄지, 검지, 중지로 집는다
② 종이를 쟁반위에 있는 왼쪽 바구니에 넣는다.
③ 양손으로 쟁반을 들고와 책상 위에 둔다.
④ 쟁반을 책상 중간에 놓고 종이가 든 바구니를 왼쪽으로 놓는다.
⑤ 아기를 안아 교사의 왼쪽 무릎에 앉힌다.
⑥ "여기에 있는 종이를 어떻게 찢는지 보여줄께요" 라고 말한다.
⑦ 자주 사용하는 손으로 종이를 잡는다.
⑧ 오른쪽바구니위로 가져간다.
⑨ 자주사용하지 않는 손을 아래서부터 3cm 간격을 두고 잡는다.
⑩ 반대 방향으로 손목을 비틀어 종이를 찢는다.
⑪ 찢어진 종이를 오른쪽 바구니에 넣는다.
⑫ 종이를 다시 잡는다.
⑬ 종이를 3cm 간격으로 다시 잡는다.
⑭ 위의방법으로 종이가 다 찢어질때까지 반복한다.
⑮ 오른쪽 바구니 안에 있던 것을 모으는 박스나 종이를 버리는 쓰레기통에 비운다
⑯ 바구니를 쟁반위 원래 위치에 놓는다.
⑰ 쟁반을 선반에 가져다 놓는다.

잘못의 정정

찢어지지 않은 종이

연 령

2 이상

흥미점

들쭉날쭉하게 찢어진 종이 모양

목 적

- 직접 목적 : 집중력 향상, 일처리 순서 훈련, 독립심 발달과 자신감 발달, 협응력 발달, 소근육
  발달
- 간접 목적 : 종이를 찢는 능력발달, 종이를 자르는 능력발달, 손목의 유연성과 힘 발달

언 어

- 찢어진 종이, 바구니, 쟁반, 종이와 바구니의 색깔
- "여기에 있는 종이를 어떻게 찢는지 보여줄께요"
- 잡는다, 둔다, 돌린다, 반대, 찢는다, 찢어졌다, 움직인다, 반복한다, 비었다, 소리
- 종이의 모양, 색깔, 촉감, 들쭉날쭉한 종이끝, 종이를 찢는 동기, 종이를 찢기위해 서로
  반대방향으로 손목을 돌리는 방법

변형 및 응용

- 컨테이너 : 다른 종류의 바구니
- 준비물 : 넓은 종이, 선이 그어져 있는 종이

종이 자르기

교 구

작은 바구니 2개, 바구니에 담긴 길게 잘린 종이 (3cm X 12cm), 뭉툭한 가위, 쟁반

시 범

① 자주사용하는 손으로 선반 위에 있는 길게 잘린 종이 한 장을 엄지, 검지, 중지로 집는다

② 종이를 쟁반 위에 있는 왼쪽 바구니에 넣는다.

③ 양손으로 쟁반을 들고와 책상 위에 둔다.

④ 쟁반을 책상 중간에 놓고 종이가 든 바구니를 왼쪽에 놓는다.

⑤ 아기를 안아 교사의 왼쪽 무릎에 앉힌다.

⑥ "여기에 있는 가위를 사용하여 어떻게 종이를 자르는지 보여 줄께요" 라고 말한다.

⑦ 자주 사용하지 않는 손으로 닫힌 가위의 칼날 부분을 잡는다.

⑧ 자주사용하는 손의 엄지를 손잡이의 한구멍에 넣고 검지와 중지를 다른구멍에 넣는다.

⑨ 가위를 몸앞으로 가져와 손가락을 펴면서 가위가 벌려지는 것을 보여준다.

⑩ 손가락을 오므리며 가위가 닫히는 것을 보여준다.

⑪ 오므렷다 폈다를 3번 하여 손가락을 펴면 가위가 벌려지고 손가락을 오므리면 가위가 닫히는 것을 보여준다.

⑫ 종이를 가위사이로 가져온다.

⑬ 종이를 오른쪽 바구니 위로 가져간다.

⑭ 가위를 벌린다.

⑮ 종이가 칼날 사이 끝까지 가도록 한다.

⑯ 가위를 닫으면서 종이를 자른다.

⑰ 위의방법으로 남아있는 종이를 자른다.

⑱ 가위를 오므린다.

⑲ 자주 사용하지 않는 손으로 닫힌 가위의 칼날 부위를 잡는다.

⑳ 자주 사용하는 손을 뺀다.

㉑ 가위를 쟁반위에 놓는다.

㉒ 오른쪽 바구니의 내용물은 조각을 모으는 박스나 종이를 버리는 쓰레기통에 비운다

㉓ 바구니를 쟁반 위 원래 위치에 놓는다.

㉔ 쟁반을 선반에 가져다 놓는다.

잘못의 정정

종이가 잘리지 않는다.

연 령

2세 이상

흥미점

가위로 종이가 잘려지는것을 보는것

목 적

• 직접 목적 : 집중력 향상, 일처리 순서 훈련, 독립심 발달과 자신감 발달, 협응력 발달, 소근육 발달

• 간접 목적 : 종이를 자르는 능력발달, 손목의 유연성과 힘 발달

언 어

• 가위, 칼날, 길게 잘려진 종이, 쟁반, 가위의 색깔, 종이 바구니,

• "여기에 있는 가위를 사용하여 어떻게 종이를 자르는지 보여 줄께요"

일상놀이

- 잡는다, 둔다, 자른다, 닫는다, 연다, 쥔다, 놓는다, 비운다, 소리
- 가위의 모양, 색깔, 촉감 논의; 가위의 사용 용도; 가위를 사용시 주의할점 ; 가위로 종이를 똑바르게 자른다.

변형 및 응용
- 컨테이너 : 다른 종류의 바구니
- 여러크기의 종이 사용하여 가위로 자르기

인사하기

교 구
없음

시 범

① 아기를 라인에 앉힌다. 원안에 또 한명의 어른이 서있는다.

② "인사를 어떻게 하는지 보여줄께요" 라고 말한다.

③ 일어선다.

④ 천천히 조용하게 다른 어른 앞으로 걸어간다.

⑤ 팔길이 만큼 떨어져 선다. 눈맞춤을 한다.

⑥ 미소를 짓고 오른손을 앞으로 뻗는다.

⑦ 다른 어른도 오른손을 뻗는다.

⑧ 손을 잡고 천천히 두 번 흔든다 (악수를 한다).

⑨ "안녕하세요. 제 이름은... 당신이름은 무엇입니까" 하고 말한다.

⑩ 다른어른은 "안녕하세요. 제 이름은...." 라고 한다.

⑪ 제자리로 돌아가 라인 위에 앉는다.

⑫ "누가 인사를 하고 싶니?" 고 물어본다.

일상놀이

⑬ 아기를 선택하여 시킨다.

⑭ 필요하면 다시 인사하는 방법을 보여주거나 다른아이를 시킨다.

잘못의 정정

다른사람과 악수를 하지 않는 것, 말을 하지 않는것

연 령

2세 이상

흥미점

악수하기, 언어사용, 미소, 눈맞춤 하는것

목 적

• 직접 목적 : 집중력 향상, 일처리 순서 훈련, 독립심 발달과 자신감 발달, 사회인식 발달, 동기적인 움직임발달, 대근육 발달

• 간접 목적 : 인사 능력 발달, 예의 능력 발달

언 어

인사, 사람, 서다, 걷다, 팔길이, 눈맞춤, 미소, 벌어지다, 오른손, 악수를 하다. "인사를 어떻게 하는지 보여줄께요" "안녕하세요. 제 이름은... 당신이름은 무엇입니까"

변형 및 응용

• 다른 언어를 넣기 "오늘은 어떻세요?" "좋아요. 감사 합니다."

• 놀이나 대화를 하고 있는 사람들에게 말걸기기 ③ 옆에 앉아 있는 사람에게 말걸기

놀이를 하고 있는 친구에게 말걸기

교 구
없음

시 범

① 아기를 라인에 앉힌다. 원안에 또 한명의 어른이 놀이를 하고 있다.

② "놀이를 하고 있는 사람에게 어떻게 말을 거는지 보여줄께요" 라고 말한다.

③ 일어선다.

④ 천천히 조용하게 다른 어른 옆으로 걸어가 서있는다.

⑤ 오른손을 부드럽고 조용히 다른 어른 어깨에 놀려 놓는다. 그 사람이 인지를 할때까지 기다린다.

⑥ 다른 어른은 하던일을 마친다. 올려다 보고 눈 맞춤을 한다.

⑦ 다른 어른이 "무엇을 도와 드릴까요" 라고 한다.

⑧ "장난감을 가지고 놀아도 될까요?" 라고 한다.

⑨ 다른 어른은 "제가 다 가지고 논 다음에 가지고 놀아되 되요" 라고 한다.

⑩ "고맙습니다" 라고 한다.

⑪ 제자리로 돌아가 라인 위에 앉는다.

⑫ "누가 놀이를 하고 있는 사람에게 말을 걸고 싶니?" 고 물어본다.

⑬ 아이를 선택하여 시킨다.

⑭ 필요하면 다시 말을 거는 방법을 보여주거나 다른아이를 시킨다.

잘못의 정정
다른사람의 어깨에 손을 대지 않는것 , 조용히 기다리지 않는것

연 령
2세~3세

흥미점

• 다른사람이 인지할때까지 기다리는 것

• 다른사람의 어깨에 손을 대는것

• 언어사용

목 적

• 직접 목적 : 집중력 향상, 일처리 순서 훈련, 독립심 발달과 자신감 발달, 사회인식 발달, 동기적인 움직임발달, 대근육 발달

일상놀이

• 간접 목적 : 놀이를 하고 있는 사람에게 말을 거는 능력발달 , 예의 범절 발달

언 어

• 말을 하다, 무엇을 하고 있다, 놀이, 사람, 서다,부드럽게, 조용히, 손, 어깨, 눈 맞춤
• "놀이를 하고 있는 사람에게 어떻게 말을 거는지 보여줄께요" "무엇을 도와 드릴까요"
  "장난감을 가지고 놀아도 될까요?" "제가 다 가지고 논 다음에 가지고 놀아도 되요"
  "고맙습니다"

변형 및 응용

• 대화를 하고있는 사람에게 말걸기
• 다른 상황 만들기
• 대화나 놀이를 하고 있는 사람 끼어 들기
• 식사시간에 말걸기

놀이를 하고 있는 친구에게 부탁하기

교 구

없음

시 범

① 아기를 라인에 앉힌다. 원안에 또 한명의 어른이 다른 아이와 놀이를 하고 있다.

② "놀이를 하고 있는 사람에게 어떻게 부탁하는지 보여줄께요"

③ 일어선다.

④ 천천히 조용하게 다른 어른 옆으로 걸어가 서있는다.

⑤ 오른손을 부드럽고 조용히 다른 어른 어께에 놀려 놓는다.

⑥ 다른 어른은 놀이를 같이 하고 있는 아이 팔위에 손을 올려 놓고 그 아이에게 조용히 "잠시만요" 라고 한다.

⑦ 다른 어른은 "나한테 무엇을 원하는 것을 알겠어요" "내 일이 끝날때까지 내옆에 서서 기다리주겠습니까"? 또는 "내가 하고 있던일이 끝나는 대로 당신에게 가겠습니다" 라고 한다.

⑧ 당신은 조용히 끈기있게 다른 어른이 다른 아이와 하고 있던일을 마칠때까지 기다린다.

⑨ 다른어른은 당신을 보며 "기다려 주어서 고맙습니다. 어떻게 도와드릴까요" 라고 한다.

일상놀이

⑩ "신발끈좀 묶어 주세요" 라고 한다.

⑪ 다른어른이 신발끈을 묶어 준다. "고맙습니다." 라고 인사한다.

⑫ 제자리로 돌아가 앉는다.

⑬ "누가 놀이를 하고 있는 사람에게 부탁하고 싶니?" 하고 물어본다.

⑭ 아기를 선택하여 시킨다.

⑮ 필요하면 다시 말을 거는 방법을 보여주거나 다른 아기를 시킨다.

잘못의 정정

조용히 기다리지 않는것, 친구에게 양해를 구하지 않는것

연 령

2세~3세

흥미점

다른사람이 인지할때까지 기다리는 것, 다른사람의 어깨에 손을 대는것, 언어사용

목 적

• 직접 목적 : 집중력 향상, 일처리 순서 훈련, 독립심 발달과 자신감 발달, 사회인식 발달, 동기적인 움직임발달, 대근육 발달

• 간접 목적 : 놀이를 하고 있는 사람에게 중간에 어떻게 끼어들어야지 옳은것인지 알기, 예의범절 발달

언 어

• 끼어 들다, 사람, 무엇을 하고 있다, 놀이, 부드럽게, 조용히, 끈기있게, 기다리다."놀이를 하고 있는 사람에게 어떻게 부탁하는지 보여 줄께요" "잠시만요" "나한테 무엇을 원하는 것을 알겠다"

• "내 일이 끝날때까지 내옆에 서서 기다리주겠습니까" "너의 자리로 가면 내가 하고 있던일이 끝나는 대로 너에게 가겠습니다" "신발끈좀 묶어 주세요" "고맙습니다."

변형 및 응용

• 대화를 하고있는 사람사이에 끼어 들기

• 다른 상황 만들기

• 놀이를 하고 있는 사람한테 말걸기

감각 놀이들
SENSORY ACTIVITIES

감각 놀이들에 대해 기억해야할 일반적인 점들

- 아기에게 보고 듣는 것 이외에 다른 모든 감각을 사용할 수 있는 기회를 제공한다. 오감각을 통해서 사물의 차이를 구별하고 모든 감각을 활용할 수 있도록 한다.
- 실내에서의 놀이와 실외에서의 놀이를 병행한다.
- 놀이중에 지도없이 아기 스스로 경험할 수 있는 기회를 제공한다.
- 아기의 속도에 맞추어 놀이한다.

아기를 위한 감각 놀이에 관한 요점

- 물건을 따라가기
- 다양한 소리 경험하기
- 소리를 내는 연습
- 자연을 경험하기
- 따뜻하거나 차가운 것 인식하기

감각 놀이

SENSORY ACTIVITIES

1. 눈으로 움직이는 물체 따라오기
2. 물건이 들어있는 상자 찾기
3. 패턴 인식
4. 다양한 소리 듣기
5. 다른 레벨의 소리 듣기
6. 주방용품으로 여러 가지 소리내기
7. 촉감이 다른 음식 경험하기
8. 다양한 냄새 맡기
9. 다양한 촉감 경험하기
10. 여러가지 다른 질감의 천 만져보기
11. 헝겊 블록 쌓기
12. 크기 배열하기
13. 색판
14. 사물과 사물 짝 맞추기
15. 구슬 끼우기
16. 구슬 배열하기
17. 기본 도형 퍼즐
18. 원퍼즐
19. 사각형 퍼즐
20. 삼각형 퍼즐
21. 다양한 모양 퍼즐
22. 기초원기둥
23. 자연속의 물건 모으기

눈으로 움직이는 물체 따라가기
(Following Movement with the Eyes)

교 구

깔개, 바구니, 손크기의 실물이거나 실물처럼 보이는 물체
(부드러운 물체, 밝은 색의 공, 소리나는 공 등)

시 범

① 깔개를 펴고 교구를 옮겨 온다.
② 준비된 물건을 꺼내 감각적인(볼에 비비기, 소리내기, 냄새맡기 등) 관찰 활동을 한다.
③ 물건을 아기의 시선안에서 쥐어 보이고 집중하도록 한다.
④ 아기가 집중하면 물건을 천천히 아기의 왼쪽에서 오른쪽으로 원을 그리며 움직인다.
⑤ 만일 아기가 물건의 움직임을 놓치면, 물건을 아기의 시선으로 다시 가져가 원을 그리며
   움직인다.
⑥ 천천히 반대 방향으로 오른쪽에서 왼쪽으로 원을 그리며 움직인다.
   (아기의 개월 수와 능력에 따라 몇 초에서 일분 정도의 소요 시간을 다르게 한다.)
⑦ 어떤 동작을 사용하든지 끝날 때는 아기쪽을 향하여 움직인다.
⑧ 아기의 바로 앞에서 동작을 마쳐서 아기가 잡도록 하며 아기가 물건을 잡고 관찰하도록
   한다.

⑨ 아기가 물건을 내려놓으면 다시 집어주어서 놀이를 반복할 수 있도록 한다.
   (놀이를 할 때 마다동작을 달리한다)
⑩ 아기가 충분히 활동한 후 교구를 바구니에 담는다.
⑪ 깔개와 교구를 제자리에 정리한다.

연 령
3~6개월

흥미점
공소리, 물건의 움직임, 물건을 만질때의 촉감

목 적
• 직접 목적 : 시각을 통해 물체를 따라 가는 능력
• 간접 목적 : 초점을 맞추는 능력 향상, 모양과 색의 경험, 집중력 발달,
            눈과 손의 협응력 향상,

변형 및 응용
다양한 물건으로 바꿔 제시, 물건을 움직이는 시간 늘려가기(집중력 향상)

물건이 들어있는 상자 찾기
(Identifying Containers with Objects Inside)

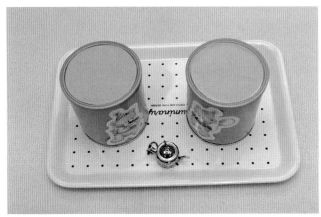

깔개, 쟁반, 통 2개 줄이달린 사물

시 범

① 깔개를 펴고 교구를 옮겨 온다.

② 아기와 마주보고 앉아 통을 꺼내어 놓는다.

③ 물건을 집어 아기에게 보여준다.

④ 아기의 왼쪽에서 오른쪽으로 움직이며 통위를 지나가다 마지막 통에 물건을 떨어 뜨린다.

⑤ 다시 아기의 왼쪽에서 오른쪽으로 움직이며 순서대로 통을 집어 천천히 흔들어 보고 다시 제자리에 놓는다.

⑥ 마지막 통을 흔들때 소리가 나면 안을 들여다보고 다시 통을 흔든다.

⑦ 마지막 통안에서 물건을 꺼내며 '여기 ~이 있네'라고 물건의 이름을 이야기한다.

⑧ 다시 반복하여 활동하되 물건을 다른 통에 넣는다.

⑨ 각 통을 흔들어보고 소리가 나는 통을 아기가 볼 수 있게 하고 물건을 꺼내도록 한다.

⑩ 아기가 충분히 활동한 후 교구를 바구니에 담는다.

⑪ 깔개와 교구를 제자리에 정리한다.

연 령

9~12개월

흥미점

통의 모양, 통을 넣을 사물, 통을 흔들때 나는 소리

목 적

• 직접 목적 : 청각훈련
• 간접 목적 : 집중력과 기억력 향상, 눈과 손의 협응력 향상, 근육운동

변형 및 응용

통의 수를 늘려 제시하기

감각놀이

패턴 인식
(Recognizing Patterns)

교 구

깔개, 쟁반, 패턴책 (촛점, 얼굴, 동물)

시 범

① 깔개를 펴고 교구를 옮겨 온다.

② 아기를 무릎에 안거나 아기랑 나란히 앉아 패턴책을 들어 아기가 볼 수 있도록 한다.

③ 천천히 책을 넘기며 아기의 반응을 살핀다.

④ 패턴이 있는 페이지를 펴면 아기가 소리를 내거나 꿈틀거리거나 하는 반응을 보이는데 이때　잠시 시간을 주고 패턴을 바라볼 수 있는 시간을 준다.

⑧ 아기가 충분히 활동한 후 교구를 바구니에 담는다.
⑨ 깔개와 교구를 제자리에 정리한다.

연 령
6~9개월

흥미점
패턴의 모양

목 적
• 직접 목적 : 시각에 의한 변별력
• 간접 목적 : 집중력 향상

변형 및 응용
• 패턴을 다양하게 바꾸어 제시
• 책의 페이지를 늘려 제시(패턴페이지는 1장 이상 넣지 않음)
• 패턴 촉감책(패턴을 천, 사포와 같은 재질로 붙여줌)

감각놀이

다양한 소리 듣기
(Experiencing Different Sound)

교 구

깔개, 쟁반, 뚜껑이 있는 용기 4세트(은행, 색모래, 플라스틱, 돌, 작은 돌

시 범

① 깔개를 펴고 교구를 옮겨 온다.

② 준비된 교구를 깔개위에 꺼내 놓는다.

③ 첫번째 교구(은행이 들어있는 교구)를 들고 아기의 왼쪽에서 오른쪽으로 가볍게 흔들어 준다.

④ 교구(은행이 들어있는 교구)를 흔들며 아기의 손 근처로 용기를 가져다주어 아기가 잡도록 한다.

⑤ 아기가 교구를 잡으면 함께 교구를 흔들다 살며시 아기의 손을 놓고 혼자 잡도록 해본다.

⑥ 아기가 교구를 내려놓으면 첫 번째 교구를 깔개에 놓고 두 번째 교구(색 모래가 들어있는 교구)를 집어서 활동을 반복한다.

⑦ 모든 교구를 한번씩 제시하고 활동해 본다.

⑧ 아기가 충분히 활동한 후 교구를 바구니에 담는다.

⑨ 깔개와 교구를 제자리에 정리한다.

연 령

9~12개월

흥미점

용기를 흔들때 마다 나는 다양한 소리

목 적
- 직접 목적 : 청각훈련
- 간접 목적 : 집중력, 눈과 손의 협응력 향상, 근육운동 연습

변형 및 응용

노래(리듬)에 맞춰 소리내기, 다양한 사물 바꾸어 주기

감각놀이

다른 레벨의 소리 듣기
(Hearing Different Level of Sound)

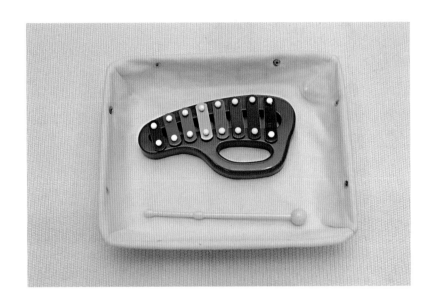

교 구
교사와 아이, 교사가 불러주는 반복적이고 간단한 노래, 실로폰

시 범
① 교사는 아기를 나란히 앉히고 아기가 주의를 기울일때까지 기다린다.
② 아기의 눈을 바라보며 준비한 노래를 조용히 불러준다.
   (아기가 노래에 집중할 수 있도록 율동, 동작은 하지 않음)
③ 노래를 마치면 잠시 멈추었다 같은 노래를 다른 톤으로 다시 불러준다.
   (휘파람으로 불러주어도 좋음)
④ 실로폰을 가져와서 실로폰체로 실로폰의 소리를 쳐보고 듣게 한다.
   "이 물건은 소리가 나는 실로폰이야" " 어떤 소리가 날까?"
⑤ 낮은 '도' 를 쳐서 소리를 들려준다.
⑥ 높은 '도' 를 쳐서 소리를 들려준다.

연 령
6~9개월

흥미점

교사의 목소리, 노래의 리듬, 다양한 음의 높이

목　적

- 직접 목적 : 다른 레벨의 소리 경험(청각훈련)
- 간접 목적 : 집중력 향상, 애정과 사회성 향상, 노래배우기

변형 및 응용

다양한 위치에서 노래 듣기, 핸드벨, 종

주방 용품으로 여러 가지 소리내기
(Making Different Sound with Utensils)

교 구

깔개, 쟁반, 긴스푼, 거품기, 양동이, 뒤집게, 주걱

시 범

① 깔개를 펴고 교구를 옮겨 온다.

② 아기와 나란히 앉아 준비된 교구를 깔개위에 꺼내 놓는다.

③ 스푼 하나를 들어 양동이를 부드럽게 쳐서 소리를 내어본다.

④ 양동이 안과 밖을 조금 크고 빠르게 친다.

⑤ 사용한 스푼을 내려놓고 다른 스푼을 들어 위의 방법대로 반복한다.

⑥ '숟가락을 들어 쳐보렴.'하고 아기가 직접 활동하도록 도와준다.

⑦ 아기가 충분히 활동한 후 교구를 바구니에 담는다.

⑧ 깔개와 교구를 제자리에 정리한다.

연 령
9개월 이상

흥미점
양동이를 두드릴 때 나는 소리, 스푼에 따른 소리의 차이

목 적
• 직접 목적 : 다른 소리를 구별하는 능력 향상(청각훈련)
• 간접 목적 : 집중력, 눈과 손의 협응력 향상, 근육운동

변형 및 응용
• 사물을 바꿔서 제시(드럼, 종이박스, 나무박스, 실로폰/ 총체, 집게, 주걱)
• 언어활동으로 확장(소리를 내며 '부드럽다, 시끄럽다' 등의 언어사용)

감각놀이

촉감이 다른 음식 경험하기
(Experiencing Different Food Textures)

교 구

깔개, 쟁반, 작은 그릇, 냅킨, 아기가 먹어도 안전한 음식

    (활동을 할 때 마다 다양한 질감의 음식과 다양한 모양과 색의 그릇으로 제시)

시 범

① 깔개를 펴고 교구를 옮겨 온다.

② 준비된 교구를 깔개위에 꺼내 놓는다.

③ 음식을 조금집어 아기에게 음식의 특징을 경험시켜 준다.

   (예 : 건포도를 제시했을 경우 손으로 건포도를 만져보고 냄새를 맡는다.)

④ 아기의 손이 닿는 거리에 음식이 담긴 그릇을 놓고 아기가 살펴보도록 안내한다.

   (아기가 음식을 먹거나 뒤죽박죽으로 만들어도 탐색의 경험으로 그냥 둔다)

⑤ 아기가 충분히 활동한 후 교구를 쟁반에 담는다.

⑥ 깔개와 교구를 제자리에 정리한다.

연 령

6~12개월

제시된 음식의 모양과 색, 음식의 촉감, 음식의 냄새

목 적
- 직접 목적 : 촉감훈련(음식의 다양한 질감 느끼기)
- 간접 목적 : 집중력과 독립심 발달, 눈과 손의 협응력 향상, 시각적 변별력 향상

변형 및 응용
- 다양한 음식을 제시
- 음식을 관찰 후 다른 그릇에 담기

감각놀이

다양한 냄새 맡기 (후각병)

교 구

후각병 4개(참기름, 딸기쨈, 식초, 간장), 쟁반

시 범

① 깔개를 펴고 교구를 옮겨 온다.

② 후각병(참기름)의 뚜껑을 열고 교사가 먼저 냄새를 맡아본다.

  "고소한 냄새가 나네. 이 고소한 냄새는 참기름이야! 한번 맡아볼까?"

③ 같은 방법으로 후각병(딸기쨈, 식초, 간장)의 뚜껑을 열고 다양한 냄새를 맡을 수 있게
  한다.

④ 아기가 충분히 활동한 후 교구를 쟁반에 담는다.

연 령

2~3세

흥미점

각기 다른 내용물의 냄새, 뚜껑을 열고 냄새를 맡아보기

목 적

- 직접 목적 : 후각을 이용한 변별력
- 간접 목적 : 집중력, 눈과 손의 협응력

변형 및 응용

- 다양한 냄새 변별하기
- 목욕용 냄새(샴푸, 비누, 치약 등) 변별하기

감각놀이

다양한 촉감 경험하기

교 구

다양한 촉감(거친것, 부드러운 것, 딱딱한 것, 말랑한 것), 바구니

시 범

① 깔개를 펴고 교구를 옮겨온다.

② 다양한 촉감 중 하나를 선택해서 탐색해 보게 한다.

　"여기에 있는 인형을 만져 볼까? 말랑 말랑 하네. 말랑 말랑하다, 딱딱하네. 딱딱하다"

③ 다른 촉감들도 반복하여 탐색해 보게 한다. (부드럽다. 거칠다.......)

④ 교사와 함께 촉감 경험하기가 끝나면 교구를 깔개위에 놓아 주어 아기 스스로 탐색하도록 도와준다.

⑤ 아기가 충분히 활동한 후 교구를 바구니에 담는다.

⑥ 깔개와 교구를 제자리에 정리한다.

연 령

6개월 이상

흥미점

다양한 촉감인형, 색

목 적

• 직접 목적 : 촉감 훈련

• 간접 목적 : 집중력 향상, 눈과 손의 협응력

변형 및 응용

일상생활에 있는 것들의 촉감을 느낄수 있다.

여러 가지 다른 질감의 천 만져보기
(Experiencing Different Fabric Textures)

교 구

깔개, 바구니, 다양한 질감의 천(목욕타올, 벨벳, 솜, 털실, 실크, 융, 부직포 등...)

시 범

① 깔개를 펴고 교구를 옮겨 온다.

② 아기와 나란히 앉아 준비된 교구를 깔개위에 꺼내 놓는다.

③ 한가지 천을 들고 여러 가지 방법으로 아기와 함께 탐색한다.

　(손으로 쓰다듬기, 얼굴에 비비기, 흔들어보기, 냄새맡기 등)

④ 다른 천들도 반복하여 활동한다.

⑤ 교사와 함께 천의 탐색이 끝나면 천을 아기의 주변에 놓아주어 아기 스스로 천을 탐색
　하도록 도와준다.

⑥ 아기가 충분히 활동한 후 교구를 바구니에 담는다.

⑦ 깔개와 교구를 제자리에 정리한다.

연 령

6~9개월

흥미점

천의 다양한 모양 · 색 · 촉감

목 적

- 직접 목적 : 촉감훈련
- 간접 목적 : 탐구력과 집중력향상, 눈과 손의 협응력 향상, 근육운동

변형 및 응용

- 천이 아닌 다른 물건 탐색하기
- 전혀다른 질감의 물건 탐색하기
- 천으로 된 촉각책
- 언어활동으로 확장(촉각표현; 부드럽다, 거칠다, 울퉁불퉁하다, 매끄럽다 등)

감각놀이

헝겊 블록 쌓기

교 구

헝겊 블록 (크기가 다른 블록 5개)

시 범

① 깔개를 펴고 교구를 옮겨온다.
② 큰 헝겊블록에서 작은 헝겊블록을 한 개씩 꺼내서 깔개위에 놓는다.
③ 큰 헝겊블록위에 순서대로 작은 헝겊블록을 올려놓는다.
④ 아기가 사물을 만질수 있도록 충분한 시간을 준다.
⑤ 아기가 충분히 활동한 후 교구를 바구니에 담는다.
⑥ 깔개와 교구를 제자리에 정리한다.

연 령

2~3세

흥미점

크기에 따른 변화

목 적

  – 직접 목적 : 시각에 의한 변별력

  – 간접 목적 : 집중력 향상

변형 및 응용

큰 것과 작은 것에 대해 비교해본다.

감각놀이

크기 배열하기
(누어 있는 배렬)

교 구

크기가 다른 배럴 5개

시 범

① 깔개를 펴고 교구를 옮겨온다.

② "이교구의 이름은 크기 배열하기"라고 말해준다.

③ "크기 배열하기" 배럴의 뚜껑을 열어 오른쪽에 놓는다.

④ 모든 배럴을 위와 같은 방법으로

⑤ 배럴의 밑부분과 뚜껑을 분리시킨다.

⑥ 유아가 충분히 활동한 후 교구를 바구니에 담는다.

⑦ 순서를 거꾸로 해서 제일 작은 배럴부터 뚜껑을 닫는다.

⑧ 작은 배럴을 그 다음 큰 배럴 안에 넣는다.

⑨ 모든 배럴을 같은 방법으로 안에 다 넣어 닫는다.

⑩ 깔개와 교구를 제자리에 정리한다.

잘못의 정정

시각적인 불일치

연 령

2~3세

흥미점

크기가 다른 배럴

목 적

- 직접 목적 : 크기의 시각적 변별력발달, 순서 서열화 발달
- 간접 목적 : 집중력 향상, 소근육 발달

변형 및 응용

- 배럴의 수를 추가할수 있다.
- 수평으로 놓아본다.

색 판

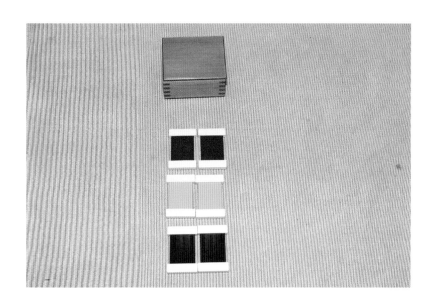

교 구

색판 (빨강 2개, 노랑 2개, 파랑 2개)

시 범

① 깔개를 펴고 교구를 옮겨온다.

② 교구의 이름을 말해준다. "색판"

③ 뚜껑을 열어 색판들을 한 개씩 꺼내어 깔개위에 수직으로 순서없이 늘어놓는다.

④ 색판을 가리키며 "빨강색, 노랑색, 파랑색"의 이름을 말해준다.

⑤ 빨강색, 노랑색, 파랑색, 의 색판을 하나씩 수직으로 배열한 후 다른 색판을 위에서 아래로 하나씩 맞춰보면서 같은 색을 찾아 옆에 놓는다.

⑥ 모두 잘 맞춰졌는지 확인한다.

⑦ 깔개와 교구를 제자리에 정리한다.

잘못의 정정

유아의 시각에 의한 변별

연 령

2~3세

흥미점

색판의 모양

목 적

- 직접 목적 : 시각적 변별력(같은색 변별) , 삼원색의 이름을 안다 (빨강, 노랑, 파랑)
- 간접 목적 : 독립심, 소근육 발달, 눈과 손의 협응력

변형 및 응용

교실내에서 같은 색을 지닌 물건 찾기

사물과 사물 짝 맞추기

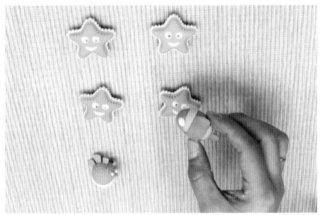

교 구

사물 3set, 양말

시 범

① 깔개를 펴고 교구를 옮겨온다.

② 바구니에서 사물 한 개씩 꺼내서 깔개위에 놓는다.

③ 같은 모양의 사물을 찾아 옆에 놓는다.

④ 아기가 사물을 만질 수 있도록 충분한 시간을 준다.

⑤ 아기가 충분히 활동한 후 교구를 바구니에 담는다.

감각놀이

⑥ 깔개와 교구를 제자리에 정리한다.

잘못의 정정
교사의 행동 수정

연 령
2~3세

흥미점
다양한 사물

목 적
• 직접 목적 : 시각에 의한 변별력
• 간접 목적 : 집중력 향상

변형 및 응용
다양한 사물 바꾸어서 제시하기

구슬 끼우기

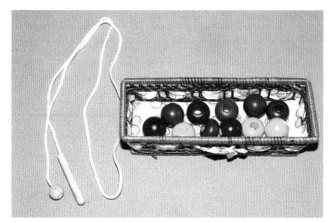

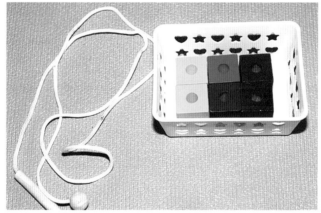

교 구

○ □ ⊜　구슬, 끈 3개, 바구니

시 범

① 깔개를 펴고 교구를 옮겨온다.

② ○ 구슬 끼우기를 꺼내 아기와 함께 탐색해 본다.

③ 교사가 끈을 보여주면서 ○ 구슬 안에 끼워 넣는다.

④ 아기가 구슬을 만지면서 놀 수 있도록 충분한 시간을 준다.

⑤ 다른 모양 구슬을 주고 아기가 탐색할 수 있도록 도와준다.

⑥ 아기가 충분히 활동한 후 교구를 바구니에 담는다.

⑦ 깔개와 교구를 제자리에 정리한다.

잘못의 정정

연 령

2~3세

흥미점

구멍에서 끈이 나오는 것을 확인 할 수 있다.

목 적

• 직접 목적 : 시각적 변별력

• 간접 목적 : 집중력 향상, 눈과 손의 협응력, 소근육 발달

변형 및 응용

구슬 배열하기

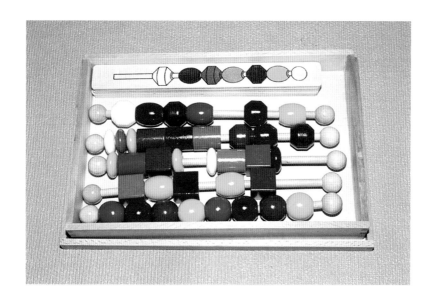

교구

구슬(다양한 모양), 구슬 그림판, 구슬막대, 바구니

시 범

① 깔개를 펴고 교구를 옮겨온다.

② "이 교구의 이름은 구슬 배열하기" 입니다.

③ 구슬 막대 왼쪽에 있는 봉을 빼서 깔개위에 놓는다.

④ 구슬 막대에서 구슬 하나씩 빼서 깔개 위에 놓아보며 색과 모양은 어떠한지 이야기 하며
   놓는다. "파랗고 동그란 모양이네"

⑤ 구슬 그림판을 보면서 같은 구슬을 찾아서 놓는다.

⑥ 구슬 그림판을 보면서 놓아둔 구슬 사이로 막대를 끼워 넣는다.

⑦ 유아가 교구를 충분히 활동한 후 정리한다.

⑧ 교구와 깔개를 제자리에 정리한다.

잘못의 정정

구슬 배열하기 그림판

연 령

2세 이상

흥미점

여러 모양의 구슬

목 적

- 직접 목적 : 시각적 변별력
- 간접 목적 : 소근육 발달, 눈과 손의 협응력, 독립심 향상

변형 및 응용

· 크기가 작은 구슬로 끼워보기

기본 도형 퍼즐

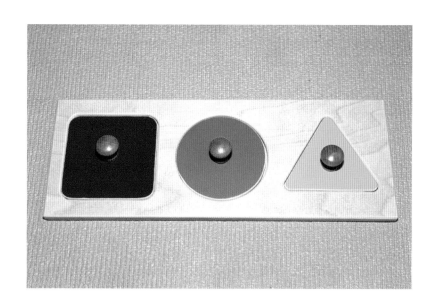

교 구

◯ ☐ △ 사각형, 원, 삼각형 퍼즐

시 범

① 깔개를 펴고 교구를 옮겨온다.

② 모양퍼즐의 이름을 말해준다.

③ 사각형 모양 퍼즐을 꺼내 깔개위에 놓는다.

　　이 교구의 이름은 "사각형" 입니다. "사각형"

④ 원 모양 퍼즐을 꺼내 깔개위에 놓는다.

　　　이교구의 이름은 "원" 입니다. "원"

⑤ 삼각형 모양 퍼즐을 꺼내 깔개위에 놓는다.

　　　이교구의 이름은 "삼각형" 입니다. "삼각형"

⑥ 유아가 교구를 충분히 활동한 후 모양의 틀에 맞추어 정리한다.

⑦ 교구와 깔개를 제자리에 정리한다.

잘못의 정정

유아의 시각에 의한 변별

2세 이상

흥미점
원 퍼즐 모양

목 적
- 직접 목적 : 기본도형을 안다. 시각적 변별력
- 간접 목적 : 눈과 손의 협응력, 독립심 향상

변형 및 응용
도형과 같은 것을 찾아 보게 한다.

0-3세 영아기 교육의 이론과 실제

원 퍼즐

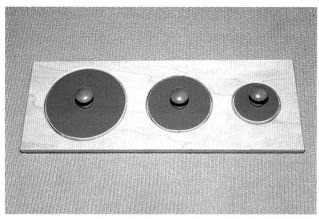

교 구

○ ○ ○ 원 퍼즐 (가장 큰 원, 중간 원, 작은 원)

시 범

① 깔개를 펴고 교구를 옮겨온다.

② 교구의 이름을 말해준다.

③ 이 교구의 이름은 "원" 입니다 "원"

　　가장 큰 원부터 손으로 만져본 후 깔개위에 놓는다.

④ ③과 같은 방법으로 중간 원 작은 원을 손으로 만져본 후 깔개위에 놓는다.

⑤ 유아가 교구를 충분히 활동한 후 모양의 틀에 맞추어 정리한다.
⑥ 교구와 깔개를 제자리에 정리한다.

잘못의 정정
유아의 시각에 의한 변별

연 령
2세 이상

흥미점
원 퍼즐 모양

목 적
• 직접 목적 : 기본도형을 안다. 시각적 변별력
• 간접 목적 : 눈과 손의 협응력, 독립심 향상

변형 및 응용
〈원모양의 퍼즐의 수를 추가하기〉

사각형 퍼즐

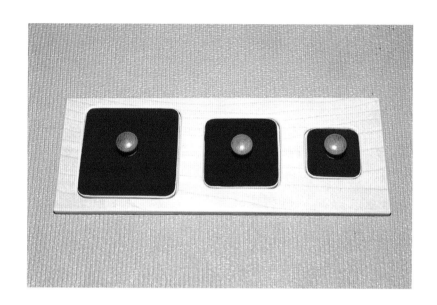

교 구

□ □ □ 삼각형 퍼즐 (가장 큰 원, 중간 원, 작은 원)

시 범

① 깔개를 펴고 교구를 옮겨온다.

② 교구의 이름을 말해준다.

③ 이 교구의 이름은 "사각형" 입니다. "사각형"
   가장 큰 삼각형부터 손으로 만져본 후 깔개위에 놓는다.

④ ③과 같은 방법으로 중간 원 작은 원 손으로 만져본 후 깔개위에 놓는다.

⑤ 유아가 교구를 충분히 활동한 후 모양의 틀에 맞추어 정리한다.

⑥ 교구와 깔개를 제자리에 정리한다.

잘못의 정정

유아의 시각에 의한 변별

연 령

2세 이상

흥미점

원 퍼즐 모양

목 적

- 직접 목적 : 기본도형을 안다. 시각적 변별력
- 간접 목적 : 눈과 손의 협응력, 독립심 향상

변형 및 응용

〈원모양의 퍼즐의 수를 추가하기〉

삼각형 퍼즐

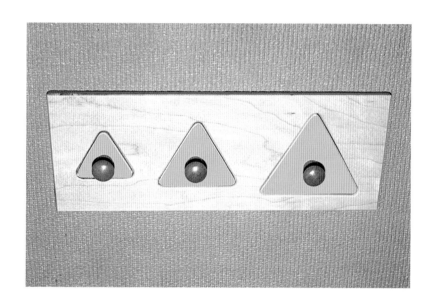

교 구

△ △ △ 삼각형 퍼즐 (가장 큰 원, 중간 원, 작은 원)

시 범

① 깔개를 펴고 교구를 옮겨온다.

② 교구의 이름을 말해준다.

③ 이 교구의 이름은 "삼각형" 입니다. "삼각형"

　가장 큰 삼각형부터 손으로 만져본 후 깔개위에 놓는다.

④ 과 같은 방법으로 중간 원 작은 원 손으로 만져본 후 깔개위에 놓는다.

⑤ 유아가 교구를 충분히 활동한 후 모양의 틀에 맞추어 정리한다.

⑥ 교구와 깔개를 제자리에 정리한다.

잘못의 정정

유아의 시각에 의한 변별

연 령

2세 이상

감각놀이

흥미점

원 퍼즐 모양

목 적

 – 직접 목적 : 기본도형을 안다. 시각적 변별력
 – 간접 목적 : 눈과 손의 협응력, 독립심 향상

변형 및 응용

〈원모양의 퍼즐의 수를 추가하기〉

다양한 모양퍼즐

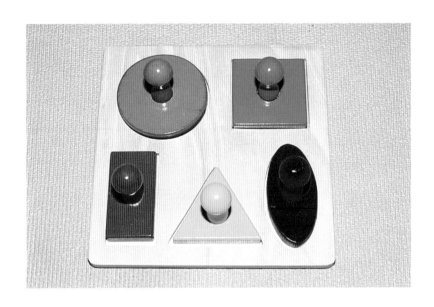

교 구

원, 사각형, 삼각형, 직사각형, 타원형 (모양 퍼즐)

시 범

① 깔개를 펴고 교구를 옮겨온다.

② 모양퍼즐의 이름을 말해준다.

③ 원 모양 퍼즐을 꺼내 깔개위에 놓는다.

　이교구의 이름은 "원" 입니다. "원"

④ 사각형 모양 퍼즐을 꺼내 깔개위에 놓는다.

　이교구의 이름은 "사각형" 입니다. "사각형"

⑤ 삼각형 모양 퍼즐을 꺼내 깔개위에 놓는다.

　이교구의 이름은 "삼각형" 입니다. "삼각형"

⑥ 직사각형 모양 퍼즐을 꺼내 깔개위에 놓는다.

　이교구의 이름은 "직사각형" 입니다. "직사각형"

⑦ 타원형 모양 퍼즐을 꺼내 깔개위에 놓는다.

　이교구의 이름은 "타원형" 입니다. "타원형"

감각놀이

345

⑧ 유아가 교구를 충분히 활동한 후 모양의 틀에 맞추어 정리한다.

⑨ 교구와 깔개를 제자리에 정리한다.

잘못의 정정

유아의 시각에 의한 변별

연 령

2세 이상

흥미점

다양한 모양 퍼즐

목 적

- 직접 목적 : 기본도형을 안다. 시각적 변별력
- 간접 목적 : 눈과 손의 협응력, 소근육 발달, 집중력 향상

변형 및 응용

도형과 같은 것을 찾아 보게 한다.

기초 원기둥

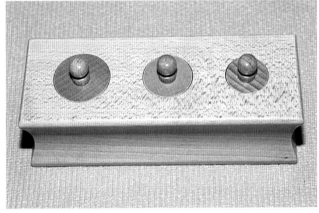

교 구

기초 원기둥 3

시 범

① 깔개를 펴고 교구를 옮겨온다.

② 유아에게 교구의 이름을 말해준다.

　"이 교구의 이름은 원기둥" 입니다. "원기둥"

③ 원기둥의 꼭지를 잡고 꺼낸 후 손가락을 이용해 원기둥의 테두리를 쓸어본 후 깔개 위에

　놓는다.

④ 유아가 교구를 충분히 활동한 후 원기둥의 틀 안에 넣는다.
⑤ 교구와 깔개를 제자리에 정리한다.

잘못의 정정

유아의 시각에 의한 변별

연 령

2세 이상

흥미점

틀 안에 맞는 원기둥

목 적

• 직접 목적 : 시각에 의한 변별력
• 간접 목적 : 소근육 발달, 독립심 향상

변형 및 응용

눈을 가리고 원기둥을 제자리에 넣기

자연 속의 물건 모으기
(Gathering Objects in Nature)

교 구

깔개, 손잡이가 있는 바구니

시 범

① 밖에서 걷기를 시작하기 전 바구니를 보여주면서 바구니에 물건을 담을 것이라고 알려
  준다.
② 아기가 원하면 바구니를 들 수 있게 하고 아기가 가기 원하는 곳으로 따라간다.
③ 아기가 물건을 집고 살펴보도록 도와준다.
④ 물건을 바구니에 넣고 싶어하면, 바구니에 넣을 수 있도록 한다.

⑤ 아기가 3~4개의 물건을 모으도록 격려하고 아기가 물건을 넣으면 물건의 이름을 알려
   주다.
⑥ 교실로 돌아와 물건을 다시 관찰한다. 이때 물건을 아기들이 입에 넣지 못하도록 주의
   한다.
⑦ 아기가 충분히 활동한 후 교구를 바구니에 담는다.
⑧ 깔개와 교구를 제자리에 정리한다.

잘못의 정정
교사의 행동 수정

연 령
2~3세

흥미점
다양한 물건의 모양, 물건을 바구니에 담기

목 적
• 직접 목적 : 촉감훈련, 사각훈련
• 간접 목적 : 집중력 · 독립심 · 기억력 향상, 눈과 손의 협응력 향상, 근육운동

변형 및 응용
• 한가지 감각에 집중하여 사물모으기
• 모아 온 사물 명명하여 바구니에서 꺼내기
• 모은 사물 스크랩하기

언어 놀이들
LANGUAGE ACTIVITIES

언어 놀이들에 대해 기억해야할 일반적인 점들

■ 비슷한 발음이 나는 소리는 며칠이상의 간격을 두고 소개한다.
■ 아기의 수준에서 자연스럽게 낼 수 있는 소리를 먼저 가르치는 것이 좋다.
■ 아기가 집중할 수 있도록 천천히 분명하게 그리고 부드럽게 말하는 것이
  좋다.
■ 언어란 단지 말하는 것이 아니라는 것을 알고, 듣고, 만지는 것, 얼굴의
  표정과 노래하는 것 등도 아기와 의사소통하는 중요한 방법임을 안다.

아기를 위한 언어 놀이에 관한 요점

■ 신체부위의 이름알기
■ 다른 사람과 영향을 주고 받기
■ 다른 사람과 상호 작용하기
■ 설명을 통해서 물건을 알아내기
■ 책을 조심스럽게 다루는 것 배우기
■ 대상과 이름 짝 맞추기

언어 놀이들

LANGUAGE ACTIVITIES

1. 물건의 이름에 집중하기

2. 얼굴부위와 이름 말하기

3. 신체부위의 이름 말하기

4. 책에 익숙한 물건들의 사진

5. 좋아하는 소리에 효과음 더하기

6. 물건의 종류 말하기

7. 숨겨진 물건 찾아내기

8. 지시하는 물건 찾아보기

9. 설명 듣고 물건 알아맞히기

10. 사물과 사물 짝 맞추기

11. 사물과 사진 짝 맞추기

12. 사진과 사물 짝 맞추기

13. 큰사진과 작은 사진 짝 맞추기

14. 카드와 카드 짝 맞추기

15. 부분 사진으로 전체 사진 만들기

16. 나무조각과 패턴 카드 맞추기

17. 패턴 카드 맞추기

18. 서로 관련된 사물 짝짓기

19. 반대말 카드 짝짓기

20. 엄마 동물과 아기동물 짝짓기

21. 이야기 꾸미기

물건의 이름에 집중하기

(Focusing On Names of Objects)

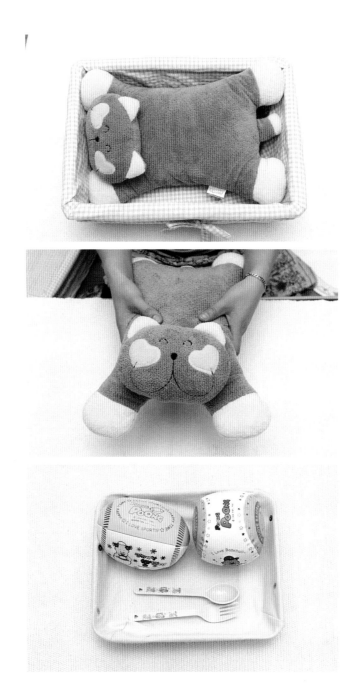

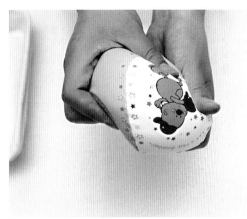

교 구

깔개, 작은 베개를 담은 바구니

시 범

① 교사와 아기 사이에 깔개를 편다.

② 교구를 가져 와 깔개 위에 놓는다.

③ 아기가 교사와 눈이 마주칠 때 시작한다.

④ 베개를 바구니에서 꺼내어 깔개 위에 놓고 바구니는 옆에 놓는다.

⑤ 아기의 시선에 들어오도록 베개를 들고 있다.

⑥ "베개"라고, 조용하고 간단하게 말한다.

⑦ 베개를 바구니에 다시 넣은 후 아기에게 미소를 짓는다.

⑧ 몇 번 반복 한 후 "네가 베개를 가져가 볼래?" 하고 교구를 아기에게 가까이 가져가 잡도록 한다.

⑨ 아기가 베개를 가지고 충분히 놀 수 있도록 한다.

⑩ 놀이를 마치고 나면 베개를 바구니에 넣어 정리하고, 깔개를 제자리에 정리한다.

잘못의 정정

교사에 의해

연 령

6개월 이상

흥미점

베개 만져보고 촉감 느끼기

목 적

• 직접 목적 : 어휘력 향상
• 간접 목적 : 집중력, 시각훈련

변형 및 응용

인형, 공 등 아기에게 친숙한 다양한 물건으로 놀이하기

얼굴 부위와 이름 말하기
(Naming Parts of the Face)

교 구

아기와 교사

시 범

① 아기가 교사에게 집중할 때 까지 기다린다.

② 아기의 얼굴 중 한 부분을 만진 후 이름을 말한다.

　(예: 아기의 볼을 만지고 "○○의 볼"하고 말한다.)

③ 아기의 손을 잡아 교사의 볼에 가져와 "선생님 볼"하고 말한다.

④ 아기의 얼굴 중 다른 부분을 만지며 이 활동을 반복한다.

⑤ 아기가 흥미 있어 하는 한 계속 반복한다.

⑥ 매번 놀이할 때 마다 얼굴의 두 부위의 이름만 가르친다.

잘못의 정정

교사에 의해

연 령

6개월 이상

언어놀이

흥미점

얼굴부위 만지며 이름 익히기

목 적

• 직접 목적 : 어휘력 향상, 다른 사람과 자신을 구별하기
• 간접 목적 : 사회적 능력 개발, 몸에 대한 지각능력 발달

변형 및 응용

노래로 얼굴부위 익히기

신체 부위의 이름 말하기
(Naming Parts of the Body)

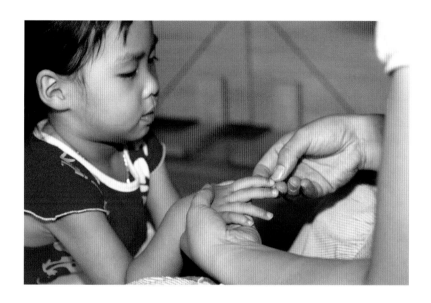

교 구

아기와 교사

시 범

〔1단계〕

① 아기가 누워 있을 때 아기를 마주보고 앉는다.

② 아기가 교사를 볼 때까지 기다린다.

③ 아기의 손가락을 만지면서 시작한다.

　 아기의 손가락을 다 만지다가 잠깐 멈춰서"손가락"이라고 말한다.

④ 만질 때마다 가끔씩 멈추고 아기를 향해 미소를 짓는다.

⑤ 손가락을 꼬물거리면서 놀이를 마친다.

　 이 때 아기가 교사의 흉내를 내는지 관찰한다.

⑥ 다리, 발가락등 아기의 다른 신체부위를 만지며 활동을 반복한다.

⑦ 매번 활동할 때 두 가지 신체부위의 이름만 가르친다.

〔2단계〕

① 아기가 교사를 볼 때까지 기다린다.

② 신체부위의 이름을 이야기한다.

③ "네 발가락 어디있지?" 라고 신체부위를 가리키도록 질문한다.

④ 흥미가 있는 한 반복한다.

잘못의 정정

교사에 의해

연 령

6개월 이상

흥미점

피부가 맞 닿을때 따뜻한 느낌

목 적

• 직접 목적 : 어휘력 향상

• 간접 목적 : 사회적 능력 개발, 몸에 대한 지각 능력 발달

변형 및 응용

신체부위와 관련된 노래를 부르며 이름 익히기

(예 : 눈은 어디있나. 여기...)

책에 있는 익숙한 물건들의 사진
(pictures of Familiar Objects in a Book)

교 구

깔개, 바구니, 실물과 유사하게 표현된 아기에게 익숙한 물건 그림(5가지 정도의 그림책)

시 범

① 아기 앞에 깔개를 편다.

② 교구를 가져와 깔개위에 놓는다.

③ 교사는 아기 옆에 앉는다.

④ 바구니에서 책을 꺼내어 카펫 위에 놓아 아기와 함께 볼 수 있도록 한다.
   바구니는 카펫 옆에 놓는다.

⑤ 첫 페이지를 넘기고 그림을 만지며 그림 속 물건의 이름을 정확하게 말한다.
   (예: 조용하고 간단하게 천천히 "고양이"라고 말한다.)

⑥ 천천히 책장을 넘기며 같은 활동을 반복한다.

⑦ 만약 아기가 책을 잡으면 그냥 관찰하도록 한다. 다시 페이지로 돌아가 그림에 있는 물건의
   이름을 말한다.

⑧ 아기가 관심 있어 하면 활동을 반복하고, 아기가 스스로 책을 들고 관찰하게 한다.

⑨ 활동을 마친 후 책을 바구니에 넣는다.

⑪ 교구와 깔개를 제자리에 놓는다.
   (아기가 원하면 언제든지 꺼내 볼 수 있도록 낮은 선반에 둔다.)

잘못의 정정

교사에 의해

연 령

9개월 이상

흥미점

그림 속 물건의 이름 익히기

목 적

• 직접 목적 : 책에서 익숙한 물건들을 식별하기, 어휘력 확장
• 간접 목적 : 시각훈련, 책을 다루는 기초훈련 경험

변형 및 응용

아기가 좋아하는 사진들을 상자나 원통모양의 통에 붙여보기

좋아하는 소리에 효과음 더하기
(Adding Sound Effects to Favorite Stories)

교 구

깔개, 바구니, 5가지의 실물사진이나 실물처럼 표현된 아기에게 익숙한 물건이 있는 작은 그림책

시 범

① 아기 앞에 깔개를 편다.

② 교구를 가져와 깔개위에 놓는다.

③ 아기와 마주본다.

④ 바구니에서 책을 꺼내어 카펫 위에 놓고 바구니는 카펫 옆에 놓는다.

언어놀이

363

⑤ 첫 페이지를 넘기고 그림을 만지며 그림 속 내용을 정확하게 말한다.

　가능하면 언제든지 아기가 흉내 낼 수 있는 소리 효과를 더한다.

　(예: 보트처럼 "철썩 철썩" 경찰차처럼 "삐뽀 삐뽀)

⑥ 아기가 흉내 낼 수 있도록 격려한다.

　(예: "수탉은 어떤 소리를 내지?")

⑦ 만약 아기가 책을 잡으면 그냥 관찰하도록 한다.

　다시 페이지로 돌아가 그림에 있는 물건의 이름을 말하며, 모든 그림의 이름을 부를때 까지
　계속 반복한다.

⑧ 아기가 관심 있어 하면 활동을 반복하고, 아기가 스스로 책을 들고 관찰하게 한다.

⑨ 활동을 마친 후 책을 바구니에 넣는다.

⑪ 교구와 깔개를 제자리에 놓는다.

　(아기가 원하면 언제든지 꺼내 볼 수 있도록 낮은 선반에 둔다.)

잘못의 정정

교사에 의해

연　령

6~9개월

흥미점

동물과 사물의 다양한 소리

목　적

• 직접 목적 : 언어 이해력과 단어 인식력 넓히기, 어휘력 확장

• 간접 목적 : 집중력, 시각훈련, 책을 다루는 기초 훈련 경험

변형 및 응용

소리 흉내내기, 신체 표현 함께 하기

물건의 종류 말하기
(Naming Categories of Objects)

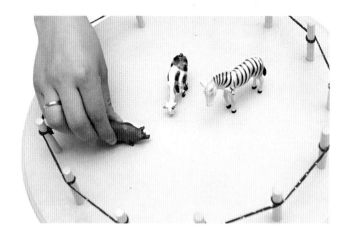

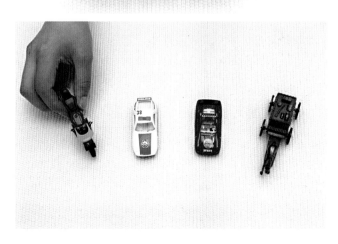

교 구

깔개, 바구니, 실제처럼 보이며 다른 소리를 내는 동물의 모형2개

시 범

① 깔개위에 교구를 놓는다.

② 동물 모형들을 하나씩 꺼내어 깔개 위에 놓고 바구니는 옆에 놓는다.

③ 동물 모형 하나를 아기가 볼 수 있도록 들고,"이 동물은 농장에서 살아요."

④ 동물의 이름을 말하고 소리를 흉내 내고, "소, 음매- 음매-" 하면서 움직인다.

⑤ 동물 모형을 아기에게 주고 아기가 잡을 때, 동물의 이름, 소리를 다시 들려 준다.

⑥ 아기도 소리를 흉내 내도록 한다.

　"농장에 사는 소는 어떤 소리를 내지?"라고 묻는다.

　아기가 대답할 수 있도록 충분한 시간을 준다. 소리를 내지 않으면 그냥 진행한다.

⑦ 아기가 동물 모형을 내려놓으면 다시 카펫 위에 놓는다.

⑧ 다른 동물 모형을 들고 같은 방법으로 활동하고, 아기가 동물에 집중할 때 조용히 자리를

　비켜주어 방해받지 않고 탐색할 수 있게 한다.

⑨ 활동을 마치면 모형을 다시 바구니 안에 담고 제자리에 정리한다.

⑩ 깔개를 정리한다.

잘못의 정정

교사에 의해

연 령

9~12개월

흥미점

동물의 소리 흉내 내기

목 적

• 직접 목적 : 어휘력 향상, 언어 능력 발달

• 간접 목적 : 듣기 능력발달, 동물의 이름 구별하기

변형 및 응용

• 동물 농장 등 동물에 관한 노래를 부르며 활동하기

• 경험과 능력이 습득되면 새, 탈것, 곤충 등의 종류로 늘리기

숨겨진 물건 찾아내기
(Retrieving a Hidden Object)

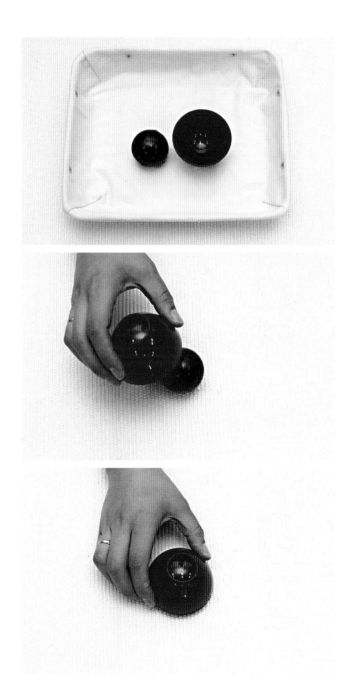

교 구

깔개, 큰 상자, 공과 같은 숨길 수 있는 작은 물건

시 범

① 깔개를 펴고, 교구를 옮긴다.

② 아기와 마주보며 앉아 아기가 집중하고 있음을 확인한다.

③ 물건을 상자에서 꺼내어 카펫 위 상자 앞에 놓는다.

④ 물건을 들고 살펴 본 후 아기에게 주어 충분히 살펴보게 한다.

⑤ 아기에게 물건을 달라고 말하고 다시 집중할 때까지 물건을 들고 있는다.

⑥ 물건을 숨기겠다고 말한다. "이 공을 잘 봐 내가 이 공을 숨길거야."

⑦ 아기의 시선을 유지하면서 천천히 움직여 공 반쯤만 숨긴다.

⑧ 잠깐 멈추고 아기를 향해 웃어준다.

⑨ 아기에게 물건을 찾으라고 한다. "이제 네가 공을 찾아보렴."

　　만약 찾으려 하지 않으면 아기의 손을 이끌어 물건을 만지고 들게 한다.

⑩ 아기에게 물건을 달라고 말하고, 물건을 다른 곳에 숨기며 놀이를 반복한다.

⑪ 흥미 있어 하면 반복하고, 활동을 마치면 물건을 상자에 담는다.

⑫ 깔개를 제자리에 정리한다.

잘못의 정정

교사에 의해

연 령

9~12개월

흥미점

공의 위치 찾기

목 적

• 직접 목적 : 지시를 이해하고 따라 하기

• 간접 목적 : 인식 능력 개발, 집중력과 운동능력 향상

변형 및 응용

물건을 점점 더 많이 숨기기

언어놀이

지시하는 물건 찾아오기
(Providing Specific Objects When Requested)

교 구

쟁반, 바구니, 세 가지 식기도구(컵, 숟가락, 접시)

시 범

① 아기 앞에 교구를 가져온다. (쟁반 위에 식기도구 세팅)

② 아기가 집중하는 것을 확인한다.

③ 바구니를 들고 이리저리 관찰한 후 이름을 말한다.

　"이것은 물건을 담는 바구니야."

④ 바구니를 쟁반 옆에 놓는다.

⑤ 첫 번째 물건을 쟁반에서 들어 올린 후 이름을 말한다.

  "컵"

⑥ 물건을 이리저리 보여주며 짧게 설명한다.

  "이 컵은 물을 마시고 싶을 때 사용하는 거야. 손잡이 보이지? "

⑦ 아기에게 물건을 준다.

  탐색할 수 있도록 충분한 시간을 준 후 아기가 물건을 바구니에 넣도록 한다.

⑧ 다른 두 개의 식기도 같은 방법으로 반복한다.

⑨ 바구니에서 물건을 꺼내 다시 쟁반 위에 놓는다.

  잠시 멈추고 아기에게 미소를 짓는다.

⑩ 아기에게 쟁반에서 식기 하나를 들어 바구니에 넣으라고 말한다.

  "숟가락을 찾아서 바구니에 넣어보렴."

⑪ 유아가 맞는 물건을 주면 "그래, 숟가락" 이라고 말하고

  요청하지 않은 물건을 주면 "컵을 줘서 고마워요. 이 손잡이가 보이지?

  이제 숟가락을 찾아서 바구니에 넣어볼래?" 라고 말한다.

⑫ 흥미 있어 하면 놀이를 반복한다.

⑬ 놀이를 마치면 물건들을 다시 쟁반에 놓는다.

⑭ 교구를 제자리에 정리한다.

잘못의 정정

교사에 의해

연 령

9~12개월

흥미점

다양한 사물 찾기

목 적

• 직접 목적 : 사물에 대한 인지력 발달

• 간접 목적 : 지각능력, 운동 능력 향상

변형 및 응용

유아에게 익숙한 물건 준비하기 (턱받이, 냅킨 링, 포크)

언어놀이

설명 듣고 물건 알아 맞히기
(Identifying Objects from Their Description)

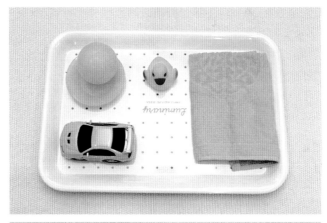

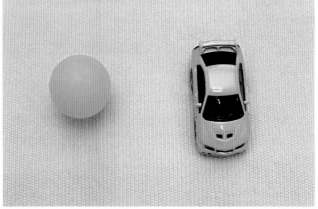

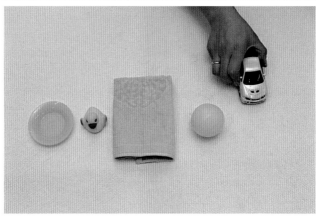

교 구
쟁반, 같은 색깔의 서로 다른 두 가지 물건(공이나 블록처럼 아기에게 익숙한 물건)

시 범
① 깔개위에 교구를 놓는다.

② 아기와 마주보고 앉아 아기가 집중하고 있는지 확인한다.

③ 쟁반 위에 있는 물건을 하나 들어서 카펫 위에 놓고 쟁반과 다른 한 개의 물건은 옆에 놓아둔다.

④ 물건을 설명하는 내용을 노래나 말로 표현한다.

"작은 내 눈으로 둥글고 .통통 튀는 것을 보았어요. 이것은 굴릴 수도 있어요.
무엇일까?"

공을 들어 이리저리 살피고 굴려본다.

⑤ 아기에게 물건을 주고 관찰할 수 있는 충분한 시간을 주고 놀이를 마치면 깔개위에 올려 놓게 한다.

⑥ 쟁반에서 다음 물건을 꺼내어 같은 방법으로 놀이한다.

⑦ 놀이를 마치면 두 개의 물건을 깔개 위에 놓는다.

⑧ 둘중 하나의 물건에 대해 설명하고 그 물건을 찾도록 한다.

만약 아기가 다른 것을 들면 고맙다고 말한 후 그 물건을 옆에 두고 다시 설명한다.

⑨ 놀이를 반복하고 난 뒤 아기에게 물건을 주고, 아기가 물건에 집중하면 옆으로 물러 나서 방해하지 않는다.

⑩ 놀이를 마치면 교구를 제자리에 정리한다.

⑪ 깔개를 제자리에 정리한다.

잘못의 정정
교사에 의해

연 령
9~12개월

흥미점
사물의 다양한 모양 찾기

목 적
• 직접 목적 : 듣기 능력을 연습
• 간접 목적 : 집중력 개발

변형 및 응용
색깔이 같은 다양한 물건으로 놀이하기

사물과 사물 짝 맞추기

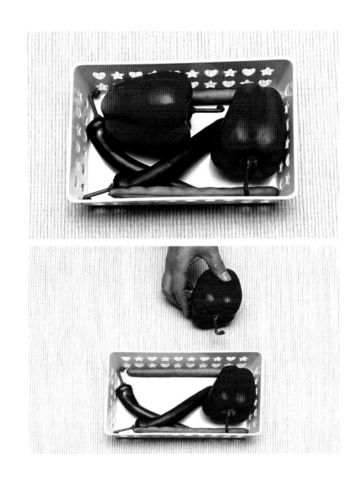

교 구

매트나 책상, 두 종류의 과일 2개씩(실제와 비슷하고 자주 접한 것), 바구니

시 범

① 깔개를 펴고 교구를 놓는다.

② 두 손을 사용하여 과일 하나를 선택한다.

③ 과일을 느끼고 과일을 관찰하고 매트에 내려 놓는다.

④ 아기에게도 만지고 느껴보고 관찰할 수 있도록 한다.

⑤ 다른 과일 하나를 선택하여 과일을 느끼고 관찰한다.

⑥ 첫 번째 과일 오른편에 놓고 비교한다.

⑦ 서로 다른 종류이면 비교하면서 첫 번째 과일 밑으로 옮긴다.

⑧ 세 번째 과일을 선택하여 같은 방법으로 관찰하고 비교한다.

⑨ 과일이 짝이 맞을 때까지 반복한다.

⑩ 왼쪽 위에 있는 과일부터 바구니에 담는다.

⑪ 교구를 제자리에 정리한다.

잘못의 정정

시각적인 사물의 부조화

연 령

2세 이상

흥미점

과일의 모양

목 적

• 직접 목적 : 시각적인 변별능력향상, 집중력, 방향 감각 , 독립심 발달
• 간접 목적 : 읽기와 쓰기의 준비교육

변형 및 응용

• 모형과일을 사용한다.
• 동물 모형을 사용한다.
• 생화나 모형 꽃을 사용한다.
• 곡식을 사용한다.

사물과 사진 짝 맞추기

교 구

매트나 책상, 과일과 과일 사진, 바구니, 쟁반

시 범

① 깔개를 펴고 교구를 놓는다..

② 교구명을 소개한다."오늘 선생님이 사물과 사진 짝 맞추기를 함께 해보고 싶어요.

   "제가 사진과 과일의 짝을 맞혀 볼께요."라고 말한다.

③ 사진 한 장을 선택한다.

④ 사진에 담긴 과일의 이름을 말한다.

⑤ 다음 사진을 선택한다.

⑥ 과일의 이름을 말한다.

⑦ 첫 번째 사진 아래에 놓는다.

⑧ 모든 사진을 선택하여 위에서 한 순서를 반복한다.

⑨ 과일 하나를 선택한 후 느끼고 관찰을 한다.

⑩ 첫 사진 오른편에 놓고 짝이 맞는지 확인한다.

⑪ 위와 같은 방법으로 과일과 사진의 짝을 맞춘다.

⑫ 짝을 이룬 과일과 사진을 다시한번 확인한다.

⑬ 사진을 정리하여 쟁반위에 놓는다.(위에서 아래로 첫 번째 사진이 맨 위에 오도록 한다.

⑭ 두 손으로 과일을 바구니 안에 넣는다. (위에서 아래의 순서대로 넣는다.)

⑮ 유아들에게 이렇게 정리하는 법을 가르쳐준다.

⑯ 교구를 제자리에 정리한 후 깔개를 정리한다.

잘못의 정정

과일과 사진의 짝이 맞지 않았다.

연 령

2세 이상

흥미점

목 적

- 직접 목적 : 시각적인 변별능력 향상, 순서, 집중력, 방향, 독립심을 키워준다.
  비슷한 것을 짝 맞추는 능력
- 간접 목적 : 읽기와 쓰기의 준비교육

변형 및 응용

- 가축 동물사진으로 제시해본다.
- 야생 동물사진으로 제시해본다.
- 생화나 꽃 사진으로 제시해본다.
- 사진과 사물이 맞는 것이 있으면 제시해본다.
- 각각 거리를 둔 두개의 매트나 책상위에서 기억하여 짝 맞추기

언어활동

사용된 사물의 명칭을 소개한다.

언어놀이

사진과 사물 짝 맞추기

교 구

사물 3개, 교구사진 3장, 쟁반

시 범

① 깔개를 펴고 교구를 놓는다.

② 유아에게 교구명을 소개한다. 오늘 선생님이 "사진과 사물 짝 맞추기"을 소개시켜 주고 싶어요!

③ 유아에게 사진카드를 보여준다.

④ 사진카드와 똑같은 교구를 찾아서 옆에 놓는다.

⑤ 나머지 사진도 같은 방법으로 제시한다.

⑥ 유아가 교구를 충분히 활동한 후 정리한다.

⑦ 교구와 깔개를 정리한다.

잘못의 정정

유아의 시각에 의한 변별

0-3세 영아기 교육의 이론과 실제

연 령

2세~3세 이상

흥미점

그림카드

목 적

· 직접 목적 : 주변의 사물 명칭 익히기

· 간접 목적 : 집중력향상, 독립심 발달

변형 및 응용

다양한 사물제시

언어놀이

큰 사진과 작은 사진 짝 맞추기

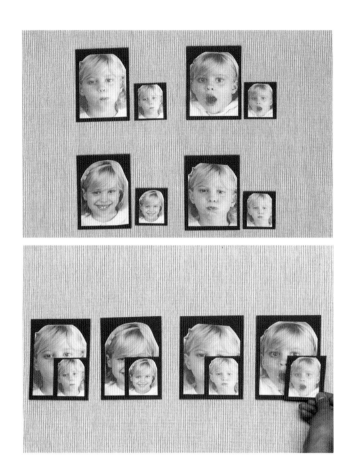

교 구

큰 사진 4개, 작은 사진 4개, 바구니 2개

시 범

① 깔개를 펴고 교구를 놓는다.

② 유아에게 교구명을 소개한다. 오늘 선생님이 "큰 사진과 작은 사진 짝 맞추기"을 소개시켜
주고 싶어요!

③ 큰 사진 한 장을 선택하여 깔개위에 놓는다.

④ 나머지 큰 사진들도 깔개위에 놓는다.

⑤ 작은 사진을 선택하여 큰 사진을 보면서 똑같은 사진 옆에 놓는다.

⑥ 유아가 교구를 충분히 활동한 후 정리한다.

⑦ 교구와 깔개를 정리한다.

잘못의 정정

큰 사진과 작은 사진의 부조화

연 령

2세~3세 이상

흥미점

큰 사진, 작은 사진

목 적

·직접 목적 : 시각적인 변별능력 향상, 순서

·간접 목적 : 집중력 향상, 독립심 발달

변형 및 응용

큰 사진 위에 작은 사진 올려놓기

카드와 카드 짝 맞추기

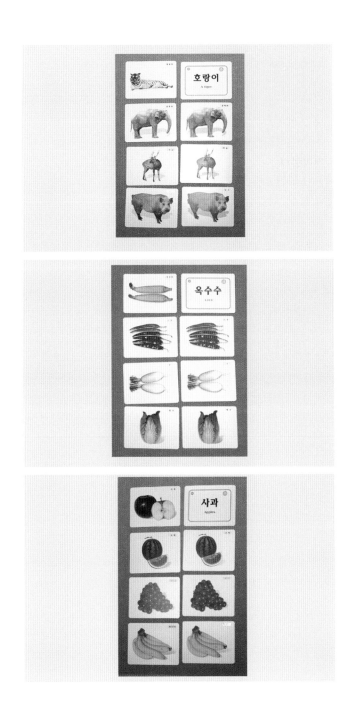

교 구

똑같은 카드 한 세트, 쟁반

시 범

① 깔개를 펴고 교구를 놓는다.

② 유아에게 교구명을 소개한다. 오늘 선생님이 "카드와 카드 짝 맞추기"을 소개시켜 주고 싶어요!

③ 유아에게 동물카드를 보여주고 깔개위에 수직으로 놓는다.

④ 다른 동물 카드도 유아에게 보여주고 똑같은 카드를 찾아 짝 맞추기를 한다.

⑤ 나머지 사진도 같은 방법으로 제시한다.

⑥ 유아가 교구를 충분히 활동한 후 정리한다.

⑦ 교구와 깔개를 정리한다.

잘못의 정정

카드와 카드의 부조화

연 령

2세~3세 이상

흥미점

동물카드

목 적

· 직접 목적 : 시각적인 변별능력 향상

· 간접 목적 : 집중력 향상, 독립심 발달

변형 및 응용

다양한 카드제시(과일, 야채 카드 등...)

언어놀이

부분 사진으로 전체사진 만들기

교 구

매트나 책상, 동물원에서 볼 수 있는 동물 사진 한 세트, 쟁반

시 범

① 깔개를 펴고 교구를 놓는다.

② 교구명을 소개한다. 오늘 선생님이 부분사진으로 전체사진 만들기를 함께 해보고 싶어요? 해보겠어요.

③ "이 사진은 ○○의 위쪽 반의 그림입니다."라고 말한다.

④ 계속해서 동물의 위쪽 사진을 소개하며 오른편에 한 줄로 나열한다.

⑤ 동물들의 아래쪽 사진을 매트 왼편 아래로 나열한다.

⑥ 모든 사진이 나열이 되었으면 동물의 위쪽 사진 중에서 사진 하나를 선택한다.

⑦ "이것은○○의 윗부분 사진입니다."라고 말한다.

⑧ "○○의 아랫부분 사진을 찾아봅시다."라고 말한다.

⑨ 나열된 동물의 아랫부분 사진 중에서의 아랫부분의 사진을 고른다.

⑩ "짝이 맞습니까?"라고 유아에게 물어본다.

⑪ 나머지 사진들도 위와 같은 방법으로 제시한다.

⑫ 유아와 함께 사진을 정리하여 쟁반에 올려놓는다.

⑬ 교구를 제자리정리 후 깔개를 정리한다.

잘못의 정정

사진의 부조화

연 령

2세~3세

흥미점

목 적

• 직접 목적 : 시각적인 변별능력 발달, 순서, 집중력, 조정법, 독립심 향상
　　　　　　 부분으로 전체를 이루는 능력 발달

• 간접목적 : 읽기와 쓰기의 준비교육

변형 및 응용

부분 사진의 수를 늘린다.

나무 조각과 패턴카드 맞추기

교 구

매트나 책상, 패턴카드, 나무 조각, 쟁반

시 범

① 깔개를 펴고 교구를 노려 놓는다.

② 교구명을 소개한다. 오늘 선생님이 나무 조각과 패턴카드 맞추기를 함께 해보고 싶어요?
해보겠어요.

③ 나무 조각들을 상자에서 꺼내 쟁반아래 왼쪽에 놓는다.

④ 검지로 패턴카드의 윤곽을 그려본다.

⑤ "이 카드의 윤곽과 딱 맞는 나무 조각의 모형을 찾아보겠어요."

⑥ 다른 손으로 나무 조각을 움직여 패턴카드와 같은 모양을 찾는다.

⑦ 두 번째 패턴카드의 윤곽을 그려본다.

⑧ "또 다른 패턴카드와 같은 모형의 나무 조각을 찾겠어요."

⑨ 왼쪽에서 시작하여 모든 조각들을 그림과 맞춰본다.

⑩ 유아와 함께 교구를 정리한다.

⑪ 교구를 제자리정리 후 깔개를 정리한다.

잘못의 정정

시각적인 부조화

연 령

3세

흥미점

목 적

• 직접 목적 : 시각적인 변별능력 발달, 순서, 집중력, 조정법, 독립심 향상, 부분으로 전체를
이루는 능력 발달, 모형의 배치와 윤곽의 이해능력 발달

• 간접 목적 : 읽기와 쓰기의 준비교육, 글자 모양을 사용한다.

변형 및 응용

• 여러 모양의 패턴카드를 사용한다.

• 다른 패턴카드를 사용해본다.

패턴카드 맞추기

교 구

매트나 책상, 패턴카드, 정육면체들, 쟁반

시 범

① 깔개를 펴고 교구를 올려 놓는다.

② 교구명을 소개한다. 오늘 선생님이 패턴 카드 맞추기를 함께 해보고 싶어요?

③ 검지로 패턴카드의 주변을 그리면서 유아에게 보여준다.

④ "선생님이 이 무늬와 딱 맞는 정육면체를 찾아보겠습니다."

⑤ 정육면체를 들어서 패턴카드 왼쪽부터 오른쪽으로 움직여 무늬와 맞춰본다.

⑥ 검지로 무늬를 trace하며"정육면체가 무늬에 딱 맞았어요."라고 말한다.

⑦ 모든 패턴카드 위에 있는 정육면체를 왼쪽부터 상자 안에 넣는다.

⑧ 교구를 제자리정리 후 깔개를 정리한다.

잘못의 정정

시각적인 부조화

연 령

2세~3세

흥미점

목 적

• 직접 목적 : 시각적인 변별능력 발달, 순서, 집중력, 조정법, 독립심 향상, 분으로 전체를 이루는 능력 발달, 형의 배치와 윤곽의 이해능력 발달

• 간접 목적 : 읽기와 쓰기의 준비교육, 글자모양을 사용한다.

변형 및 응용

• 여러 모양의 패턴카드를 사용한다.

• 나무 조각의 그림카드를 사용한다.

• 숫자카드를 사용 한다

서로 관련된 사물 짝짓기

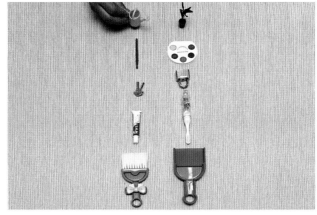

0-3세 영아기 교육의 이론과 실제

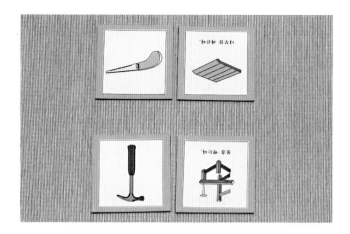

교 구

매트나 책상, 서로 관련 있는 사물들, 바구니, 쟁반

시 범

① 깔개를 펴고 교구를 가져온다.

② 교구명을 소개한다. 오늘 선생님이 서로 관련된 사물 짝짓기를 함께 해보고 싶어요? 해보겠어요.

③ 교구을 깔개 왼쪽 상단에 놓는다.

④ 각 사물들을 쟁반아래 왼쪽에 나열한다.

⑤ 맨 위쪽의 사물을 선택한다.

⑥ 사물의 명칭을 소개한다.

⑦ "○○와 관련이 있는 물건이 무엇입니까?"라고 묻는다.

⑧ ○○를 나열해 놓은 사물 오른쪽으로 가져가 비교한다. -"빗자루와 치약? 아니면 빗자루와 양말? 아니면 빗자루와 젓가락? 아니면 빗자루와 쓰레받기? 맞았어요."라고 말한다.

⑨ 빗자루와 쓰레받기를 오른쪽에 놓으며"빗자루와 쓰레받기는 관련이 있습니다."라고 말한다.

⑩ 위와 같은 방법으로 서로 관련된 물건들의 짝을 맞춘다.

⑪ 짝을 다 맞춘 후, 사물들의 관련성을 설명해준다.

⑫ 사물들을 하나씩 바구니에 담아 쟁반위에 놓는다.

⑬ 교구를 제자리정리 후 깔개를 정리한다.

잘못의 정정

교사나 부모

연 령

3세

흥미점

목 적

• 직접 목적 : 분류법 향상, 물건의 역할, 순서, 집중력, 식별력, 독립심 발달
  모형의 배치와 윤곽의 이해능력 발달

• 간접 목적 : 읽기와 쓰기의 준비교육

변형 및 응용

사진 그림 사용한다.

언 어

사용된 사물의 명칭들

반대말 카드 짝짓기

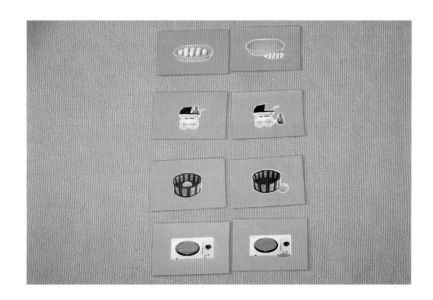

교 구

반대 되는 그림의 카드 한 세트

시 범

① 깔개를 펴고 교구를 옮겨온다.

② 유아에게 교구명을 소개한다. 오늘 선생님이 반대말 카드
   짝짓기를 소개시켜 주고 싶어요!

③ 카드를 꺼내서 유아에게 보여준 다음 깔개 위에 놓는다.
   " 공이 바구니 안에 있어요!"

④ 나열된 그림카드의 위부터 아래로 살펴보며 반대말 카드를 찾는다.
   " 공이 바구니 밖에 있어요!"

⑤ 다른 카드도 위와 같은 방법으로 반대말 카드 짝짓기를 한다.

⑥ 유아가 교구를 충분히 활동한 후 정리한다.

⑦ 깔개를 정리한다.

잘못의 정정

그림카드의 부조화

연 령

3세 이상

흥미점

그림카드

목 적

· 직접 목적 : 반대어에 대한 개념을 알수있다.

· 간접 목적 : 어휘력의 향상, 집중력향상, 독립심 발달

변형 및 응용

· 다양한 사물들 (큰 공 – 작은 공, 인형......)

· 반대말 그림카드

엄마동물과 아기동물 짝짓기

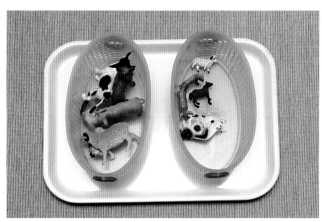

교 구

매트나 책상, 엄마동물, 아기동물, 바구니 2개, 쟁반

시 범

① 깔개를 펴고 교구를 가져온다.

② 교구명을 소개한다. 오늘 선생님이 엄마동물과 아기동물 짝짓기를 소개시켜 주고 싶어요.

③ 교구를 깔개 왼쪽 상단에 놓는다.

④ 동물 하나를 선택하여 이름을 물어본다.

　　"이것은 무엇입니까?"

⑤ 동물을 쟁반 밑 왼쪽에 나열한다.
⑥ 아기동물들 중에서 하나를 선택한다.
⑦ 선택한 아기동물을 엄마동물 오른편에 내려놓고 비교한다.
⑧ 맞으면 그대로 두고, 만약 틀리면 다른 아기동물을 선택하여 비교한다.
⑨ 두 번째 엄마동물 하나를 선택하여 첫 번째 동물 밑에 놓는다.
⑩ 아기동물 하나를 가져와 엄마동물과 비교한다.
⑪ 남아 있는 동물들의 짝이 다 맞을 때까지 한다.
⑫ 끝이 나면 짝이 맞은 동물에 대해 어떻게 연관이 되는지 설명을 한다.
⑬ 왼쪽에서 오른쪽으로 위부터 아래로 물건 하나씩 쟁반에 올려 놓는다.
⑭ 교구를 제자리에 정리 후 깔개를 정리한다.

잘못의 정정
교사나 부모

연 령
2세~3세

흥미점
사물들

목 적
· 직접 목적 : 시각적인 변별능력 발달, 동물에 대한 합당한 표현능력 발달 순서, 집중력, 조화, 자립심발달
· 간접 목적 : 읽기와 쓰기의 준비교육

변형 및 응용
엄마동물과 아기동물 그림카드

이야기 꾸미기

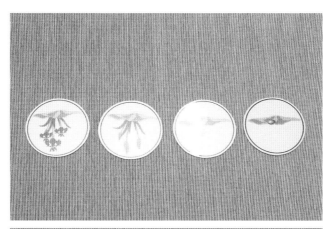

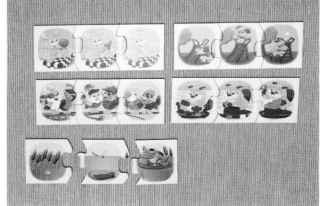

교 구

이야기를 꾸밀수 있는 연속성 카드 4장, 바구니

시 범

① 깔개를 펴고 교구를 옮겨온다.

② 유아에게 교구명을 소개한다. 오늘 선생님이 소개할 교구는
　　"이야기 꾸미기" 예요!

③ 이야기를 꾸며서 들려준다.
　　" 땅을 파고 씨앗을 심었어요..(땅속에 씨앗이 있는 그림카드를 보여주며) 하룻밤,

이틀밤.....지나고 보니 어~~~~!"

(싹이 난 그림카드)뽀드득, 뽀드득 싹이 났어요.

(싹이 잎이 된 그림카드)또 하룻밤, 이틀밤이 지나고 나서 보니

햇님도 쨍쨍, 바람도 불고 , 물도 주고 , 사랑도 주고 점점 자랐어요!

(꽃이 활짝 핀 그림카드)또 하룻밤, 이틀밤이 지나고 보니 어~

꽃이 활짝 폈어요!~

④ 다시 한번 이야기꾸미기 그림카드를 보여 주면서 정리한다.

⑤ 유아가 교구를 충분히 활동한 후 정리한다.

⑥ 교구와 깔개를 정리한다.

잘못의 정정

교사에 의해

연 령

3세 이상

흥미점

그림을 보고 유아가 상상한 대로 이야기를 만드는 것

목 적

· 직접 목적 : 유아의 생각을 자유롭게 표현 할수 있다.

· 간접 목적 : 어휘력의 향상, 창의성 발달

변형 및 응용

· 사물을 가지고 이야기를 꾸밀수 있다.

· 이야기 책을 만들어 준다.

· 다양한 이야기를 소개시켜 준다.

수 놀이들

수 놀이에 대해 기억해야 할 일반적인 점들

- 아기에게 잠재되어 있는 질서의식을 수 놀이를 통해 개발한다.
- 수 놀이는 감각교육의 기초가 된다.
- 수와 양이 함께 다루어지며 '양'에서부터 시작한다.
- 짝짓기, 서열화, 분류화의 세 가지 조작으로 수 개념을 위한 논리적 사고를 익힌다.

아기를 위한 수 놀이에 관한 요점

- 시각적 변별력을 갖는것
- 일대일 대응 개념 이해하는 것
- 양과 수의 관계를 이해하는 것

수 놀이

숫자 가르치기

교 구

매트 쟁반,금속판이나 두드렸을 때 재미있는 소리를 내는 물건
(뚜껑 있는 항아리, 속이 비거나 꽉 찬 얇은 캔 ,나무 블럭 작은 드럼,
숟가락이나 두드릴 수 있는 다른 식기) 간단한 숫자 이야기가 있는 노래

시 범

① 금속판과 숟가락을 쟁반에 놓고 매트를 준비한다.

② 매트를 아기 앞에 깔고 쟁반을 매트에 놓는다.

③ 매트를 사이에 두고 아기와 마주본다.

④ 숟가락과 판을 쟁반에서 꺼내 매트 위에 놓고, 쟁반은 잠시 옆에 놓아둔다.

⑤ 숟가락을 들어 조심스럽게 판을 1번 두드린다. 동시에 " 똑, 하나"하고 노래 부른다.

⑥ 판을 2번 두드리며 "똑 똑 하나 둘" (아이가 알수 있을 만큼 하며 차츰 더 숫자를 늘린다)

⑦ 천천히 물건으로 판을 네 번 두드리고 다시 " 똑, 똑, 똑, 똑. 하 나, 둘, 셋, 넷."하고
   노래한다.

⑧ 숟가락을 아기에게 쥐어준다.

⑨ 두드리고 숫자 세기를 계속한다. 이때 아기에게 숟가락을 들고 두드리게 도와준다.

⑩ 세 번째 반복할 때는, 교사가 숫자를 세고 아기 스스로 두드리게 한다.

⑪ 세 번 반복하고 난 뒤, 아기에게 판과 숟가락을 주어 관찰하게 한다.

⑫ 아기가 놀이를 마치고 나면 숟가락과 판을 쟁반에 놓고 아기와 함께 매트와 교구들을
   제자리에 정리한다.

잘못의 정정

숫자판과 숫자의 부조화

연 령

9-12개월

흥미점

목 적

• 직접 목적 : 숫자 인식력 개발
• 간접 목적 : 듣기 능력 개발 균형 감각 개발

변형 및 응용

숫자 늘리기, 숫자를 셀 수 있는 장난감 사용하기, 숫자악대 사용하기

언 어

사용한 숫자 (일, 이 삼,...)

수놀이

숫자에 맞추어 공넣기

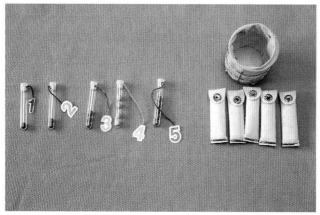

교 구

매트, 1에서 4까지 써 있는 긴 통, 파란색 핀1개, 빨간색 공1개, 초록색 공2개, 분홍색 공 3개, 노란색 공 4개, 바구니, 쟁반

시 범

① 유아에게 작업할 교구의 위치를 알려주며 교구를 소개한다.

② 유아에게 준비된 교구를 매트로 가져오게 한다.

③ 교구를 앞에 두고 유아 옆에 앉는다.

④ 1에서 4까지 각각 숫자가 써 있는 긴 통을 나란히 세운다.

⑤ 숫자 '1'을 가리키며 숫자를 알려준다.

⑥ 빨간색 공 한개를 집어서 숫자 '1'이 써 있는 긴통을 넣는다.

⑦ 같은 방법으로 나머지 통에도 해당하는 숫자만큼 넣게 한다.

⑧ 유아가 관심을 가지고 놀면 계속하도록 배려한다.

⑨ 통 안에 있는 공을 바구니에 담아 쟁반위에 놓는다.

⑩ 교구를 제자리에 정리한다.

잘못의 정정

숫자가 써있는 긴 통과 공의 수

연 령

18~24개월

흥미점

공을 통에 넣을 때 나는 소리

목 적

• 직접 목적 : 양과 수의 관계를 이해시킨다.

• 간접 목적 : 세는 능력을 기른다. 집중력, 독립심 발달

변형 및 응용

숫자를 점차 늘려나간다.

언 어

사용한 숫자 (일, 이, 삼, 사)

세로로 사물 올려놓기

교 구

1~4까지 써 있는 숫자판, 기린인형 10개, 인형 담을 작은 바구니, 쟁반

시 범

① 유아에게 작업할 교구의 위치를 알려주며 교구를 소개한다.

② 준비된 교구를 매트로 가져오게 한다.

③ 숫자판을 꺼내놓고 스티커가 담긴 상자를 숫자 판 옆에 놓는다.

④ 숫자'1'을 가리키며 숫자를 알려준다.

⑤ 작은 바구니안의 인형을 집어서 점 위에 올려놓는다.

⑥ 숫자'2'을 가리키며 숫자를 알려준다.

⑦ 인형을 집어서 점 위에 올려놓는다.

⑧ 같은 방법으로 유아가 인형을 점 위에 올려놓는다.

⑨ 유아가 관심을 가지면 계속해서 반복하도록 한다.

⑩ 인형을 바구니에 담을 때는 '1' 부터 치우면서 숫자를 반복해준다.

⑪ 교구를 제자리에 정리한다.

잘못의 정정

숫자판의 점과 인형의 수

연 령

18~24개월

흥미점

목적

- 직접목적: 양과 수의 관계를 이해시킨다.
- 간접목적: 세는 능력을 기른다. 집중력, 독립심 발달

변형및 응용

숫자를 늘려간다.

수놀이

가로로 물건 올려놓기

교 구

매트, 1에서 4까지 써있는 숫자 판, 빨간색 신발1개, 초록색 신발 2개, 분홍색 신발 3개, 노란색 신발 4개, 파란색 인형 4개, 신발 담을 작은 바구니, 쟁반

시 범

① 유아에게 작업할 교구의 위치를 알려주며 교구를 소개한다.

② 유아에게 준비된 교구를 매트로 가져오게 한다.

③ 쟁반을 매트 중앙에 놓는다.

④ 교구를 앞에 두고 유아 옆에 앉는다.

⑤ 숫자판을 꺼내놓고 신발 모형이 담긴 작은 바구니를 숫자 판 옆에 놓는다.

⑥ 숫자 '1'의 빨간 점을 가리킨다.

⑦ 작은 바구니 안의 빨간 신발을 집어서 점 위에 올려놓는다.

⑧ 숫자'1'을 가리키며 숫자를 알려준다.

⑨ 같은 방법으로 나머지 숫자들을 유아가 하도록 시켜본다.

⑩ 수의 명칭은 교사가 알려준다.

⑪ 유아가 관심을 가지면 계속하도록 배려한다.

⑫ 신발을 바구니에 담아 쟁반위에 놓는다.

⑬ 교구를 제자리에 정리한다.

잘못의 정정

숫자판의 점과 신발의 수의 부조화

신발의 색과 점의 색의 부조화

연 령

3세 이상

흥미점

목 적

• 직접 목적 : 양과 수의 관계를 이해시킨다.

• 간접 목적 : 세는 능력을 기른다. 집중력, 독립심 발달, 시각적인 변별력 발달

변형 및 응용

숫자의 양을 늘려간다. 다양한 사물을 이용한다.

언 어

사용한 숫자 (일, 이, 삼, 사)

수놀이

집게 꽂기

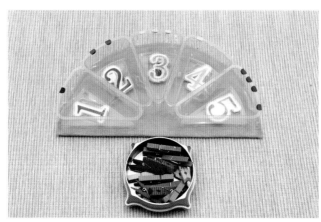

교 구

매트, 1부터 5까지의 집게 판, 빨간색 집게 1개, 초록색 집게 2개, 분홍색 집게 3개, 노란색 집게
4개, 하늘색 집게 5개, 바구니, 쟁반

시 범

① 유아에게 작업할 교구의 위치를 알려주며 교구를 소개한다.

② 유아와 함께 준비된 교구를 매트로 가져온다.

③ 쟁반을 매트 중앙에 놓는다.

④ 교구를 앞에 두고 유아 옆에 앉는다.

⑤ 1의 집게 판부터 5의 집게 판까지 세로로 붙여서 나열한다.

⑥ 각각의 집게 판에 해당하는 수만큼 집게들을 꽂는다.

⑦ 유아를 향해 웃는다.

⑨ 유아가 관심을 가지기 시작하면 놀이를 할 수 있도록 배려한다.

⑩ 놀이가 끝나면 집게와 집게 판을 바구니에 담아 쟁반 위에 놓는다.

⑪ 교구를 제자리에 정리한다.

잘못의 정정

집게와 집게, 집게판의 스티커 색과 집게 색의 부조화

연 령

3세 이상

흥미점

목 적

• 직접 목적 : 양과 수에 대한 개념을 인식시킨다. 일대일 대응 개념발달

• 간접 목적 : 관찰력, 협응력, 독립심발달

변형 및 응용

유아가 직접 집게를 집게 판에 꽂아보도록 한다.

언 어

사용한 숫자 (일 ,이, 삼. 사. 오)

수놀이

스티커 올려놓기

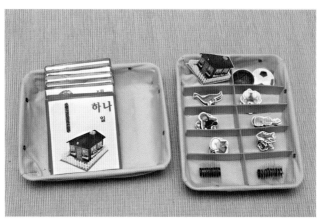

교 구

매트, 1에서 5까지 써 있는 숫자 판, 집 1장, 공 2장, 공룡 3장, 공인형 4장, 인형 5장, 스티커 담을 작은 상자, 쟁반

시 범

① 유아에게 작업할 교구의 위치를 알려주며 교구를 소개한다.
② 유아에게 준비된 교구를 매트로 가져오게 한다.
③ 쟁반을 매트 중앙에 놓는다.
④ 교구를 앞에 두고 유아 옆에 앉는다.

⑤ 숫자판을 꺼내놓고 그림 스티커가 담긴 상자를 숫자 판 옆에 놓는다.

⑥ 숫자 '1'의 집 그림을 가리킨다.

⑦ 작은 상자 안의 집그림 스티커를 집어서 집그림 위에 맞추어 올려놓는다.

⑧ 숫자'1'을 가리키며 숫자를 알려준다.

⑨ 숫자'2'의 공그림을 가리킨다.

⑩ 공그림 스티커를 집어서 공그림 위에 맞추어 놓는다.

⑪ 그 옆의 공그림 위에도 스티커를 맞추어 놓는다.

⑫ 같은 방법으로 스티커를 같은 그림과 맞추도록 유아에게 시켜본다.

⑬ 유아가 관심을 가지면 계속해서 반복하도록 한다.

⑭ 스티커를 상자에 담아 쟁반위에 놓는다.

⑮ 교구를 제자리에 정리한다.

잘못의 정정

숫자판의 그림과 스티커의 수의 부조화

연 령

3세 이상

흥미점

목 적

- 직접 목적 : 양과 수의 관계를 이해시킨다.
- 간접 목적 : 세는 능력을 기른다. 집중력, 독립심 발달

변형 및 응용

숫자의 양을 늘려간다.

언 어

사용한 숫자 (일, 이, 삼, 사, 오, 육, 칠, 팔, 구, 십)

숫자 나무

교 구

매트, 나무숫자 판 , 무당벌레 인형 15개,무당벌레 인형 담을 작은 상자 1개, 쟁반

시 범

① 유아에게 작업할 교구의 위치를 알려주며 교구를 소개한다.

② 유아에게 준비된 교구를 매트로 가져오게 한다.

③ 쟁반을 매트 중앙에 놓는다.

④ 교구를 앞에 두고 유아 옆에 앉는다.

⑤ 나무숫자 판 한 장을 선택하여 꺼내놓고 무당벌레 인형이가 담긴 상자를 옆에 놓는다.

⑥ 무당벌레 인형을 해당하는 수만큼 나무숫자판 위에 놓는다.

⑦ 다른 나무숫자 판을 선택하여 위와 같은 방법으로 해본다.

⑧ 유아가 관심을 가지면 계속해서 반복한다.

⑨ 스티커를 상자에 담아 쟁반위에 놓는다.

⑩ 교구를 제자리에 정리한다.

잘못의 정정

나무숫자판과 무당벌레 인형

연 령

3세 이상

흥미점

목 적

• 직접 목적 : 양과 수의 관계를 이해시킨다.

• 간접 목적 : 세는 능력을 기른다. 집중력, 독립심 발달

변형 및 응용

다른 그림의 숫자판으로 해본다.

언 어

사용한 숫자 (일, 이, 삼, 사, 오)

숫자 카드

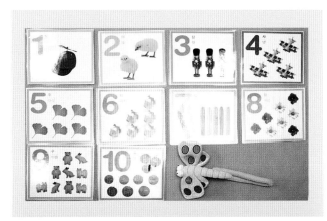

교구

숫자 카드 1 – 10, 막대인형, 바구니

시범

① 유아에게 작업할 교구의 위치를 알려주며 교구를 소개한다.

② 준비된 교구를 매트로 가져오게 한다.

③ 교구를 중앙에 두고 유아와 마주보며 앉는다.

④ 숫자 카드를 보여주며 사물의 양과 수를 세어보며 숫자를 알려준다.

⑤ 같은 방법으로 나머지 카드를 제시한다.

　　(숫자는 점차 늘리되 한꺼번에 많이 제시하지 않는다.)

⑥ 유아가 관심을 가지면 계속 놀이 하도록 배려한다.

⑦ 유아가 교구를 충분히 활동한 후 바구니에 담아 제자리에 정리한다.

잘못의 정정
교사에 의해

연 령
3세 이상

흥미점
숫자카드를 보면서 숫자 읽기

목 적
양과 수의 관계를 이해한다.

- 직접 목적 : 양과 수의 관계를 이해한다.
- 간접 목적 : 수를 세는 능력을 기른다. 집중력, 독립심 발달

변형 및 응용
· 숫자 카드를 바닥에 깔아 놓은 후 교사가 부르는 숫자카드 위에 올라간다.
· 숫자 책을 제시하여 양과 수의 관계를 이해한다.

언 어
사용한 숫자 (일~ 십)

숫자 퍼즐

교 구

매트, 1부터 5까지의 숫자 퍼즐

시 범

① 미리 2개의 숫자 퍼즐을 택해서 준비해 둔다. —처음에는 1과 2로 시작하는 것이 좋다.

② 유아에게 작업할 교구의 위치를 알려주며 교구를 소개한다.

③ 쟁반을 매트 중앙에 놓는다. —이때 유아가 준비하는 것을 도울 수 있도록 한다.

④ 교구를 앞에 두고 유아 옆에 앉는다.

⑤ 작은 숫자가 왼쪽에 오도록 두개의 숫자 퍼즐을 꺼내 매트위에 나란히 내려놓는다.

⑥ 숫자를 꺼내서 숫자판의 오른쪽에 순서 없이 내려놓는다.

⑦ 첫 번째 숫자를 선택해서 천천히 숫자판 위에서 이쪽저쪽으로 돌려가며 일치하는 모양을 찾아낸다.

⑧ 두 번째 숫자도 같은 방식으로 맞는 숫자판에 올려놓는다.

⑨ 잠시 멈추고 유아를 향해 웃는다.

⑩ 천천히 숫자들을 숫자판에서 매트로 내려놓는다.

⑪ 유아에게 시켜본다 – "숫자를 맞추어 볼까요"

⑫ 유아가 맞추기를 시작하도록 충분한 시간을 준다.

⑬ 맞추기를 시작하면 조용히 일어나 유아가 방해받지 않도록 하고 고쳐주거나 간섭하지 않는다.

    – 유아가 어떻게 해야 할지 잘 모르면 "도와줄까요?" 하고 물은 뒤 유아의 손을 잡고 이끌어준다.

      유아가 혼자 할 수 있겠다는 생각이 들면 교사는 손을 놓고 유아가 직접 할 수 있도록 한다.

⑭ 놀이가 끝나면 숫자와 숫자판을 상자에 넣어 쟁반에 놓는다.

⑮ 교구를 제자리에 정리한다.

잘못의 정정

숫자판과 숫자의 부조화

연 령

3세 이상

흥미점

목 적

• 직접 목적 : 숫자에 이용되는 심볼들에 익숙하도록 한다.

• 간접 목적 : 세는 능력을 기른다.

변형 및 응용

점점 숫자를 늘려나간다. 숫자를 세는 연습을 할 수 있는 장난감을 준비하도록 한다.

언 어

사용한 숫자(일, 이, 삼, 사, 오)

숫자대로 고리 끼우기

교 구

숫자대로 고리 끼우기 판 (1~5), 고리 15개, 쟁반

시 범

① 유아에게 작업할 교구의 위치를 알려주며 교구를 소개한다.

② 준비된 교구를 매트로 가져오게 한다.

③ 쟁반을 매트 중앙에 놓는다.

④ 교구를 앞에 두고 유아 옆에 앉는다.

⑤ 숫자 '1'을 가르키며 숫자를 알려준다.

⑥ 고리를 하나 꺼내서 숫자 '1'아래에 끼운다.

⑦ 나머지 숫자도 같은 방법으로 해본다.

⑧ 유아가 관심을 가지면 계속해서 반복한다.

⑨ 고리를 바구니에 담아 고리끼우기판과 함께 쟁반위에 놓는다.

⑩ 교구는 제자리에 정리한다.

잘못의 정정

숫자와 고리의 부조화

수놀이

연 령

3세 이상

흥미점

숫자카드를 보면서 숫자 읽기

목 적

· 직접 목적 : 양과 수의 관계를 이해한다.

· 간접 목적 : 세는 능력을 기른다. 집중력, 독립심 발달

변형 및 응용

· 점점 숫자를 늘려간다.

· 세로로 길게 연결한다.

언어

사용한 숫자 (일, 이, 삼, 사, 오)

양말에 사탕 넣기

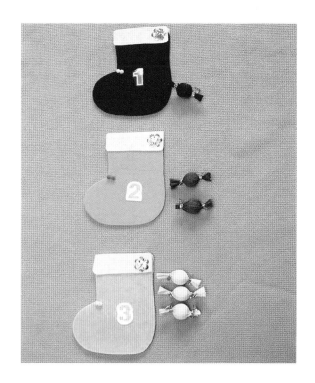

교 구

'숫자1'이 있는 빨강 양말, '숫자2'가 있는 초록 양말, '숫자3'이 있는 분홍 양말, 빨강색 사탕 1개, 초록색 사탕 2개, 분홍색 사탕 3개, 바구니, 쟁반

시 범

① 유아에게 작업할 교구의 위치를 알려주며 교구를 소개한다.

② 준비된 교구를 매트로 가져오게 한다.

③ 교구를 매트 중앙에 놓고, 유아 옆에 앉는다.

④ 빨강 양말에 있는 '숫자 1'을 가리키며 숫자를 알려준다.

⑤ 같은 색의 사탕을 숫자만큼 양말에 넣는다.

⑥ 나머지도 같은 방법으로 유아가 하도록 시켜본다.

⑦ 유아가 관심을 가지면 계속해서 배려한다.

⑧ 사탕을 모두 바구니에 담아 쟁반위에 놓는다.

⑨ 교구는 제자리에 정리한다.

잘못의 정정

양말의 색과 사탕의 부조화

연 령

3세 이상

흥미점

숫자카드를 보면서 숫자 읽기

목 적

• 직접 목적 : 양과 수의 관계를 이해한다.

• 간접 목적 : 세는 능력을 기른다. 집중력, 독립심 발달, 시각적인 변별력 발달

변형 및 응용

• 점점 숫자를 늘려간다.

• 다양한 사물을 넣어본다.

언 어

사용한 숫자(일, 이, 삼)

영성 놀이들

영성놀이 교육을 실천 할 때의 중요한 요점

■ 사랑받고 있다는 확신을 갖게 하도록 따뜻하고 친밀한 분위기속에서
   영성 교육을 한다.
■ 눈에 보이지 않는 하나님의 사랑을 표현하여 교사의 사랑으로
   영성교육을 실천한다.
■ '영성놀이'에 사용되는 모든 이야기들이 성경속에 실린 진짜 이야기 인
   것을 알 수 있도록 성경을 어린이들 앞에 보여주면서 교육한다.
■ 어린이들의 개념을 돕기 위하여 감각적이고 구체적인 교구들을
   사용한다.
■ 어려서부터 하나님을 알아가는 교육이 소중한 경험이 되도록 재미있게
   가르친다.

영성 놀이

1. 성경이야기

    ① 성경은 진짜 이야기

    ② 천지 창조 (창조물 바구니)

    ③ 선한 목자

    ④ 잃어버린 양한마리

    ⑤ 아기예수 나셨네

2. 성경동화

    – 언제나 나와 함께 하시는 하나님

3. 나의 역사

4. 축복코너 – 오늘의 축복이

5. 주기도문

성경은 진짜이야기

교 구

성경, 동화책(신데렐라, 고양이의 생활 등...) 바구니, 깔개

시 범

① 유아에게 작업할 교구의 위치를 알려주며 교구를 소개한다.

② 준비된 교구를 깔개로 가져오게 한다.

③ 여러 가지 동화책과 성경책이 담긴 바구니를 깔개 위에 놓는다.

④ 책을 한 권씩 보여주며 소개한다.

- "선생님이 오늘 아주 재미있는 책들을 담은 상자를 가지고 왔어요.
  바구니 안에 아주 재미있는 동화책이 들어 있어요. 우리 친구들
  「브레멘의 음악대」라는 동화책을 알고 있나요? 이 이야기는
  이 여행을 떠나면서 일어나는 일들에 대한 이야기 예요! 그런데
  이 이야기는 진짜 있었던 사실대로 쓴 것일까요? 아니면 이 글을
  쓴 사람이 상상해서 재미있게 쓴 것일까요?
  「브레멘의 음악대」는 사실이 아닌 가짜 이야기예요. 그러면
  「신데렐라」는 진짜 이야기일까요? 아니면 상상이야기 일까요?

상상이야기 예요! 사실이 아니예요!

이번에는 「고양이의 생활」이라는 책인데, 고양이가 무엇을 먹는지, 어디에서 사는지, 어떻게 뛰는지에 대해서 소개한 책이예요. 이 책은 사실일까요? 아니면 상상으로 꾸며쓴 책일까요? 사실이예요! 바로 진짜 이야기예요. 책에는 사실을 기록한 책도 있고 사실이 아닌 것을 상상해서 쓴 책도 있어요."

⑤ 성경책을 보여준다.

　　－ "이 책은 진짜 이야기일까요? 꾸며낸 상상 이야기일까요? 진짜 이야기 예요. 성경책은 하나님이 창조하시고 ○○반 친구들을 사랑한다는 이야기가 들어있는 진짜 이야기예요."

〈성경을 감각적으로 느껴보기〉

① 여러 종류의 성경책을 꺼내면서 소개한다.

　　－ "성경책은 진짜 이야기라는 것을 알았어요. 그런데 성경책은 하나지만 성경책의 모양은 여러 종류가 있어요."

② 크고 작은 성경책을 보여주며 소개를 한다.

　　－ " 어른들이 사용하는 두꺼운 성경책, 가지고 다니기 쉬운 작은 성경책, 또 우리 어린이들을 위한 예쁜 어린이 성경책이예요. 어린이 성경은 어린이들이 쉽게 볼 수 있도록 그림으로 그려져 있어요. 성경책의 모양은 달라도 이 안의 내용은 모두 똑같아요."

③ 유아가 성경책을 볼수 있도록 배려한후 정리한다.

④ 교구와 깔개를 정리한다.

잘못의 정정

교사에 의해

연 령

3세 이상

흥미점

작고 예쁜 성경을 손으로 만져보는 것

목 적

• 직접 목적 : 성경은 하나님의 약속이 담긴 진짜 이야기라는 것을 안다.

• 간접 목적 : 사고력, 집중력 향상

변형 및 응용

천지 창조 (창조물 바구니)

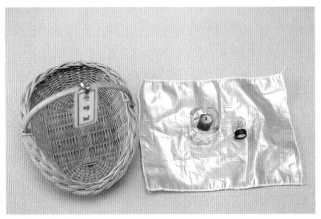

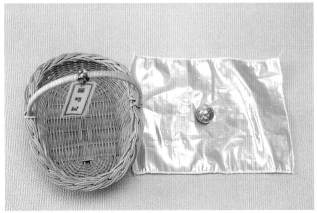

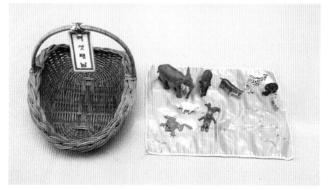

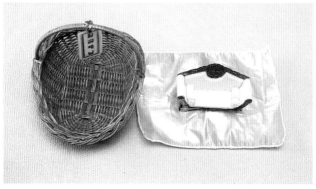

교 구

바구니 7개, (첫째 날 - 손전등, 양초), (둘째 날 - 파란색 작은 공

작은 병에 담은 물),(셋째 날 - 꽃, 나무 모형과 작은 병에 담은 흙)

(넷째 날 - 야광 해, 달, 별모형),(다섯째 날 - 여러 가지 물고기, 새모형)

(여섯째 날 - 땅 위의 동물, 사람 모형), (일곱째 날 - 침대, 작은 흔들의자 모형), 황금색 보자기

7개, 창조 순서에 해당하는 사물

시 범

매일 바구니 하나씩 소개한다.

〈첫째 날 소개 - 빛〉

① 깔개를 펴고 교구를 옮겨온다.

② 유아에게 교구명을 소개한다. 오늘 선생님이 소개할 교구는

　　"창조물 바구니" 예요!

③ 두 손으로 첫째 날 바구니를 들고 와 깔개 위에 놓는다.

④ 첫째 날 바구니에서 황금색 보자기를 깔개 위에 펼쳐 놓는다.

⑤ 바구니 안에 사물을 소개할 때는 유아들의 흥미를 자극하며 소개한다.

⑥ 첫째 날 바구니의 손전등과 양초를 꺼내며 소개한다.

　　- "온 세상이 캄캄했어요. 캄캄하면 어떤 마음이 생길까요? 무섭고

　　　불안하고 두렵기도 하지요? 그래서 하나님은 캄캄한 곳에 빛을

　　　주시기로 생각하셨어요. 하나님은 '빛이 있으라.'하고 말씀하셨어요.

　　　　〈둘째 날 - 하늘과 바다〉

　　　　〈셋째 날 - 나무, 흙, 식물〉

　　　　〈넷째 날 - 해, 달, 별〉

　　　　〈다섯째 날 - 물고기, 새들〉

　　　　〈여섯째 날 - 땅위의 동물들과 사람〉

　　　　〈일곱째 날 - 쉼 〉

⑦ 작은 손전등을 켜보고 황금색 보자기 위에 올려 놓는다.

⑧ 유아가 교구를 충분히 활동한 후 정리한다.

⑨ 교구와 깔개를 정리한다.

※ 매일 바구니 하나씩 소개한다.

잘못의 정정

바구니에 붙어 있는 날짜 라벨

연 령

3세 이상

흥미점

창조물들을 직접 깔개 위에 나열해 보는것

창조물들을 실물로 만져보는 것

목 적

• 직접 목적 : 하나님이 세상을 창조하신 목적과 순서를 알수 있다.

• 간접 목적 : 어휘력 발달, 관찰력 발달, 집중력 향상

변형 및 응용

환경을 이용해 하나님이 만들어 주신것에 대해 이야기할 수 있다.

선한 목자

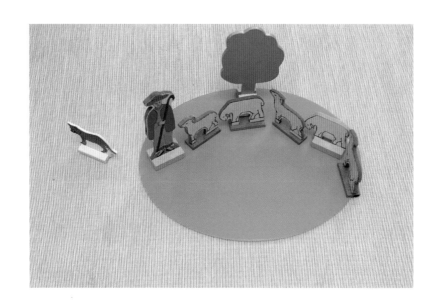

성경구절 : 요한복음 10장 1~18절

중심구절 : 시편 23편(여호와는 나의 목자시니 내가 부족함이 없음이로다)

교 구

목자, 양들, 늑대, 울타리가 있는 초록색판 1개(양우리 상징), 울타리가 없는 초록색 판 1개(푸른 초장 상징)

성경이야기

어느 날, 예수님이 사람들에게 말씀하셨어요. "나는 선한 목자라. 선한 목자는 양들을 위하여 목숨까지도 버린다: 나는 내 양을 알고 각각의 이름을 불러 푸른 초장으로 인도하여 모든 양들이 배불리 먹고 행복하게 살 수 있도록 지켜줄 수 있다. 내가 양들의 문이 되어 그들을 지키는데 누구든지 나를 믿고 들어오면 구원을 얻고 들어가며 나오며 꼴을 얻을 수 있다. 도적이 오는 것은 도둑질하고 죽이고 멸망시키기 위해서지만 내가 온것은 양으로 생명을 얻게 하고 더 풍성히 얻게 하기 위해서이다."

교구시범

① 깔개를 편 후 교구명을 소개 한다.

② 깔개 위로 교구를 가져온다.

③ 교구 바구니에서 목자 인형을 꺼내 울타리의 문 앞에 놓고 양 인형을 하나씩 꺼내어 울타리가 있는 나무판의 울타리 안에 놓는다.

「옛날에 한 선한 사람이 살고 있었어요. 그 선한 사람이 말하였어요. "나는 선한 목자다. 나는 그들에게 생명을 주기 위해서 왔다." 그에게는 그가 치는 양들이 있었는데 그 양들은 모두 그의 목소리를 알고 있었어요. 그리고 그 양들이 무엇을 좋아하는지 잘 알고 있어요. 선한 목자는 양들을 부르면 양들이 그를 따라가요. 그들은 목자를 따라 푸른 초장으로 나가지요. 양들이 이렇게 얘기해요.

"오늘은 하나님이 만드신 기쁜 날이야. 우리 함께 오늘을 기쁘게 지내자." 그 양들은 절대로 이상한 사람을 따라가지 않고 오로지 그 선한 목자만 따라요. 왜냐하면 그들은 선한목자를 잘 알기 때문이에요. 선한 목자는 절대로 그들을 떠나지 않아요. 늑대가 밤마다 나타나 어린 양들을 잡아가려고 노려보고 있어요. 그러나 선한 목자가 어린양들과 늘 함께 있기 때문에 늑대는 양들을 절대로 해칠 수 없어요. 그는 양들을 잔잔한 물가로 인도해요. 하루 종일 얼마나 즐거울까요?」

④ 목자 인형을(천천히 걸어가듯) 바로 옆에 있는 푸른 초장을 상징하는 나무판을 향해 조금 옮기고, 양은 한 마리씩 그 뒤를 따르는 모양으로 한 줄로 놓는다. 다시 목자 인형을 초장을 향해 몇 걸음 옮기고 양들을 한 줄로 초장에 옮긴다. 그러한 동작을 계속하면서 앞의 내용을 반복적으로 이야기 한다.

⑤ 선한 목자는 각 양들의 이름과 그 양들이 무엇을 좋아하는지 다 알고 있어요. 선한 목자가 향의 이름을 부르면 양들은 모두 선한 목자를 따라가지요. 밤마다 늑대가 나타나 기회가 있으면 어린양들을 잡아갈려 하지만 선한 목자가 늘 양들과 함께 있기에 절대로 양들을 잡아갈 수 없어요. 목자가 양들아 "집에 가자" 라고 말하면 양들은 선한 목자만 따라 목장 울타리 안으로 들어갑니다.

「선한 목자가 바닥에 누워 잠을 자요. 양들도 모두 그를 따라 바닥에 누워 잠이 듭니다.」

⑥ 목자 인형을 바닥에 일으켜 세우고 양들도 차례대로 세우면서 이야기를 한다.

「날이 밝아 선한 목자는 양들을 깨웁니다. '이제 새 날이 시작되었구나. 나는 너희들의 것이고, 너희들은 나의 것이란다."」

⑦ 교사는 이 이야기가 무엇을 의미하는지 나누며 함께 기도로 마친다.

「선생님은 지금 이 이야기가 무엇을 의미하는지 궁금해요. 누가 양들이고 누가 정말 그 목자일까요? 우리를 지키시는 선한 목자에게 하고 싶은 말을 함께 고백해요(감사합니다. 나의 선한 목자여... 라고 기도로 끝을 맺는다. "」

잃어버린 양 한 마리

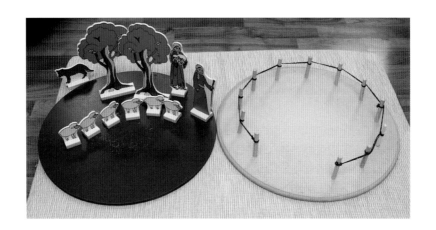

성경구절 : 누가복음 15장 3~7절

중심구절 : 시편 23편(여호와는 나의 목자시니 내가 부족함이 없음이로다)

교 구

목자, 양들, 늑대, 울타리가 있는 초록색판 1개, 울타리가 없는 초록색 판 1개

성경이야기

예수께서 어느날 비유로 사람들에게 이렇게 말씀하셨습니다. "어떤 사람이 양 일백 마리가 있는데 그 중에 한 마리를 잃으면 아흔 아홉 마리를 그대로 두고 잃은 양 한마리를 찾아다니지 않겠느냐? 나중에 잃은 양 한마리를 찾게 되면 기뻐하여 모든 이웃들을 불러 잔치를 베풀고 「나와 같이 즐기자. 나의 잃은 양을 찾았노라」 하리라. 이와 같이 죄인 하나가 회개하면 천국에서는 회개할 것이 없는 아흔아홉보다 더 기뻐하리라."

교구시범

① 깔개를 편 후 교구명을 소개 한다.

② 깔개 위로 교구를 가져온다.

③ 교구 바구니에서 목자 인형을 꺼내어 푸른 초장의 나무판에 옮기고 양 인형을 한 개씩 차례로 초장으로 옮기면서 이야기를 시작한다.

「어떤 선한 목자에게 100마리의 양이 있었습니다. 그 선한 목자는 양들을 정말로 사랑합니다. 그와 같이 있으면 양들은 푸른 초장으로 인도되고 맑은 물을 마실 수 있는 물가로 인도받을수가 있습니다. 그래서 양들은 선한 목자를 매우 사랑합니다. 그 선한 목자가 양들의 이름을 부르면 양들은 잘 따릅니다. 양들은 선한 목자와 같이 있기를 원합니다. 그리고 그들은 선한 목자를 사랑합니다. 선한 목자는 양들을 사랑하고 양들도 선한 목자를 사랑합니다.

선한 목자는 양들의 이름을 모두 알고 있습니다. 그는 양들이 안전한지를 알기 위해 양들의 이름을 부릅니다. 양들도 자기들의 이름을 알고 있습니다. 그래서 선한 목자가 부르면 "메레레..."하고 대답을 합니다. 그런데 그중에 한 마리가 풀을 뜯어먹는 데 온 신경을 쏟다가 양떼에게서 조금씩 멀어져 갔스빈다. 조금씩 가다 보니 무리에서 너무 멀리 떨어졌습니다. 그러다가 그만 낭떠러지로 굴러 떨어지고 말았습니다.

④ 목자 인형을 초장에서 양우리로 천천히 조금씩 옮기고 양 인형들도 그 뒤로 차례로 하나씩 옮기고 다시 양우리 안으로 목자와 양을 모두 옮긴다.

⑤ 저녁이 되어 목자는 양들의 이름을 부르며 집으로 들어갔습니다. 양들을 우리에 넣고 세어 보았습니다. 그런데 양 한마리가 보이지 않았습니다. 선한 목자는 99마리의 양들을 양우리에서 쉬게 하고 한 마리의 양을 찾으러 밖으로 나갔습니다. "나의 양아!" 하고 잃어버린 양을 부르며 사방으로 찾아 나섰습니다. 그때 그양도 「메헤헤...」하며 선한 목자를 찾고 있었습니다. 선한 목자는 계속 양을 부르며 찾고 있습니다.

「선한 목자가 바닥에 누워 잠을 자요. 양들도 모두 그를 따라 바닥에 누워 잠이 듭니다.」

「메헤헤...메헤헤...」

어디에선가 양 우는 소리가 들립니다. 목자는 그 소리를 따라 발걸음을 옮깁니다.

목자는 낭떠러지에 왔습니다. 허리를 굽혀 밑을 보니 잃어버린 양이 거기에 있었습니다.

목자는 반가워서 양을 들어 올려 어깨에 맵니다. 양이 말합니다.

「선한 목자가 나를 구하셨구나! 나의 상처에 기름을 발라 더욱더 윤택하게 고쳐 주었고 나를 살려 주셨구나!」

선한 목자는 다시 찾은 양을 어깨에 메고 집으로 돌아왔습니다. 잃었던 그 양을 다시 가족들에게 데려온 것입니다. 다른 양들도 모두 선한 목자 가까이 왔습니다. 그리고 모두 양우리로 들어갑니다. 모두가 행복했습니다. 모두가 기뻐합니다. 왜냐하면 잃었던 친구를 찾았기 때문입니다. 이 얼마나 훌륭한 목자입니까?

"양은 생각했어요."

'선한 목자는 내가 무엇을 필요로 하는 모두 알고 계셔. 문앞에 누워서 자기 몸으로 우리를 지켜 주시지, 나를 잃어버렸을 때 그분이 얼마나 고통스러웠을지 나는 알아. 나의 목자가 나를 구해 주신 것에 대해 나는 참으로 감사해. 이제 부터는 선한 목자의 음성만을 들을거야. 다시는 선한 목자를 떠나지 않겠어.'

⑥ 교사는 조용히 이야기를 한다.

「나는 알고 싶습니다. 한 마리 양을 찾고 있을 때의 선한 목자의 심정이 어떠했을지 정말 알고 싶습니다.」

⑦ 교사는 이 이야기가 무엇을 의미하는지 나누며 함께 기도로 마친다.

「"사랑하는 우리의 선한 목자여! 우리를 이렇게 사랑하심을 감사합니다. 우리를 이렇게 찾아주신 것을 감사합니다. 집을 잃어버렸을 때 어디로 가야할지 몰라 헤메던 우리를 찾아 주시고 구해 주셨으니 감사합니다. 상처 받은 양을 안아 주시고 어깨에 올려 주신 것을 감사합니다. 늘 지켜 주옵소서. 예수님의 이름으로 기도합니다. 아멘!"」

아기 예수 나셨네

성경구절 : 누가복음 2장 8~17절

교 구

목자들, 천사, 초록색 판1개, 마리아, 요셉, 아기예수, 바구니(여기서는 되도록 입체적인 인형을 활용한다)

성경이야기

특별한 일을 말씀 드리겠습니다. 오래 전에 아주 희귀한 일이 일어났습니다. 한 시골에서 밤에 목자들이 양떼를 지키고 있었습니다. 그런데 갑자기 하나님의 사자가 이들에게 나타났습니다. 그리고 하나님의 영광이 그 들 주변을 감쌌습니다. 목자들은 매우 두려웠습니다. 천사가 목자들에게 이렇게 말씀하셨습니다. 두려워하지 말라 보라 내가 좋은 소식을 가지고 왔다. 이것은 모든 인류에게 좋은 소식이다. 오늘날 너희에게 구세주가 나셨느니라. 그 분의 이름은 예수시다. 그분이 지금 베들레헴에서 나셨다. 너희는 흰 강보로 싸여 말구유에 누인 아기를 찾을 수 있을 것이다. 그리고 나서 갑자기 하나님의 천사들이 무리 지어 나타나더니 "가장 높은 곳에서는 하나님께 영광이요 땅에서는 기뻐하심을 입은 사람들 중에 평화로다" 하며 다 같이 하나님을 찬양했습니다. 이 아기의 탄생은 온 인류에게 미칠 큰 기쁨의 좋은 소식이었습니다. 모든 천사들이 하늘로 사라지고 난 뒤 목자들이 말했습니다. "베들레헴으로 가서 무슨 일이 일어났나 보자" 그들은 서둘러서 아기를 찾아 떠났습니다.

교구시범

① 깔개를 편 후 교구명을 소개 한다.

② 깔개 위로 교구를 가져온다.

③ 교구 바구니에서 목자 인형을 꺼내 푸른 초장을 상징하는 작은 초록색 깔개 위에 배열하고 이야기를 진행한다.

「이 곳은 목장입니다. 여기에 양과 목자들이 있습니다. 깊은 밤 목자들은 그들의 양을 지키고 있었습니다. 그들은 모두 가깝게 모여 있었습니다. 그들 중에서 몇은 잠자고 있었고, 몇은 깨어 있었을 것빈날. 그런데 그 목자들 앞에 갑자기 하나님의 사자 하나가 나타났습니다. 하나님의 영광의 빛이 하나님의 사자 주변을 비추고 있었습니다. 모든 목자들이 그 사자를 보고 두려워했습니다. 그러나 사자는 말했습니다. "두려워하지 말라. 왜냐하면 오늘 너희를 위하여 한 구세주가 나셨기 때문이다. 베들레헴에서 나신 그분은 너희에게 평화를 가져다 주실 것이다." 이것은 모든 인류에게 좋은 소식이라고 했습니다. 강보에 싸인 채 말구유에 누워 있는 아기를 목자들이 보게 될 것이라고 했습니다. 사자의 말이 끝나자 갑자기 많은 천사들이 나타났습니다. 그들은 모두 하나님을 찬양하고 있었습니다. "가장 높은 곳에서는 하나님께 영광이요 땅에서는 기뻐하심을 입은 사람들 중에 평화로다." 이 것은 모든 인류에게 아주 좋은 소식이라고 했습니다. 그리고는 사자들이 떠났습니다. 사자들이 떠난 뒤 목자들은 어떻게 할지 고민했습니다. 고민끝에, 베들레헴에 가 보시기로 했습니다. 한 사람만 남아 양을 지키기로 하고 다른 목자들은 천사가 전하여 준 기쁜 소식의 주인공인 그 아기를 찾기 위해 베들레헴으로 떠났습니다. 나는 이 모든 것이 무엇을 뜻하는지 궁금합니다. 나는 왜 하나님의 천사들이 목자들에게 나타나서 그 소식을 알렸는지 궁금합니다. 나는 사실 그 아기가 누구인지 참 궁금합니다. 」

④ 기도를 마친뒤 교구를 제자리에 정리한다.

「이 것은 아주 특별한 교구예요. 이 교구는 하나님의 말씀이에요. 소중하게 사용할 수 있어요"」

언제나 나와 함께 하시는 하나님

교 구

언제나 나와 함께 하시는 하나님의 테이블 동화 , 책상

시 범

① 책상을 준비하고 교구(동화)를 옮겨온다.

② 유아에게 동화책의 제목을 소개한다.

   "언제나 나와 함께 하시는 하나님" 이라는 동화예요!

③ 유아들에게 동화를 들려준다.

〈그림1〉

엄마, 아빠를 통하여 이세상에 나를 존재하게 하신 분이 계세요.

그분은 바로 하나님이세요. 하나님은 내가 엄마 뱃속 아기집에 있을 때

내 몸의 모든 기관을 만드시고 은밀하고 소중하게 자라게 하셨어요

〈그림 2〉

하나, 둘, 셋, 넷, 다섯의 손가락과 발가락, 냄새 맡는 코

하나님이 만드신 내 몸은 너무 신기해요.

〈그림 3〉

하나님은 모래더미 보다도 더 많아 셀 수 없는 나의 모든 생각을 아세요.

모든 생각을 아세요. 왜 그럴까요?

네! 하나님은 나를 만드신 분이니까요.

〈그림 4〉

하나님은 내가 앉아 있는지, 서 있는지 내가 하는 모든 행동을 아세요.

왜 그럴까요? 네! 하나님은 나를 만드신 분이니까요.

〈그림 5〉

하나님은 내가 하는 모든 말을 아시고, 내가 미처 말하기도 전에 앞으로 할 말도 아세요.

왜 그럴까요? 네! 하나님은 나를 만드신 분이니까요.

〈그림 6〉

하나님은 지금 내가 걸어가는 길과 앞으로 가야할 길을 아세요.

왜 그럴까요? 네! 하나님은 나를 만드신 분이니까요.

〈그림 7〉

하나님은 내가 아침에 일어나서 잠자리에 들 때까지 나의 모든 하루 일과를 아세요.

왜 그럴까요? 네! 하나님은 나를 만드신 분이니까요.

〈그림 8〉

나를 너무나 잘 아시는 하나님을 피하여 어디로 도망갈수 있을까요?

아니요! 도망갈 수 없어요.

왜 그럴까요? 네! 하나니은 하늘 끝까지 올라가서도 거기 계시고, 땅 밑아래로 내려가서도 거기 계시고, 저 해가 떠오르는 곳과 저 바다 끝 헤어지는 곳 그 어느 곳에나 계시니까요.

〈그림 9〉

나는 어두운 밤도 세상 그 무엇도 무섭지 않아요.

왜 그럴까요? 네! 하나님은 이 세상 어디서나 나를 지키시고 돌보시기 때문이지요.

〈그림 10〉

나는 나를 가장 잘 아시는 하나님이 내 앞길을 인도 하실 것을 믿어요.

왜 그럴까요? 네! 하나님은 나를 신비롭게 만드시고, 지금도 늘 돌보시고 계시고, 내가 태어나기도 전에 앞으로 내가 살아가야 할 모든 나를 계획 하시고 인도하신다고 성경에 약속하셨기 때문이지요.

〈그림 11〉

하나님! 이렇게 멋진 세상에 내가 가장 좋아하는 엄마, 아빠와 만날 수 있게 해주셔서 감사해요.

내가 잠에서 깨어났을 때도 언제나 나와 함께 하신 하나님이 있기 때문에 나는 편히 잠 잘수 있어요.

④ 언제나 나와 함께 하시는 하나님을 생각하며 기도한다.

나의 역사

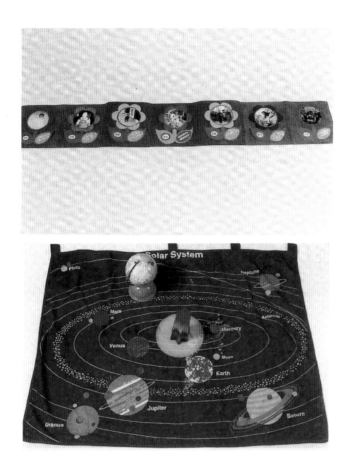

교 구

태어났을 때부터 지금까지의 매년 사진을 붙여 만든 나의 역사책

태양계 깔개, 촛불, 지구본

시 범

① 생일 맞은 유아를 나오게 한다.

- "오늘은 특별히 ○○의 생일이야. 선생님과 ○○반 친구들은 이 세상에

단 한사람밖에 없는 가장 귀한 사람인 ○○의 생일 파티를 하면서 ○○가 살아온 역사가

어떻게 되는지 이야기 나누는 시간을 가질 거예요."

② 태양계 천을 교실 중앙에 깐 후 태양 위치에 촛불을 켜서 놓는다.

　 – "하나님이 만드신 세상이예요. 중심에 있는 태양을 보세요.

　　 태양이 환하게 빛을 내고 있어요. 지구가 태양의 주위를 한바퀴 돌면

　　 일년이라는 시간이 지나가게 되요. ○○는 몇 살이에요? 일곱 살이요.

　　 ○○가 엄마 뱃속에 생긴 후 지금까지 지구가 몇 바퀴를 돌았을 까요?

　　 지구는 태양의 7바퀴를 돌았어요."

③ 유아에게 왕관을 씌어주고 작은 지구본을 손에 쥐어준다.

　 – " ○○가 지구를 들고 태양의 주위를 한바퀴 돌면서 ○○의 역사는

　　 시작되는 거예요."

④ 유아의.역사책을 들고 이야기를 나누듯이 시작한다. 이때 부모님이 처음만나서 사랑하게
　 된 이야기를 알면 좋다

　 – "옛날 ○○엄마와 아빠는 같은 회사에 근무하셨어요. ○○아빠는 ○○엄마를 보고 첫눈에
　　 반하셨어요. 두 분은 무척 사랑해서 결혼하게 되었어요.

　　 결혼하신 후 ○○아빠가 엄마 뱃속에 아기씨를 주셨어요.

　　 그리고 일년이 지났을 때 ○○가 태어났어요."

⑤ 유아가 지구본을 들고 태양계를 돈다.

　 – "봄, 여름, 가을, 겨울이 지나고 지구가 태양의 주위를 한바퀴 돌았어요.

　　 ○○가 한 살이 되었어요."

⑥ 한 살 때의 사진을 보여주면서 사진 속의 유아의 모습을 설명한다.

⑦ 같은 방법으로 일곱 살까지 소개한다.

⑧ ○○를 위해 엄마가 써주신 편지를 읽어준다.

⑨ 축하 노래(기쁜날 좋은날, 축복합니다 등)를 부른다.

⑩ 친구들이 생일을 맞은 어린이에게 축복의 말을 해준다.

　 – " ○○야, 사랑해." – "○○야, 축복해."

잘못의 정정
교사에 의해

연 령
3세 이상

흥미점
함께 친구의 역사를 소개받는 것

목 적

• 직접 목적 : 친구들의 역사를 들으며 친구의 소중함을 알게 된다.

• 간접 목적 : 집중력 향상, 사회성 발달

변형 및 응용

축복 코너 - 오늘의 축복이

교 구

모형 달걀(반의 인원수에 맞도록 준비), 어린이들의 사진, 찬양테이프(축복합니다.), 축복코너를 위한 책상, 황금색 책상덮개, 기도를 위한 양초, 십자가, 축복이 의자, 축복이 막대

시 범

① 모형 달걀 안에 어린이의 사진을 넣는다.

② 한 유아에게 친구들의 사진이 들어있는 달걀 하나를 뽑도록 한다.

③ 그날의 축복이를 가운데 의자에 앉게 한 후 축복이 막대를 준다.

④ ○○반의 친구들의 축복이를 향해 노래(축복합니다)와 축복의 말들을 전한다.

　이때 그 동안 미안했던 일에 대해서 이야기할 수도 있다.

　– 축복의 말 : 축복이가 된 유아의 장점을 이야기하거나 사랑 표현을 한다.

　　예) 축복의 말 – 사랑해, 축복해, 동생들을 잘 돌봐줘서 고마워요

　　　사랑 표현 – 안아주기, 뽀뽀해 주기, 안마해 주기, 악수하기

⑤ 오늘 축복이가 된 소감이 어땠는지 유아에게 물어본다.

⑥ 그날의 축복으로 뽑힌 유아를 위해 다른 친구들이 기도해 줄 수 있도록 사진을 축복 코너에 놓아둔다.

잘못의 정정

교사에 의해

연 령

3세 이상

흥미점

다른 사람에 대해 관심을 갖는 것

친구들로부터 사랑과 관심을 받는 것

목 적

• 직접 목적 : 타인에 대한 배려와 관심을 갖는다.

• 간접 목적 : 어휘력 향상, 사회성 발달

변형 및 응용

주기도문 카드

교 구

주기도문 카드

시 범

① 책상을 준비하고 교구(주기도문카드)를 옮겨온다.

② 유아에게 주기도문 카드를 소개한다.

③ 유아들에게 주기도문을 들려준다.

> 하늘에 계신 우리 아버지여,
>
> 이름이 거룩히 여김을 받으시오며, 나라에 임하옵시며,
>
> 뜻이 하늘에서 이룬 것 같이 땅에서도 이루어지이다.
>
> 오늘날 우리에게 일용할 양식을 주옵시고,
>
> 우리가 우리에게 죄 지은 자를 사하여 준 것같이
>
> 우리 죄를 사하여 주옵시고,

영성 놀이

우리를 시험에 들게 하지 마옵시며,

다만 악에서 구하옵소서.

대개 나라와 권세와 영광이

아버지께 영원히 있사옵나이다. 아멘.

(마 6장 9~13절)

④ 주기도문을 교실의 기도코너에 비치해 놓고 유아들이 볼수있도록 배려한다.

⑤ 책상을 정리한다.

0~36개월 영아의
영역별 관찰사항

참고문헌

0~36개월 영아의 영역별 관찰사항

0~12개월경 영아의 영역별 관찰사항

신체발달 영역

관찰사항

1. 파악 반사: 주먹을 쥔다.
2. 놀라기 반사: 옆쪽으로 머리를 돌린다.
3. 자기 앞에 있는 물건에 손을 뻗치고 잡는다.
4. 입에 물건을 넣는다.
5. 엎드려서 양팔로 머리와 어깨를 지지한다.
6. 한 팔로 의지하고 머리와 가슴을 곧게 세운다.
7. 엎드렸다가 바로 눕는다.
8. 엎드려서 몸길이만큼 앞으로 긴다.
9. 누웠다가 옆으로 눕는다.
10. 어른의 손가락을 붙잡고 앉은 자세로 이끈다.
11. 2분 동안 앉을 수 있다.
12. 최대한 도움을 받고 선다.
13. 도움을 받고 선다.
14. 물건을 따라 시선을 움직인다.
15. 사물을 본다.
16. 주위를 본다.
17. 목소리에 반응한다.
18. 소리 나는 위치를 안다.
19. 의자에 앉을 수 있다.
20. 서 있을 때 다리를 쭉 편다.

21. 서서 발구르기를 한다.

22. 손과 무릎을 들어올린다.

23. 움직이기 위해서 바닥을 차낸다.

24. 앉아서 몸을 일으키거나 당기기 위해서 다리를 이용한다.

25. 손과 손가락 전체를 이용하여 물건을 잡는다.

26. 엄지와 검지를 이용한다.

27. 한 손으로 물건을 집어 들고 다른 한 손으로 옮겨 쥔다.

28. 물건을 떨어뜨리고 잡았다 놓는다.

29. 색, 거리, 깊이 등을 판별하고 지각한다.

30. 시각적으로 주의를 끄는 물체를 판별한다.

31. 시각적 선호가 생긴다.

32. 다른 사람의 목소리를 분별하고 소리의 위치를 찾아낸다.

33. 붙잡고 일어선다.

34. 용기에 담겨 있는 물건을 쏟는다.

35. 큰 숟가락 혹은 작은 삽으로 푼다.

36. 그릇 속에 물건을 넣고 꺼낼 수 있다.

37. 서 있는 자세에서 앉은 자세로 바꿀 수 있다.

38. 최소의 도움으로 걷는다.

39. 도움 없이 열 발자국 내외를 걷는다.

40. 많이 쓰는 손으로 블럭을 쌓을 수 있다.

41. 한 손을 사용해 물건을 잡는다.

42. 다른 손으로 또 다른 것을 탐색한다.

43. 흥미있는 것을 선택하여 반응을 나타낸다.

44. 두 손으로 컵의 물을 마신다.

45. 옷을 입을 때 팔다리를 벌린다.

인지발달 영역

1. 운동활동에 흥미를 느껴서 의도적으로 반복한다.

2. 흥미있는 행동을 반복한다.

3. 손과 눈의 협응 발달로 물건을 보고 그것을 정확하게 만진다.

4. 보고 들을 수 있는 행동을 모방한다.

5. 물체가 사라졌을 때 짧은 시간 동안 시각적으로 찾는다.

6. 물체의 일부분을 보고 전체 물건을 찾는다.

7. 시야를 가리는 물체를 치울 수 있다.

8. 그릇 속에 물체를 넣고 꺼낼 수 있다.

9. 언어적 지시에 따라 행동을 수행할 수 있다.

10. 다른 물건을 집기 위해 손의 물건을 다른 손으로 옮겨 잡는다.

11. 장난감을 떨어뜨리고 집어 올린다.

12. 그릇 아래 감춰 놓은 물체를 찾는다.

13. 타인의 행동에 따라 반응하고 적절한 행동을 나타낸다.

14. 물체를 목적에 따라 밀고, 당기고, 꺼내고, 움직일 수 있다.

15. 타인의 행동을 모방하고 그 행동을 놀이로 이용할 수 있다.

16. 서너 개의 물체를 쌓고 구성할 수 있다.

17. 간단한 블럭 놀이를 즐길 수 있다.

18. 놀이와 게임을 위한 공간 이동을 이해하고 움직인다.

19. 안전한 도구를 몇 개 사용할 수 있다.

20. 자기표현을 위한 물체, 도구 등을 선택할 수 있다.

정서발달 영역

1. 흥분을 나타낸다.

2. 스트레스를 나타낸다.

3. 즐거움과 저항을 나타낸다.

4. 공포와 분노를 나타낸다.

5. 정서, 감정의 통제가 조금씩 일어나 울음이 감소한다.

6. 소리 속에 감정을 반영한다.

7. 타인을 관찰하는 즐거움을 안다.

8. 반복적 놀이에 즐거움을 안다.

9. 낯선 사람, 넘어지는 것에 대한 공포를 나타낸다.

10. 이야기해 주거나 노래, 대화 등을 통해 자극을 주면 울음을 멈춘다.

11. 새로운 상황에 대한 특징적 반응이 나타난다.

12. 일상생활의 변화에 적응력이 나타난다.

13. 부모나 양육자의 행동과 표정, 모습을 모방한다.

14. 행복, 기쁨, 즐거움 등의 감정을 부모나 양육자와 공유할 수 있다.

15. 특정한 상대 및 상황에 대해 선호도가 나타난다.

16. 놀잇감, 놀이, 게임 등에 대해 선호도가 나타난다.

17. 독립적 행동이 나타난다(스스로 먹고 입는 것을 보인다).

18. 애정과 자긍심을 나타낸다.

19. 통제적 언어의 의미를 이해한다.

20. 부모나 양육자의 명령, 통제, 제재를 받아들인다.

21. 자신의 행동 통제를 통해 긍정적 반응을 보인다.

22. 긍정적, 부정적 반응이 강렬하게 표출된다.

23. 기분전환 지속성과 주의집중 시간이 늘어난다.

24. 과제해결 시 만족감이 잘 나타난다.

언어발달 영역

1. 다른 사람의 소리를 따라 한다.

2. 소리내기를 주도한다.

3. 다른 사람에게 음성으로 반응한다.

4. 이미 알고 있는 소리를 모방한다.

5. 같은 음절을 2~3번씩 반복한다.

6. 소리로 부모나 양육자의 반응을 실험한다.

7. 말의 놀이가 증가한다(쿠잉으로 모방하고 반응하여 이야기한다).

8. 음절 같은 소리로 종알거린다.

9. 옹알이, 종알거림, 미소로 이야기에 반응한다.

10. 말하고 있는 사람을 쳐다본다.

12. 소리로 행복과 불행을 반영한다(강도, 크기, 고저, 리듬 사용)

13. 사물의 소리를 구분한다.

14. 이름을 사용한다.

15. 친숙한 말에 몸짓으로 반응한다.

16. 통제적 언어와 명령어를 이해한다.

17. 소리를 대화처럼 사용한다.

18. 말을 계속 반복하고 연습한다.

19. 말과 사물을 연결시킨다.

20. 물건 혹은 사람, 놀이에 명칭을 붙이는데, 의미있게 한 두 단어를 사용한다.

21. 팔 근육을 사용하여 휘갈겨 쓰기가 나타난다.

22. 도구를 움직여 선 표현이 나타난다.

사회성발달 영역

1. 부모, 양육자에 대해 특별한 친밀성을 보인다.

2. 자기를 보살펴 주고 반응을 보이면 미소를 짓고 기분 좋은 소리를 낸다.

3. 자발적으로 웃고 거울 속의 자기를 향해 웃는다.

4. 타인의 얼굴 표정, 언어적 행동에 반응하고 웃는다.

5. 상대방과 눈 접촉을 한다.

6. 특징적 물체를 두드리거나 잡아당긴다.

7. 타인을 지켜보고 반응하고 노래를 즐긴다.

8. 사람과 있을 때 장기간 주의집중한다.

9. 개별 사람을 인지하고 시간적으로 부모, 양육자를 의지한다.

10. 타인에게 이야기하기를 주도하고 놀잇감으로 놀 수 있다.

11. 흥미있는 반응, 물체, 행동에 집중한다.

12. 주의를 끌기 위한 방법을 찾아낸다(소리, 표정, 몸짓 등).

13. 특정 양육자에 대해 친숙함과 정서적 친밀감을 가지고 있다.

14. 자기 이름에 대해 반응하고, 따라오고, 바라보고, 가까이 한다.

15. 물체를 주무르거나, 두드리거나, 당기거나, 누르거나, 소리 내는 것 등을 모방한다.

16. 행동에서 독립성을 추구한다(혼자 과제를 성취할 수 있다).

17. 자기가 만든 게임을 할 수 있다.

18. 손을 내밀어서 장난감, 물체 등을 어른과 상호작용하며 놀 수 있다.

19. 놀이나 행동에서 다른 아동, 어른 등을 잘 따라 한다.

20. 타인을 관찰하고 함께 활동하기를 즐긴다.

21. 부모나 양육자와 함께 이야기하고 놀이활동을 할 수 있다.

22. 동성의 다른 아이를 식별할 수 있다.

23. 자기 주장적 반응, 행동 표현 등이 나타난다.

24. 놀이와 자료를 소유한다.

25. 주의집중이 나타난다.

12~24개월경 영아의 영역별 관찰사항

신체발달 영역

1. 혼자서 숟가락을 사용하여 음식을 먹는다.
2. 한 손 사용이 익숙해진다.
3. 모자, 양말을 쓰고 벗는다.
4. 의복착용 시 팔다리를 넣는다.
5. 단추를 풀어 주면 옷을 벗는다.
6. 도움을 받고 계단을 오르내린다.
7. 앉은 자세에서 서있는 자세로 곧 바꾼다.
8. 사물 위에 기어오른다.
9. 손 사용에 즐거움을 느낀다.
10. 물건을 굴리고, 잡고, 던지기가 용이하다.
11. 블럭놀이로 구성하는 것을 잘한다.
12. 판에 끼우는 것도 잘한다.
13. 의자에 안전하게 앉을 수 있다.
14. 목마나 흔들의자에서 몸을 움직인다.
15. 허리를 굽혀서 물건을 들어올린다.
16. 둥글게 움직이는 것을 모방한다.
17. 낙서가 구체화하여 표현된다.
18. 손을 자유롭게 사용한다.
19. 시각적 탐색을 즐긴다.
20. 구부려서도 여러 방향을 살펴볼 수 있다.
21. 여러 방향으로 바꾸어서 이동하고 걸을 수 있다.
22. 달리다 멈추고, 또 달릴 수 있다.
23. 두 발로 깡충 뛸 수 있다.
24. 공간에서 이동하면서 물체를 움직일 수 있다.
25. 페달을 밟을 수 있다.
26. 목표에 맞추어 물체를 던지거나 굴릴 수 있다.
27. 손목의 유연성 발달로 정해진 화면에서 긁적거릴 수 있다.

28. 도구를 가지고 자유롭게 선 표현을 할 수 있다.

29. 네모, 동그라미 정도는 표현한다.

20. 손가락을 각각 섬세하게 사용할 수 있다.

인지발달 영역

1. 장난감을 숨기고 움직인 것을 보고 찾을 수 있다.

2. 원인과 결과를 이해할 수 있다.

3. 행동의 원인이 무엇인지 이해한다.

4. 어느 하나의 활동에 대해 다양한 방법을 탐색한다.

5. 문제해결을 위한 시행착오를 기억한다.

6. 탐색하는 과정을 설명할 수 있다.

7. 다른 사람의 활동을 모방한다.

8. 시행착오를 기억하여 새로운 아이디어를 생각해 낸다.

9. 지난 경험 가운데 의미있고 좋았던 것을 다시 모방한다.

10. 상징적 놀이를 자주 시도한다.

11. 자기 스스로의 갈등을 해소하는 방법을 찾는다.

12. 신체의 부분을 잘 안다.

13. 지시에 따라 순서대로 활동을 따라한다.

14. 같은 물건을 짝지어서 늘어놓을 수 있다.

15. 자유로운 선 그림 표현이 나타난다.

16. 낙서 그림을 인지한다.

17. 물건과 사진의 관계를 이해할 수 있다.

18. 사물에 대하 정보와 지식이 많아진다.

19. 스스로 해결할 수 있는 과제나 경험을 즐긴다.

20. 기본적인 형태나 모양, 색을 나눌 수 있다.

21. 함께 사용되는 도구나 물건을 이해한다.

22. 자기 물건의 개념과 분리가 된다.

23. 선 긋기와 모양 그리기의 모방이 이루어진다.

24. 경험한 매체나 도구의 사용방법을 기억할 수 있다.

정서발달 영역

0-3세 영아기 교육의 이론과 실제

458

1. 자신의 정서를 행동으로 표현한다.

2. 자신의 정서를 언어로 표현한다.

3. 타인의 정서를 인식한다.

4. 자신의 정서를 결정하고 그에 반응한다.

5. 흥분과 즐거움을 표현하고 그에 반응하는 상대방의 반응을 인지한다.

6. 유머 감각을 나타낸다(함께 동조하여 웃을 수 있다).

7. 감동을 느끼고 상대에게 되돌릴 수 있다.

8. 지시나 통제에 대해 반항의 표시를 한다.

9. 선택 가능한 행동에 적절하게 반응한다.

10. 정서해결을 위해 놀이를 사용할 수 있다.

11. 상대에게 친밀감의 표시를 동작으로 나타낸다.

12. 능동적으로 탐색하고 여러 활동을 시도한다.

13. 어른의 개입없이 과제나 놀이를 진행할 수 있다.

14. 옳고 그름을 이해하기 시작한다.

15. 긍정적 반응이 오는 행동을 반복해서 표현한다.

16. 자신에 대해 좋은 느낌을 경험하면 반복해서 수행한다.

17. 성인의 허락을 기대한다.

18. 부끄러움의 감정을 표시한다.

19. 다른 사람의 기분을 살필 수 있다.

20. 공포의 대상이 구체화되어 간다.

21. 일상적인 경험에서 안정감을 찾는다.

22. 공격성이 증가하나 잘 조절되기도 한다.

23. 환상이 증가되어 언어나 행동으로 나타낸다.

24. 새로운 경험과 놀이를 찾는다.

언어발달 영역

1. 다른 사람의 말에 대한 반응을 단어로 표현한다.

2. 5~10개의 단어를 사용한다.

3. 비교급 언어가 나타나기 시작한다.

4. 3~4개의 언어 지시에 따라 행동을 수행할 수 있다.

5. 명사, 대명사, 지시어 등의 표현이 많이 발달한다.

6. 신체 각 부분의 명칭을 이해한다.

7. 자신의 욕구 표현을 위해 행동과 함께 언어를 사용한다.

8. 가족, 친구의 이름을 안다.

9. 의태어, 의성어를 사용한다.

10. 선호하는 놀잇감, 과자의 이름을 안다.

11. 질문과 대답의 관계를 이해한다.

12. 단어 연습과 억양의 사용이 나타난다.

13. 다른 사람의 말과 사물의 소리를 모방한다.

14. 특정 단어를 주로 사용하고 유사한 단어들을 사용한다.

15. 들어본 문장에서 관심있는 단어를 즉시 사용할 줄 안다.

16. 친숙한 그림, 동화책을 보면 그 내용을 설명한다.

17. 그림을 보고 말로 표현하려는 욕구가 나타난다.

18. 전치사 사용이 나타난다.

19. 이전보다는 욕구와 바람을 표현하는 언어를 사용한다.

20. 다른 사람을 지시하고 조정하는 언어를 사용한다.

21. 사회적 어휘나 문장을 사용할 줄 안다.

22. 사물과 사건에 대한 궁금증을 나타내는 질문이 늘어난다.

23. 자신의 행동, 동작을 언어로 표현하면서 수행하려고 한다.

사회성발달 영역

1. 생활에서 간단한 일은 어른을 모방한다.

2. 병행놀이, 평행놀이를 즐긴다.

3. 다른 아동과 놀이에 참여한다.

4. 잠시 보호자가 없이도 놀 수 있다.

5. 자신의 환경을 적극적으로 탐색한다.

6. 주변을 조금은 정리할 수 있다.

7. 웃음과 관심을 끌 행동을 반복한다.

8. 부모나 양육자에게 자기의 요구를 조른다.

9. 다른 사람에게 자기의 관심, 호기심을 보이기 위해 안내한다.

10. 지시나 명령어를 이해하고 수용할 수 있다.

11. 2~3명의 또래와 놀이를 할 수 있다.

12. 다른 아동과 물건이나 음식을 잠시 공유할 수 있다.

13. 잘 아는 또래, 주변 사람에게 인사한다.

14. 도움을 요청하고 기다릴 수 있다.

15. 사람에 따라서 다르게 반응한다.

16. 다른 사람에 대해 다른 반응을 기대한다.

17. 나와 다른 사람의 차이를 이해한다.

18. 스스로 사회적 관계를 만들려고 노력한다.

19. 모방을 즐거워하고 다른 사람을 지켜보는 것을 즐긴다.

20. 다른 사람도 자기처럼 생각하고 반응하길 기대한다.

21. 부모나 양육자와 함께 일을 하기를 즐거워한다.

24~36개월경 영아의 영역별 관찰사항

신체발달 영역

1. 구슬을 실에 끼울 수 있다.

2. 방문 손잡이나 뚜껑 등의 꼭지를 돌려 열고 닫는다.

3. 발을 모으고 제자리에서 높이뛰기를 할 수 있다.

4. 방향을 바꾸어서 달릴 수 있다.

5. 속도 조절을 하면서 걷고 뛸 수 있다.

6. 뒤로 걷는다. 계단을 내려올 수 있다.

7. 목표를 향해 물체를 던질 수 있다.

8. 책장을 한 장씩 잘 넘길 수 있다.

9. 공을 찰 수 있다.

10. 도구를 익숙하게 잡고 표현할 수 있다.

11. 간단한 접기를 따라 할 수 있다.

12. 세발 자전거를 탈 수 있다.

13. 미끄럼을 자유자재로 탈 수 있다.

14. 발 바꾸어 계단을 오르내린다.

15. 가위 자르기를 잘한다.

16. 높은 곳에서 뛰어내리는 것을 시도한다.

17. 뛰다가 균형을 잡으며 멈출 수 있다.

인지발달 영역

1. 특정한 사물의 설명을 듣고 알아낼 수 있다.
2. 수직, 수평, 사선, 네모, 세모, 동그라미의 형태가 나타난다.
3. 질감을 바르게 분류할 수 있다.
4. 크기에 대한 비교가 가능하다.
5. 위치에 알맞게 배열할 수 있다.
6. 공간에 대한 이해가 발달한다.
7. 크기대로 나열할 수 있다.
8. 기하 도형을 알고 짝지을 수 있다.
9. 그림 카드에 맞는 동작을 묘사한다.
10. 언어적 지시에 따라서 행동을 옮길 수 있다.
11. 무게에 따라서 배열할 수 있다.
12. 두 부분으로 된 형태와 모형을 짝맞출 수 있다.
13. 길이에 대한 구분이 나타난다.
14. 말과 행동을 겸한 놀이를 할 수 있다.
15. 셋 이상의 물건을 일대일로 대응할 수 있다.
16. 짝을 이루는 물건을 찾을 수 있다.
17. 물건 정리를 지시에 따라 할 수 있다.
18. 일어난 사건이나 상황을 기억하고 어느 정도 설명할 수 있다.
19. 나름대로의 규칙을 가지고 분류할 수 있다.
20. 사물의 분류를 반복하고 확인한다.

정서발달 영역

1. 자신에 대한 긍정적 감정을 나타낸다.
2. 자신이 잘할 수 있는 일을 남에게 자랑하려고 한다.
3. 자신이 실패했던 일을 기억하고 그 일을 다시 하기를 싫어한다.
4. 자신의 감정을 솔직하고 구체적으로 표현한다.
5. 일상생활의 규칙성이 나타난다.
6. 규칙적인 습관에서 벗어나면 두려워하거나 위축된다.
7. 새로운 반응에 적응하려는 태도가 보인다.

8. 긍정적이거나 부정적인 분위기를 감지할 수 있다.

9. 좋아하는 일에 호기심을 지속적으로 나타낸다.

10. 자신의 정서를 조금은 조절할 수 있다.

11. 타인의 감정을 어느 정도 수용하고 그에 알맞게 반응한다.

12. 좋은 감정을 지속하기 위해 놀이와 게임 등을 유지하려고 한다.

13. 좋아하는 사람과의 관계를 유지하려고 노력한다.

14. 주변의 변화를 크게 두려워하지 않는다.

15. 타인의 감정을 기쁘게 함으로써 자신의 정서 만족을 느낄 수 있다.

16. 음악에 맞추어 적절하게 반응한다.

언어발달 영역

1. 명사와 동사를 이용해서 문장을 만든다.

2. 소유를 나타내는 문장을 자주 구사한다.

3. 질문에 알맞은 대답을 할 수 있다.

4. 위치어, 관계어에 관심을 보인다.

5. 복수형, 과거형을 사용하려 한다.

6. 자신의 이름을 붙여 말하기를 즐겨 한다.

7. 두 문장을 이해하고 따라할 수 있다.

8. 질문이 증가된다.

9. 원인과 결과를 연결하는 질문과 문장을 간단하게 구성한다.

10. 몇몇 종류의 명칭을 사용한다.

11. 책 읽는 것을 좋아한다.

12. 그림을 보고 문장을 만들어 읽는 흉내를 낸다.

13. 전에 경험한 것들을 말로 옮길 수 있다.

14. 쓰기 활동이 활발하게 나타나고 그림 표현도 많이 발달한다.

15. 일어난 순서대로 두 가지 사건을 말할 수 있다.

16. 친숙한 물체나 장난감 사용 방법을 간단히 설명한다.

17. '어떻게'라는 간단한 질문에 대답한다.

18. 미래에 일어날 일들에 대해 표현할 수 있다.

19. 단어를 생략해 의미가 전달되도록 문장을 구성한다.

20. 책의 내용을 인용하거나 재생하여 이야기한다.

21. 긴 문장이 나타난다.

사회성발달 영역

1. 주변의 도움이나 요청을 이해하여 수용할 수 있다.

2. 지시나 명령에 따라서 행동을 옮길 수 있다.

3. 감사하거나 미안한 점에 대해 언어적 반응을 나타낸다.

4. 남을 도와주는 것에 즐거움을 느낀다.

5. 감정을 언어로 표현하기도 한다.

6. 음악에 알맞은 노래, 동작을 할 수 있다.

7. 타인의 행동을 모방함으로써 규칙성을 배운다.

8. 주변의 어른이나 사람들에게 사회적 관계를 유지하려는 태도를 보인다.

9. 차례를 지킨다.

10. 놀이집단에서의 규칙성을 이해한다.

11. 소유의 개념이 분명해진다.

12. 공유하는 태도가 발달된다.

13. 독립성이 강하게 나타난다.

14. 도움을 스스로 청하거나 줄 수 있다.

15. 협동놀이가 나타난다.

16. 스스로 규칙을 가지고 지키려 한다.

17. 타인에게 통제력을 행사하려고 한다.

18. 일상생활의 규칙성에 맞는 일들을 기억하고 행동한다.

19. 주변 사람들과의 관계를 이해하고 그에 맞는 말들을 전달할 수 있다.

출처 : 이인실(2000)

참고문헌

- 김명희(2000). 현대사회와 부모교육, 교육아카데미
- 김영숙 (2001). 특수아 상담의 이해, 교육 과학사
- 박찬옥(2003). 유아놀이지도, 학문사.
- 한국사전연구사(1997). 유아교육사전, 한국사전연구사.
- 한국아동학대예방협회(2001). 변화하는 사회 · 성장하는 과정 · 건강한 아이들, 아동학대 예 방교육자료집.
- 오종탁(1990). 현대교육철학. 서광사.
- 영등포구보건소(연도미상). 모자보건 선도자료.
- 유애열(1998). 엄마, 아빠 놀아주세요, 서울:다음세대.
- 배병후(2000). 제2차 재가복지 봉사센터 가정봉사원 교육자료
- 이보연 아동 · 가족상담센터(2006). 애착, www.playtherapy.ne.kr/mauma5.html .
- 이영숙(2000). 몬테소리, 그 교육의 모든 것, 창지사.
- 이영숙(1998). 유아를 위한 몬테소리 일상 생활 영역, 창지사.
- 이인실(2000). 0세에서 3세를 위한 조형활동. 서울:다음세대
- 이은해,지해련,이숙재 편역(1993) 놀이이론. 서울:창지사
- 이숙종(2001). 현대 사회와 기독교 교육, 대한기독교서회.
- 삼성복지재단(2003). 영유아프로그램 총론, 다음세대.
- 서울특별시보육정보센터(2005).연령별보육계획안 http://children.seoul.go.kr/c_plan /planwk. html
- 성영혜, 김연진, 이경화, 윤혜경, 송주미, 장미경, 윤석희, 이배근, 최원기(1999). 영유아 발 달의 이론과 실제, 동문사.
- 송영란(2004). 기독교유아교육, 동문사.
- 신종호,김동일,신현기, 이대식 역. (2002). 정신지체. 시그마프레스
- 시찌다 마꼬또(2002). 0세 교육의 비밀, 한울림.
- 시찌다 마꼬또(1989). 아기는 모두 천재다, 민지사.
- 장영희(2000). 영아교육과정, 양서원.
- 전달수(2003). 그리스도교 영성역사, 가톨릭출판사.
- 조성자(1996). Montessri 교육학. 중앙적성출판사.
- 한국부모교육학회(1997). 부모교육학, 교육과학사.

- 한신아동상담센터(2006). 애착장애란?, http://www.hanshincenter.co.kr/janga.htm
- 한영란(2004). 교사와 영성교육, 내일을 여는 책.
- 최영(2006). 유아의 발달과 부모의 역할, http://drchoi.pe.kr/develop2.html
- Bronson, M. B,(1998).신생아부터 8세까지 발달단계로 본 우리 아이들의 놀잇감 선택방법, 이기숙, 오은순(공역),양서원.
- Chaille,C.,&Britain,L.P.(1991) The young child as scientist: A constructivist approch to early childhood science education.N.Y.:Harper-Collins.
- Comenius(1996a). 코메니우스의 교육사상, 교육과학사.
- Comenius(1996b). 범교육학, 여수룬.
- Forman, G., & kuschner, D.(1983).The child's construction of knowledge: Piaget for teaching children. Washington,D.C.:NAEYC
- Gottfried,A.E.(1985). Intrinsic motivation for play. In C.C Brown & A.W
- Gustark Wiencke(1966). Sunday church school for 4, Philadelphia: Lutheran Church Press.
- Jackie Silberg(2000). 125 Brain Games for Toddlers and Twos, 125가지 두뇌발달 놀이, 김재은 역. 웅진지식하우스
- Rogers,C.S.,&Sawyers,j.k.(1998).Play in the lives of children. NAEYC: Washington,D.C.
- Sroufe,L.A.(1979),in J. Osofsky(ed), Handbook of Infant Development: N.Y.:Wo;ey
- WHO(1999). Making difference, World Health Organization Report.
- William Martin(1991), A Prophet with Honor: The Billy Graham story, New York: William Morrow.
- Zadabeth Uland(1984). BIBLE TEACHING FOR RESCHOOLERS, Nashville, Tenessee: Convention Press.

저자 소개

이 영 숙

– 교육학박사
– 단국대학교 대학원 특수교육학 박사 과정 졸업
– (사)한국밀알기독교교육연구소 소장
– 밀알유치원 원장(1986~)
– 아주대학교 교육대학원 특수교육학과 겸임교수 역임
– 단국대학교 평생교육원 몬테소리지도자 과정 및
  특수아동지도사 과정 주임교수
– 좋은나무성품학교 대표
– 미국 GoodTree Character School Inc. 대표

저 서

· 「어린이 성품 Work Book-경청, 긍정적 태도, 기쁨 외 다수 」
· 「왜 몬테소리인가-몬테소리교육의 현대적 접근」(창지사, 1995)
· 「감각활용어린이 성경교육」(나침반, 1996)
· 「가정에서의 유아들」(다음세대, 1997)
· 「몬테소리 교육이란 무엇입니까?」(창지사, 1997)
· 「유아를 위한 일상생활 영역」(창지사, 1998)
· 「몬테소리 그 교육의 모든 것」(창지사, 2000)
· 「유아를 위한 몬테소리 감각교육」(창지사, 2001)
· 「훈계, 어떻게 할까?」(나침반, 2001)
· 「어린이를 위한 몬테소리 산수교육」(창지사, 2002)
· 「어린이를 위한 몬테소리 역사교육」(창지사, 2003)
· 「어린이를 위한 몬테소리 언어교육」(창지사, 2005)
· 「날마다 행복한 자녀대화법」(다은, 2005) 외 다수

저자와의
협의하에
인지생략

0~3세 교육 평생간다

이영숙 지음

1판 발행 · 2006, 11

발행처 · 도서출판 아름다운 열매

주소 · 서울시 서초구 서초동 1425-11 혜준빌딩

대표전화 · 02-3472-1600

홈페이지:www.goodtree.or.kr

E-mail:mealal0004@hanmail.net

값 : 22,000원

ISBN   89-92064-20-9

사업자등록번호 : 214-09-52022